全国电力职业教育系列教材
职业教育电力技术类专业培训用书
电力职业技术教育教学改革系列教材

U0657897

发电厂动力设备

电力职业技术教育教学改革系列教材
建设委员会

主　任　张效胜
副主任　张　伟
委　员　杨立久　苏庆民　王庆民　王焕金
　　　　杨新德　朱正堂　侯仰东　郭光宏
　　　　高洪雨　孙奎明　蔡卫敏　马明礼

本书主编　程翠萍
编　写　牛　勇　代云修　张瑶瑶
主　审　马明礼

中国电力出版社
CHINA ELECTRIC POWER PRESS

内 容 提 要

本书主要讲述工程热力学、流体力学的基础知识；锅炉的工作原理、锅炉构造及蒸汽净化的原理；汽轮机的工作原理、构造，调节系统的工作原理；热力发电厂的各种系统等。本书紧紧围绕火力发电厂能量转换过程，着重阐述能量转化过程中的有关概念、定律，以及火力发电厂的有关设备和系统等。本书内容深入浅出，通俗易懂。

本书可作为职业院校电力技术类专业相关课程教材，也可供现场有关技术人员参考。

图书在版编目(CIP)数据

发电厂动力设备/程翠萍主编. —北京：中国电力出版社，2007.8（2023.3 重印）

全国电力职业教育规划教材

ISBN 978-7-5083-6020-1

Ⅰ. 发… Ⅱ. 程… Ⅲ. 发电厂-动力装置-职业教育-教材 Ⅳ. TM621

中国版本图书馆 CIP 数据核字（2007）第 130723 号

中国电力出版社出版、发行

（北京市东城区北京站西街 19 号 100005 http://www.cepp.sgcc.com.cn）

北京九州迅驰传媒文化有限公司印刷

各地新华书店经售

*

2007 年 8 月第一版 2023 年 3 月北京第十二次印刷

787 毫米×1092 毫米 16 开本 12.25 印张 293 千字

定价 **35.00** 元

前　言

　　本书是根据电力职业教育教学改革大纲的要求，结合火力发电厂的实际情况编写的。

　　本书根据技术应用型人才的要求，在以够用为度和不破坏内容系统性的前提下，着重强调了知识的应用性。在文字表达上，力求深入浅出，通俗易懂，并配有各种设备的现场图片。

　　本书体现了职业教育的性质、任务和培养目标；符合职业教育的课程教学要求和有关岗位资格和技术等级要求；符合职业教育的特点和规律，具有明显的职业教育特色。本书既可以作为职业教育教学用书，也可以作为职业资格和岗位技能培训教材。

　　本书绪论、第一章～第三章、第五章、第九章、第十二章由山东省电力学校程翠萍编写；第四章由山东省电力学校张瑶瑶编写；第六章～第八章由山东省电力学校牛勇编写；第十章、第十一章由山东省电力学校代云修编写。全书由程翠萍主编并统稿，马明礼主审。本书的编写得到了相关电厂和有关同事的大力帮助，在此表示感谢。

　　由于编者水平有限，编写过程中疏漏之处在所难免，恳请读者批评指正。

编　者

2007 年 7 月

目 录

绪　　论

一、电能在国民经济中的作用和地位

电力工业是把一次能源转变为电能的生产行业。一次能源是指以原始状态存在于自然界中，不需要加工或转换就可直接供热、光或动力的能源，如石油、煤炭、天然气、水力、原子能、太阳能、风能、地热能、海洋能等，上述能源是当前被广泛使用的，所以称为常规能源。一次能源通过加工、转化生成的能源称为二次能源。电能是优质的二次能源。一些不宜或不便于直接利用的一次能源（如核能、水能、低热值燃料等）可以通过转换成电能而得到充分利用，由此扩大了一次能源的应用范围。电能可以很方便地转变为其他形式的能量；可以输送到很远的地方且输送损失小；能适应许多特种工艺的需要（如电镀、电解、电火花加工）；又能使生产过程较易实现自动化、无污染，有效地提高各行各业的生产自动化水平，促进技术进步，从而提高劳动生产率，改善劳动者的工作环境和工作条件。电能在提高人民的物质文化水平方面同样起着非常重要的作用。世界各国都把电力工业的发展速度和电能消耗占总能源消耗的比例作为衡量一个国家现代化水平的标志。

二、电力生产的特点及基本要求

目前，电能还不能大量储存。这就要求发电厂所发出的电功率必须随时与用户所消耗的电功率保持平衡，以保证用户对电量的需求。电厂设备的运行工况必须随着外界负荷的变化而改变。根据电能的这一特点，对电能生产提出了如下要求。

1. 安全可靠

电力工业是连续进行的现代化大生产，一个小事故处理不当就可能发展成大面积的停电事故，给工农业生产和人民生活造成严重的危害，所以电力生产必须保证发电和供电的可靠性与安全性。

2. 力求经济

截止 2005 年底，全国发电量达到 24747 亿 kW·h，其中，水电发电量约占全部发电量的 16%；火电发电量约占全部发电量的 81.5%；核电发电量约占全部发电量的 2.1%。可见我国的电力生产仍以火电为主，所消耗的一次能源多，而能源的利用率又很低，大约为 30%，先进国家在 40% 左右，因此节能的潜力很大。所以要求机组力求经济运行，提高能源的利用率。

3. 保证电能质量

随着电力工业的不断发展，电网越来越大，已建成 500kV 跨省大型电力系统。为保证电能质量，必须使电网频率保持在规定的范围之内。

4. 控制污染，保护环境

火电厂在生产过程中产生的烟尘、SO_x、NO_x、废水、灰渣和噪声等污染环境，危害人民的身体健康，必须采取有效措施严格控制。可以说，火电厂环保的优劣已成为一个国家电力工业技术水平高低的标志之一。

三、电厂的类型

（一）按使用的能源分

1. 火力发电厂

电能是由其他能量转换而来的。一般把利用燃料的化学能转换成电能的工厂称为火力发电厂。火力发电厂是利用煤、石油、天然气作为燃料，在锅炉设备中通过燃烧和传热，把燃料的化学能转换成水蒸气的热能，再借助于汽轮机设备将蒸汽的热能转换成机械能，然后通过发电机将机械能转换成电能。火电厂要以燃煤为主，并且优先使用劣质煤，除国家批准的燃油电厂外，严格控制电厂使用燃油。

2. 水力发电厂

以水能作为动力发电的电厂称为水力发电厂。其生产过程是由拦河坝维持的高水位的水经压力水管进入水轮机推动转子旋转，将水能转变成机械能，水轮机带动发电机旋转，从而使机械能转变为电能，在水轮机中做完功后的水流经尾水管排入下游。水力发电厂与抽水蓄能电厂示意图如图0-1所示。

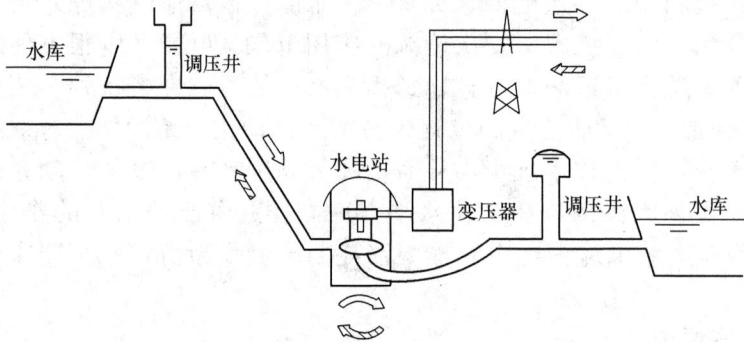

图 0-1 水力发电厂与抽水蓄能电厂示意图

与火力发电相比，水力发电具有发电成本低（仅是同容量火电厂的1/10或更低）、效率高、环境污染小、启停快（从静止状态到满负荷运行只需要4~5min，而火电机组则需要数小时）、事故应变能力强等优点。但修建水电站的施工工程量大，需修建拦河大坝、远距离输电、移民搬迁等，使得水电站的投资远比火电厂大。

3. 原子能发电厂

将原子核裂变释放出的能量转变成电能的电厂为原子能发电厂，简称核电站。原子能发电厂由两部分组成，一部分是利用核能产生蒸汽的核岛，它包括核反应堆核一回路系统，核燃料在反应堆中进行链式裂变产生热能，一回路中冷却水吸收裂变产生的热能后流出反应堆，进入蒸汽发生器将热量传给二回路中的水，使之变成蒸汽；另一部分是利用蒸汽的热能转换成电能的常规岛，它包括汽轮发电机组及其系统，与传统的火电厂的机组大同小异。核电站简要流程图如图0-2所示。

原子能发电比火力发电有许多优越性，其燃料能量高度密集，避免燃料的繁重运输，运行费用低，无大气污染，但基建投资大。在能源短缺的今天，原子能发电将会得到更大的发展。我国核电厂建设起步较晚，但发展很快，秦山核电厂310MW发电机组已于1991年并网发电，二期2×600MW机组也已于2002年投入运行。大亚湾核电站2×900MW机组于1994年投入运行。

4. 生物发电厂

我国能源储备中煤炭占到了92%，这决定了我国能源生产和消费结构在今后相当长的时期内仍将以煤炭为主。以煤炭为主的能源结构及能源利用效率低下等众多因素造成了我国环境受到严重污染，生态遭到破坏，过度开采造成大面积土地塌陷，二氧化硫和二氧化碳排放量分别列居世界第一位和第二位，造成的经济损失占全国 GDP 总量的 3%～7%。

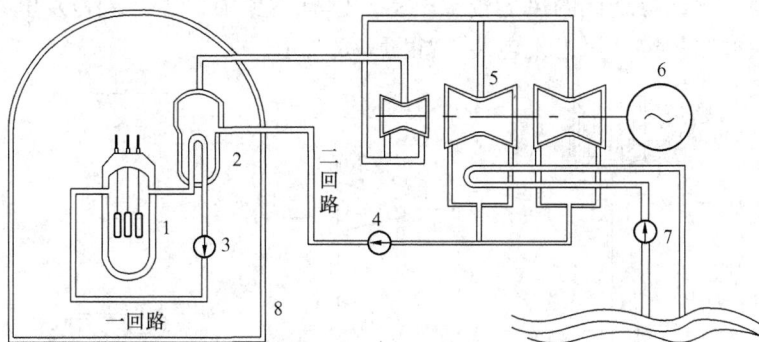

图 0-2　核电站简要流程图
1—反应堆压力容器；2—蒸汽发生器；3—主冷却剂泵；4—给水泵；5—汽轮机；6—发电机；7—循环水泵；8—安全壳

我国生物质能资源非常丰富，主要的农作物种类有稻谷、小麦、玉米、豆类、薯类、油料作物、棉花和甘蔗等，农作物秸秆是一种很好的清洁可再生能源，每两吨秸秆的热值就相当于一吨煤，是当今世界仅次于煤炭、石油和天然气的第四大能源。

秸秆发电就是利用秸秆燃烧产生的热量，使水转化为水蒸气，推动汽轮机转动，再通过发电装置发电。采用秸秆发电技术，不仅可以缓解电力供应紧张的矛盾，而且能有效增加农民收入，促进社会和经济的可持续发展。

有别于传统的火力发电，农作物秸秆发电的发展应突破 3 个瓶颈：秸秆供应和成本、技术和设备，以及上网电价问题。

5. 抽水蓄能电厂

将电力系统负荷处于低谷时的多余电能转换为水的势能，在电力系统负荷处于高峰时又将水的势能转换为电能的电厂为抽水蓄能电厂，或称抽水蓄能电站。这种水电站因有两次水的势能与电能之间的转换，所以存在一定的能量损失。但随着电力负荷的急剧增长，特别是对有大型核电站带基本负荷的电力系统，它在电力系统调峰、调频中的作用会更为显著，因而发展较快。

6. 风力发电厂

利用高速流动的空气即风力驱动风车转动，从而带动发电机发电的电厂称为风力发电厂。我国内

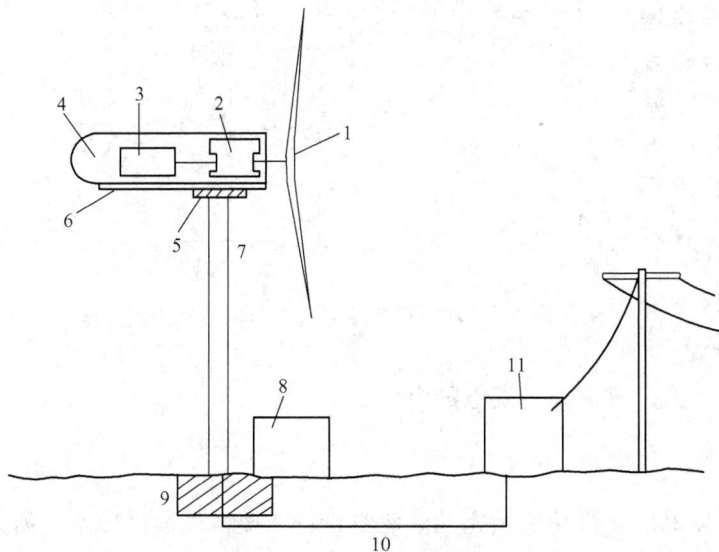

图 0-3　风力发电装置
1—叶片；2—升速装置；3—发电机；4—感受元件、控制装置、防雷保护等；5—改变方向的驱动装置；6—底板和外罩；7—支撑铁塔；8—控制和保护装置；9—土建基础；10—电力电缆；11—变压器和开关

蒙、西北等地区的风能资源丰富，已有不少中、小型风力发电站在运行。风力发电要求风速大并且稳定。风力发电装置如图 0-3 所示。

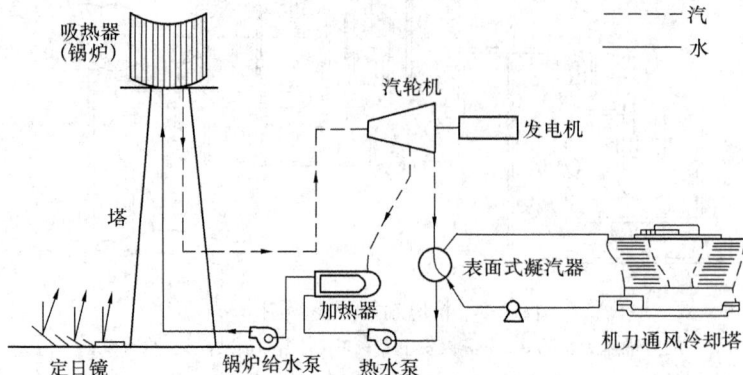

图 0-4 塔式太阳能电站热力系统流程图

7. 太阳能发电厂

利用太阳能发电的电厂称为太阳能发电厂。太阳能是比水资源更可靠的取用不尽的能源，特别是在少雨地区，太阳能的开发利用有重要意义。

太阳能发电可分为两大类：一类是将太阳能集中起来加热水产生水蒸气，推动汽轮发电机组发电，如图 0-4 所示；另一类是将太阳能直接分配给高效能光电池，产生直流电并经逆变后送到用户。

太阳能电站的缺点是占地面积大，造价高，受天气和纬度的影响大，需庞大的蓄能设备，影响其大量发展。

8. 地热发电厂

地热发电厂发电的原理和设备与火力发电厂基本相同。对地下不含水分的蒸汽可直接送入汽轮发电机组发电；对地下的汽水混合物，经过扩容器降压产生水蒸气，或通过热交换器使低沸点液体产生蒸汽，通过汽轮发电机组发电。两级扩容地热发电系统（减压扩容法）示意图如图 0-5 所示。

地热发电不消耗燃料，无粉尘污染，发电成本低，系统简单，运行方便，但效率较低。

目前我国最大的地热电厂位于西藏的羊八井地区，总容量为 18MW。

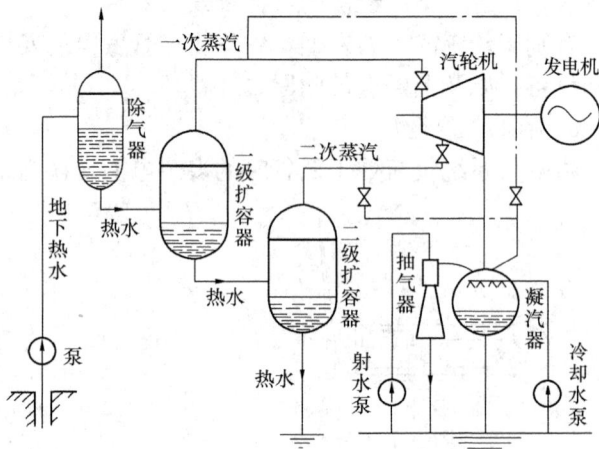

图 0-5 两级扩容地热发电系统（减压扩容法）

另外，还有利用潮汐能、海洋能、磁流体等发电的电厂。

（二）按输出能源分类

1. 发电厂

发电厂只生产电能，如火力发电厂在汽轮机做完功的蒸汽，排入凝汽器凝结成水，所以又称为凝汽式电厂。

2. 热电厂

热电厂既生产电能又对外供热，供热是利用汽轮机较高压力的排汽或可调节抽汽送给热用户。

（三）按供电范围分类

1. 区域性电厂

在电网内运行，承担一定区域性供电的大中型发电厂。

2. 孤立发电厂

不并入电网内，单独运行的发电厂。

3. 自备发电厂

由大中型企业自己建造，主要供本单位用电的发电厂（一般也与电网相连）。

（四）按发电厂总装机容量的多少分类

1. 小容量发电厂

其装机总容量在 100MW 以下的发电厂。

2. 中容量发电厂

其装机总容量在 100～250MW 范围内的发电厂。

3. 大中容量电厂

其装机总容量在 250～600MW 范围内的发电厂。

4. 大容量发电厂

其装机总容量在 600～1000MW 范围内的发电厂。

5. 特大容量电厂

其装机总容量在 1000MW 及以上的发电厂。

四、火力发电厂基本生产过程

由于 80% 左右的电厂为火力发电厂，因此本课程以火力发电厂为主讨论能量的转换过程。现以凝汽式火力发电厂为例来说明其生产过程。

火力发电厂的生产过程是利用煤、石油、天然气作为燃料，在锅炉设备中通过燃烧和传热，把燃料的化学能转换成水蒸气的热能，再借助于汽轮机设备将蒸汽的热能转换成机械能，然后通过发电机将机械能转换成电能。

煤由输煤皮带运至锅炉房中的煤斗中，再进入磨煤机将其磨成煤粉，在热空气的输送下，经由燃烧器送入炉膛中燃烧。来自环境中的空气经送风机送入锅炉尾部烟道中的空气预热器进行加热，加热后的热空气一部分用来输送煤粉和助燃（一次风），另一部分直接进入燃烧器喷入炉膛，起搅拌作用，使煤粉和空气混合得更加均匀，以提高燃烧效率（二次风）。煤粉燃烧后所放出的热量，一部分传给水冷壁管加热锅水，另一部分随烟气进入烟道，加热器、省煤器、空气预热器中汽、水、空气，被冷却后的烟气通过除尘器除尘，经引风机送入烟囱排入大气。另外，炉膛排出的煤渣和除尘器排出的细灰用水沿冲灰沟冲入灰渣泵房，由灰渣泵送至储灰场。

在水冷壁管中的锅水被加热后产生蒸汽，蒸汽经汽包引入烟道中的过热器继续加热成过热蒸汽，再进入汽轮机中膨胀做功，把蒸汽具有的热能转换成旋转的机械能，带动发电机转动，最后转换成电能输出。在汽轮机中做完功以后的乏汽进入凝汽器，经冷却水冷却成凝结水，用凝结水泵打入低压加热器加热，然后送入除氧器除氧，除氧后的水经给水泵打入高压加热器，再送入省煤器中加热后进入汽包。如此循环往复，不断将燃料的化学能转换成电能。

凝汽式火力发电厂生产过程示意图如图 0-6 所示。

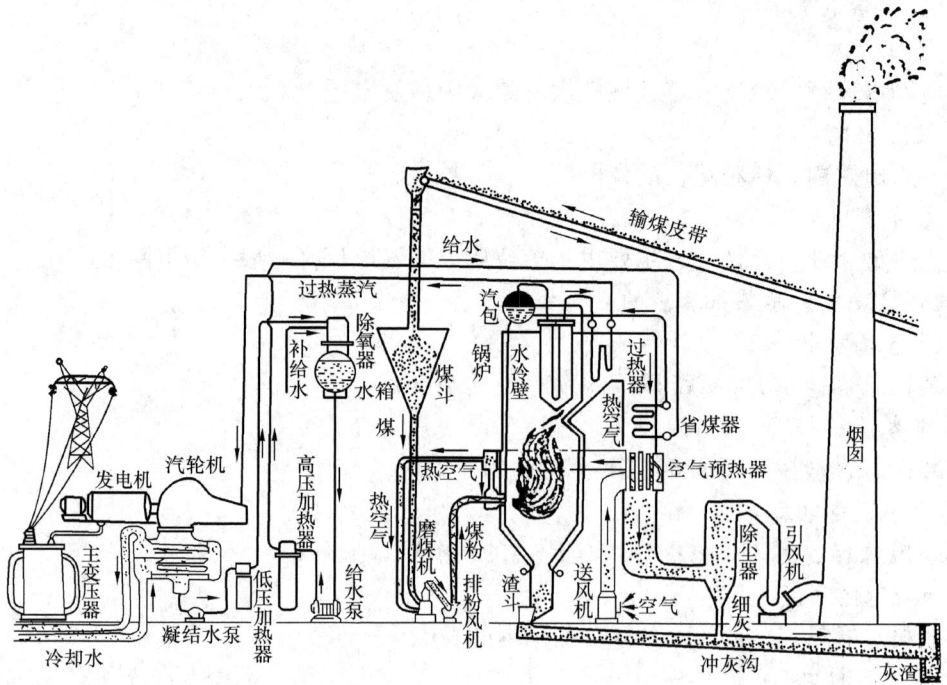

图 0-6　凝汽式火力发电厂生产过程示意图

五、本课程的主要内容

为了从本质上认识火力发电厂的生产过程，本书的第一篇《基础知识》部分将对热能转换成机械能的规律、条件、方法等进行较全面的阐述，从理论高度上来认识火力发电厂。在此基础上，在第二篇《锅炉设备》和第三篇《汽轮机设备》部分对燃料的化学能转换成蒸汽的热能和蒸汽的热能转换成机械能的原理、系统、设备等进行较具体的介绍，以便从理论和实际的结合上，进一步加深对火力发电厂的认识。

第一篇 基 础 知 识

基础知识包括工程热力学、传热学、流体力学等内容。工程热力学主要研究热能和机械能之间的转换规律及方法；传热学主要研究由于温差引起的热能传递规律；流体力学主要研究流体的机械运动规律。

热能转换成机械能必须伴随着工作介质热力状态的连续变化。为了找出热能转换成机械能之间的数量关系及转换条件，需要对工作介质的热力状态以及热力状态连续变化的热力过程和热力循环进行较详细的研究。

热能的传递规律随着传递方式的不同而不同。因此，必须对不同传递方式的特点进行较深入的分析和比较。

火力发电厂离不开流体，其电能的生产依靠流体的流动而安全经济地实现热功转换。因此必须对流体的流动规律和流体流动过程中产生的流动损失进行深入的研究和探讨。

第一章 工 质 及 其 热 力 状 态

第一节 基 本 概 念

热能转换成机械能的设备统称为热机。汽轮机、蒸汽机、燃气轮机等都属于热机。热机中用来实现热能转换成机械能的工作介质简称为工质。由于工质连续不断地流过热力设备而膨胀做功，因此，要求工质应有良好的膨胀性与流动性。此外，还要求工质价廉、易得、热力性能稳定、不腐蚀设备、无毒等。在气体、液体、固体中，气体受热后膨胀性能最好，能最大限度地将热能转换成机械能，同时它具有良好的流动性，易于流入和排出热机，显然，气态物质最适宜作工质。而水蒸气具有价廉易得、无毒、不腐蚀设备等优点，所以目前火力发电厂主要以水蒸气为工质。

一切气体都是由气体分子所组成的，根据分子物理学，物质的分子是不停地热运动着的。分子数量是巨大的，运动是不规则的。分子本身具有一定的体积，相互之间还具有作用力。因此，气体的性质是很复杂的。为了研究问题的方便，提出了理想气体这一概念。理想气体是一种实际上并不存在的假想气体。理想气体不考虑气体分子的体积和气体分子之间的相互作用力，凡不符合这两个条件的气体都称为实际气体。在一般情况下，空气、高温燃气等离液态都很远，在工程应用所要求的精度范围内，都可以当作理想气体。但对于锅炉中产生的水蒸气，由于离液态较近则不能当作理想气体处理，只能作为实际气体来处理。

在工程热力学中，常把能不断地供给热能的物体称为高温热源，简称热源。在热力过程中，主要是利用燃料在燃烧设备中燃烧而产生热能。由于燃料是源源不断地供给燃料设备的，所以可以认为热源的热容量是无限大的，不因向工质传热而降低温度。因此，每一热源对应有一恒定的温度。热源供给的热能由工质携带进入热机，将热能的一部分转变为机械能，余下的热能仍由工质携带，离开热机而排入大气或冷却水。这种接收工质排出剩余热能的物体称为低温热源，简称冷源。同理，由于大气容量无限大，也可认为冷源温度恒定不变。

热能动力装置的工作过程概括起来就是工质从高温热源吸取热能，将其中一部分转化为机械能，并把余下的一部分传给低温热源的过程。

为分析问题方便起见，热力学中常把分析的对象从周围的物体中分割出来，研究它通过分界面和周围物体之间的能量交换。这种被人为分隔出来的分析对象称为热力系统。系统外的一切物体统称为外界。热力系统和外界之间的分界可以是实际存在的，也可以是假想的；可以是固定的，也可以是尺寸和形状变化的，或者是运动着的。

热力系统与外界之间可能有以热和功的形式进行的能量传递，也可能同时有物质的交换。按照系统与外界进行物质交换的情况，系统可分为以下两类。

（1）封闭热力系统（简称闭系）——系统与外界可以传递能量，但没有物质的交换。这类系统的特点是没有物质穿过边界，其内部的质量恒定不变，所以也可称为不流动热力系统。

（2）开口热力系统（简称开系）——系统与外界既可以有能量的传递，又可以有物质的交换。由于有物质穿过边界，因而这类系统内部的质量可以保持恒定或发生变化，所以也可称为流动热力系。

按照系统与外界进行能量交换的情况，又可以定义出以下两类。

（1）绝热热力系统——系统与外界没有热量交换的热力系统。

（2）孤立热力系统——系统与外界不发生任何相互作用，既无物质交换又无能量交换的热力系统。

第二节　工质的热力状态及基本状态参数

热能转换成机械能是借助于工质吸热和做功来完成的。在这些过程中，工质的物理特性随时在发生变化。也就是说，工质的热力状态随时在发生变化。所谓工质的热力状态，就是指在某一瞬间所呈现的宏观物理状况。在一定的热力状态下用来描述和说明工质的一些物理量则称为工质的状态参数。状态参数值只取决于工质的状态，也就是说，对应一定的状态，工质的各状态参数有确定的数值。因而，任何物理量，只要它的变化量等于始、终两态下该物理量的差值，而与工质的状态变化途径无关，都可以作为状态参数。

在热力学中，常用的状态参数有6个：温度、压力、比体积、热力学能、焓、熵。其中，温度、压力、比体积是工质的基本状态参数，热力学能、焓、熵是导出的状态参数。本节先介绍基本状态参数，其他状态参数将在后面章节中介绍。

一、温度

温度是标志物体冷热程度的一个物理量。热物体温度高，冷物体温度低。当两个物体接触时，温度高的物体就要向温度低的物体传热。如果两者间没有热量传递，则两物体的冷热程度一样，即处于热平衡状态，两物体温度相等。

处于热平衡的物体具有相同的温度，这是用温度计测量物体温度的依据。当温度计与被测物体达到热平衡时，温度计的温度即等于被测物体的温度。

温度的数值表示方法称为温标。任何一种温标的建立，根本问题是确定温标的基准点和分度方法。摄氏温标规定在1标准大气压下纯水的冰点温度为0度，沸点的温度为100度，两定点间分为 100 个分度，每一分度为摄氏 1 度。这种温标的温度以符号"t"表示，单位用"℃"。

国际单位制采用绝对温标为基本温标。用这种温标确定的温度为绝对温度，符号为"T"，单位为开尔文，代号为"K"。热力学温标选取水的三相点（即水的固、液、气三相平衡共存的状态）为基本定点，并定义它的温度为 273.16K，摄氏温度为 0.01℃。

显然，两种温标之间的关系为

$$t=T-273.15 \tag{1-1}$$

摄氏温度与绝对温度之间每一温度间隔的大小完全一样，即 1℃＝1K，只是所取零点不同，即绝对温度 273.15K 为摄氏温度的 0℃。

由于两种温度间隔划分一样，因而凡涉及到温差的地方，用 K 或℃在数值上均相同，即 $\Delta t=\Delta T$。在工程热力学中，一般都用绝对温度 T 作为工质的状态参数。在进行热力计算时，通常取

$$t=T-273 \tag{1-2}$$

已足够准确。

从微观角度分析，物体的冷热程度取决于物体内部微粒运动的状况。按分子运动理论，气体的绝对温度与气体分子的平均动能成正比。气体分子平均动能越大，物体的温度就越高。所以，温度标志着物体内部分子无规则热运动的强烈程度。

二、压力

单位面积上所受到的垂直作用力称为压力。在物理学中称为压强，用符号"p"表示。气体分子运动论指出，气体的压力是气体分子作不规则运动时撞击容器器壁的结果。压力的方向总是垂直于容器壁面的。

（一）压力的单位

在国际单位中，压力的单位为帕斯卡，简称帕（Pa），$1Pa=1N/m^2$。由于帕的单位太小，工程上常用兆帕（MPa）作为压力的单位，$1MPa=10^6Pa$。另外，在工程上还经常用工程大气压（at）表示，$1at=9.8\times10^4Pa\approx0.1MPa$。

压力的大小也可以用液柱高度表示，常用的有 mmHg（毫米汞柱）和 mmH$_2$O（毫米水柱）。

$$1mmHg=133.3Pa$$
$$1mmH_2O=9.81Pa$$

（二）大气压力

地球表面包围着一层几百千米厚的空气层，这层空气层由于其自身的重量而对地面上的物体产生压力，这个压力称为大气压力，简称大气压。它随海拔高度和气候等条件的变化而变化。大气压力用 p_b 表示。

物理学中，将纬度 45°海平面上的常年平均气压定作"标准大气压"，或称为"物理大气压"，用 atm 表示，以此作为度量压力的一种单位，与其他单位的换算关系如下：

$$1atm=760mmHg=1.013\times10^5Pa=1.033\times10^4mmH_2O$$

在工程计算中，大气压力 p_b 可以近似取 $p_b=9.8\times10^4Pa$ 或 $p_b=1at$。

（三）绝对压力、表压力、真空

工质的真实压力称为绝对压力，以 p 表示。一般用弹簧管式压力计（如图 1-1 所示）或

U 形管式压力计（如图 1-2 所示）测量。但是不管用什么压力计，测得的是工质的绝对压力和大气压力之间的差值。

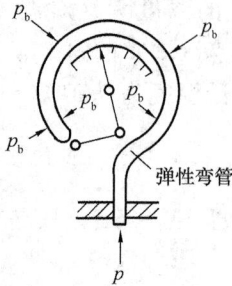

图 1-1　弹簧管式压力计　　　　　　　图 1-2　U 形管式压力计

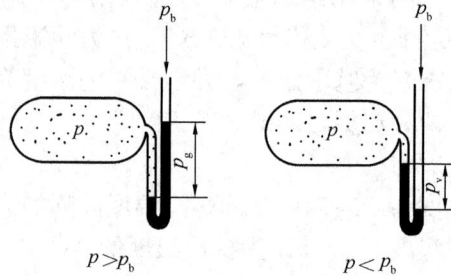

工质的真实压力可以大于大气压力，也可以小于大气压力。当绝对压力高于大气压力时，称为正压，高出的数值称为表压力，用 p_g 表示，即压力计指示的数值。反之，则为负压或真空，用 p_v 表示。

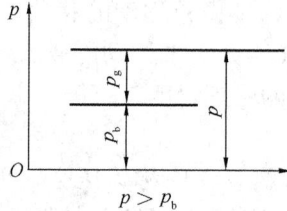

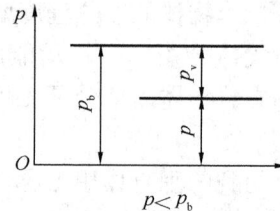

对正压容器来说（$p > p_b$）

$$p = p_b + p_g \tag{1-3}$$

对负压容器来说（$p < p_b$）

$$p = p_b - p_v \tag{1-4}$$

因大气压力随测量时间、地点的变化而改变，所以只有绝对压力才能作为工质的状态参数，表压力和真空都不是状态参数。无特殊说明，本书的压力均指绝对压力。

三、密度及比体积

单位质量的工质所占有的体积称为该工质的比体积，用符号"v"表示，单位为 m^3/kg。相反，单位体积的工质所具有的质量称为该工质的密度，用符号"ρ"表示，单位为 kg/m^3。显然，比体积和密度互为倒数，即

$$v = \frac{1}{\rho} \tag{1-5}$$

比体积和密度不是互相独立的两个参数，而是同一个参数的两种不同的表示方法。在工程热力学中，通常用比体积作为状态参数。

第三节　平衡状态及气体的状态方程

一、平衡状态

压力、温度和比体积是工质的基本状态参数，可以用来描述系统中工质的状态。但是，

必须指出，这只是在系统内工质各点对于同一参数都具有同一数值时才有可能。系统内工质各点相同的状态参数均匀一致的状态在热力学上称作"平衡状态"。

当系统处于平衡状态时，工质内部各部分间无温度的差别，且等于外界温度，因而就不会发生热的传递。各部分间没有压力的差别，且作用在边界上的力与外力相平衡，因而各部分间不发生相对位移。也就是说，系统内部或系统与外界达到了热和力的平衡，如无外界影响，宏观性质将不随时间变化，即平衡状态不会自发地发生变化。

处于不平衡状态的工质只要不受外界影响，由于工质各部分间的温度、压力不相等，各部分之间就会发生传热和位移。它们的状态一定会随时间而变，最终达到各部分的温度和压力分别相等。故不平衡状态在没有外界条件的影响下，总会自发地趋于平衡状态。只有处于平衡状态的工质，各部分才具有确定不变的状态参数。

描绘状态的各状态参数并不都是独立的，往往都有联系。例如，在气体的压力、温度、比体积这三个基本状态参数中，如果维持气体的比体积不变，加热后，压力将随温度的升高而增大；当压力不变时，气体的比体积随温度的升高而加大；如果比体积和压力都保持不变，则温度就只能是一个定值。三个状态参数之间的内在联系可用数学式表达如下：

$$f(p,v,T) = 0$$

这样的函数关系称为状态方程式，它们的具体形式取决于工质的性质。但是不管什么样的形式，只要有两个状态参数就可以确定工质的状态。

为了分析问题的方便，常采用状态参数坐标图来表示热力系统的状态。可以任选两个独立的状态参数作为坐标组成一个平面直角坐标图，系统任一平衡状态都可用这种坐标图上的相对应点代表。例如，常用的 p-v 图，如图 1-3 所示，纵轴表示压力 p，横轴表示比体积 v。点 1 表示由 p_1、v_1 这两个独立的状态参数所确定的平衡状态。显然，不平衡状态没有确定的状态参数，不能在状态参数坐标图上表示。

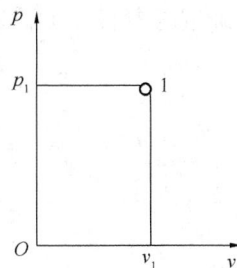

图 1-3　p-v 图

二、理想气体的状态方程式

当理想气体处于平衡状态时，对 1kg 质量的气体，其状态方程式为

$$pv = RT \tag{1-6}$$

式中：R 为理想气体的气体常数，J/kg·K。

对 $m$kg 质量的气体，其状态方程式为

$$pV = mRT \tag{1-7}$$

气体常数 R 与状态无关，只决定于气体的性质。不同的气体，一般具有不同的气体常数。

思　考　题

1. 什么是工质？什么是理想气体？水蒸气能不能作为理想气体处理？
2. 什么是工质的状态参数？表压力和真空是不是状态参数？
3. 什么是温标？热力学温标和摄氏温标之间有何关系？
4. 表压力、真空度、绝对压力之间的关系如何？如果容器中气体的压力没有变化，试

问装在该容器上的压力表的读数会变化吗？

5. 何谓平衡状态？在热力学中讨论平衡状态的意义何在？

习　　题

1. 凝汽器水银真空表的读数为 710mmHg，大气压力计读数为 750mmHg，求凝汽器中蒸汽的绝对压力（用 MPa 表示）。

2. 锅炉出口处的蒸汽压力表读数为 139at，当地大气压力计读数为 756mmHg，求蒸汽的绝对压力。

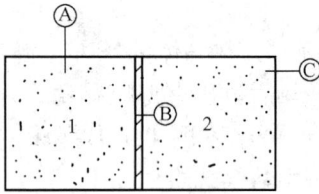

图 1-4　习题 4 图

3. 某氧气瓶的体积为 0.05m³，充满氧气后，瓶上压力计读数为 100MPa，用去氧气后，瓶上压力计读数为 10MPa。如果大气压力计读数为 745mmHg，室温为 27℃，问氧气被用去多少千克质量？（$R=260$J/kg·K）

4. 设一容器被刚性壁分为两部分，在容器的不同部分装有压力表，如图 1-4 所示，压力表 A 的读数为 5.7×10^5Pa，压力表 B 的读数为 2.2×10^5Pa，大气压力为 0.98×10^5Pa。试确定压力表 C 的读数以及容器两部分内气体的绝对压力。

第 二 章

热 力 学 定 律

第一节 准平衡过程和可逆过程

一、准平衡过程

热能和机械能相互转化，必须通过工质热力状态的连续变化才能实现。工质从一个状态经过一系列的中间状态连续地变化到另一个状态，它所经历的全部过程称为热力过程，简称过程。

工质的热力状态发生连续变化，是工质在热力设备中受到外界的作用，其平衡状态被破坏的结果。因此，热力过程都是不平衡的。比如，工质在某个气缸中处于平衡状态，如果外界对工质进行加热，则工质的原平衡状态被破坏，工质热力状态发生连续的变化。而这些连续不断变化的热力状态都是不平衡状态，所以这个热力过程也叫不平衡过程。但是，如果外界对气缸进行瞬间加热，破坏了工质的平衡状态，瞬间后，工质从原平衡状态变化到新的状态下恢复平衡。待其恢复平衡后，再对气缸工质进行瞬间加热，如此下去，工质的热力状态变化就接近于平衡状态的变化。也就是说，倘若过程进行得很慢，使外界对工质的作用时间远大于工质从一个平衡状态过渡到另一个平衡状态的时间，即在过程中工质有足够时间来恢复平衡，随时都不致远离平衡状态。这种由一系列平衡状态所组成的过程称为准平衡过程。

准平衡过程是一种理想化的过程，一切实际过程只能接近于准平衡过程。如上所述，准平衡过程要求一切不平衡势无限小，使得系统在任意时刻皆无限接近于平衡态，这就必须要求过程进行得无限缓慢。

既然平衡状态在 pv 图上可以表示为一个点，那么由一系列平衡状态组成的热力过程在 pv 图上就可以表示为一条线。对不同的过程有不同的过程线，这种过程线可以是直线，也可以是曲线。显然只有准平衡过程才能在坐标图上用连续线表示。

实际过程都不可能进行得无限缓慢，那么准平衡过程的概念还有什么实际意义呢？在什么情况下，才能将一个实际过程看成是准平衡过程呢？

处于非平衡态的系统经过一定时间便趋向于平衡，从不平衡态到平衡态所需要经历的时间间隔称为弛豫时间。如果系统某一个状态参数变化时所经历的时间比其弛豫时间长，也就是说系统有足够的时间恢复平衡态，这样的过程就可以近似地看成准平衡过程。工程上的过程弛豫时间很短，即恢复平衡的速度相当快，可以作为准平衡过程来处理。

建立准平衡过程的概念，其好处是：①可以用确定的状态参数变化来描述过程；②亦可在参数坐标图上表示过程；③可以用状态方程式进行必要的计算；④可以计算过程中系统与外界的能量转换。

二、可逆过程

如果准平衡过程进行时不伴随摩擦损失，这样的准平衡过程会有什么特性呢？

图 2-1 所示为一个由工质、热机和热源组成的热力系，活塞通过曲柄连接一个飞轮。工质从热源 T 处吸收热量进行准平衡的膨胀过程，在 pv 图上可用 1—3—4—5—2 连续曲线

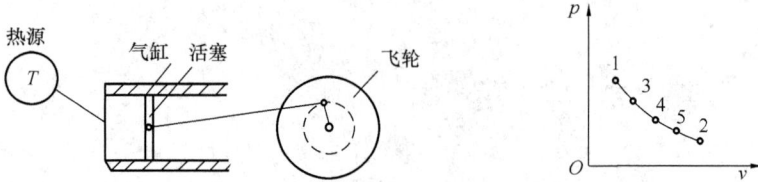

图 2-1 工质、热源和飞轮组成的热力系

表示。过程中，工质通过活塞将一部分能量传给飞轮，以动能的形式储存于飞轮中。当 1—2 过程完成以后，若完全利用飞轮所储存的动能推动活塞逆行，使工质从状态 2 沿原路径 2—5—4—3—1 压缩回到状态 1，并且在压缩过程中，工质恰好又把同等热量放回给热源 T。当工质回复到原状态点 1 时，热机和热源也都回复到了原状态，过程所牵涉到的整个系统和外界全部都回复到原来状态而不留下任何变化，则 1—2 这个热力过程就是可逆过程。可逆过程的定义可描述如下：

当一个过程进行完了以后，如果能使工质沿相同的路径逆行回复至原来状态，并使整个系统和外界全部都回复到原来状态而不留下任何改变，这一过程就叫做可逆过程。反之则为不可逆过程。

实现可逆过程需要什么条件呢？

在上述过程中，若工质内部或热机的部件间存在摩擦，那么当工质膨胀时，就会有一部分能量消耗于摩擦上。在逆过程中，飞轮要完全依靠在正过程中得到的能量来把工质压缩回到原来的状态是不可能的。要能够完成逆过程，除了飞轮要释放出它在正过程中得到的全部能量外，还需要外界多消耗一些能量，用于支付正、逆两过程中的摩擦消耗。这样，正、逆过程完成以后，工质虽回到了原状态，而外界并未回到原来状态（它失去了一部分能量）。所以，有摩擦作用存在的过程是不可逆的。同理，正过程时工质需要从热源 T 吸入热量，若热量的传递是在热源 T 的温度高于工质温度的条件下进行（不等温传热），那么在逆过程中，工质需要放出同等数量的热量便不能由热源 T 来吸收，而需要另外一个温度低于工质温度的外界物体来吸收。这样，在完成正、逆两过程以后，外界就有了变化，即热源 T 失去了热量，而冷源得到了热量。可见，有温差的传热过程也必定是不可逆过程。

此外，如果过程中虽无摩擦，但是是不平衡过程，那么工质对飞轮的作用力大于飞轮对工质的反作用力。利用飞轮的动能显然不足以按原正向膨胀过程逆向压缩工质回复原状，必须借助于外界额外供给机械能才能达到，但这使系统留下了"变化"。工质在吸热膨胀的同时，其温度必然低于热源温度，故当逆向压缩时，温度低的工质无法向温度高的热源放热，只能借助另一个比工质温度更低的冷源放热。显然，这样也使系统发生"变化"。可见不平衡过程肯定不能是可逆过程。

因此实现可逆过程需要满足的条件是：①过程中没有摩擦和温差；②过程必定是准平衡过程。

应当特别注意的是，准平衡过程和可逆过程之间的联系与区别。它们之间的共同之处都是无限缓慢进行的、由无限接近于平衡态所组成的过程。因此可逆过程和准平衡过程一样，在状态参数坐标图上也可用连续的实线描绘。但其差别却是本质的，即准平衡过程虽是理想化了的过程，但并不排斥过程中的能量损耗，即准平衡过程的概念，只包括工质内部的状态变化，至于外部有无摩擦对工质内部的平衡无影响。而可逆过程是一个理想化的极限过程，这个过程进行的结果不会产生任何能量损失，因而可以作为实际过程中能量转换效果比较标准。所以可逆过程是热力学中极为重要的概念。可逆过程必然是准平衡过程，而准平衡过程只是可逆过程的条件之一。

实际过程都是不可逆的，只是不可逆的程度不同而已。可逆过程虽然不能实现，但是过程中能量损耗为零，理论上由热变功为最大。这就是说，它表示在实际过程中可能获得最大的外功。所以可逆过程是将一切实际过程理想化后所得出的一种科学抽象概念，是进行热力分析的一种重要的研究方法。引用可逆过程的概念来研究工质与外界所产生的总效果，可作为改进实际过程的一个准绳并借以指出努力的方向。

第二节 功 和 p-v 图

系统与外界之间在不平衡势的作用下会发生能量交换。能量交换的方式有两种——做功和传热。本节先讨论功，主要讨论可逆过程中的功。

一、功的定义

功是系统与外界交换能量的一种方式。在力学中，功的定义为系统所受的力和沿力作用方向所产生的位移的乘积。系统与外界之间交换的功可以多种多样，并不是任何情况下都能容易地确定与功有关的力和位移。因而，需要建立一个具有普遍意义的热力学定义，即系统与外界在边界上发生的一种相互作用，其位移效果可归结为外界举起了一个重物（如图 2-2 所示）。这里，举起重物实际上是力作用于物体使之产生位移的结果。在功的热力学定义里并非意味着真的举起了重物，而是说产生的效果相对于重物的举起。

从功的热力学定义可以看出，功是系统与外界之间能量传递的一种方式，或者说功是能量传递的一种度量。因此，我们不能说在某一状态下工质有多少功。所以，功不是状态参数，而是过程量。

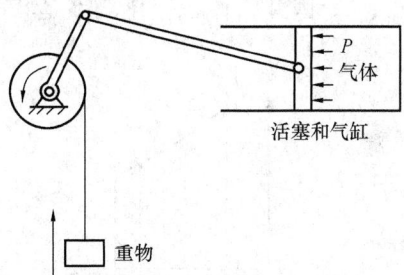

图 2-2 功

热力学中规定，系统对外界做功取为正值；而外界对系统做功为负值。功的符号用 W 表示。在国际单位制中，功的单位采用 J（焦耳）或 kJ（千焦），1J 的功相当于物体在 1N 力作用下产生 1m 位移时完成的功量，即

$$1J = 1N \cdot m$$

单位质量的工质所做的功称为比功，用 w 表示，单位为 J/kg，则

$$w = \frac{W}{m} \tag{2-1}$$

单位时间内完成的功称为功率。功率的单位为 W（瓦特）或 kW（千瓦）。

$$1W = 1J/s$$

$$1kW = 1kJ/s$$

二、体积变化功——膨胀功和压缩功

对于由可压缩气体组成的简单系统来说，系统与外界只交换一种形式的功，就是在不平衡压力推动下产生的系统体积膨胀或压缩的功，通常称为膨胀功或压缩功。由于它们都是通过系统体积变化与外界交换的功量，故称为体积变化功。

设有一个以气缸内壁与活塞端面为边界的热力系统，1kg 工质在气缸内膨胀，工质由状态 $1(p_1,v_1)$ 经历一个可逆膨胀过程到状态 $2(p_2,v_2)$。在 $p\text{-}v$ 图上用过程曲线 1—2 表示。

对任何一个平衡的热力过程，都可以将其分成无数的、微小的过程，每个微小的过程都可看成是一个微小的等压过程，如令这个微小过程中活塞位移为 $\mathrm{d}x$ 时，则按照功的定义，在这个微小过程中，工质所做的微小功为

$$\delta w = pA\mathrm{d}x = p\mathrm{d}v \tag{2-2}$$

在整个 1—2 过程中工质所做的功为

$$w = \int_1^2 p\mathrm{d}v \ (\text{J/kg}) \tag{2-3}$$

对 $m$kg 工质，则所做功为

$$W = m\int_1^2 p\mathrm{d}v = mw \ (\text{J}) \tag{2-4}$$

式(2-3)、式(2-4)为任意可逆过程体积变化功的表达式。只要知道过程始、末状态及过程方程式 $p = f(v)$，即可积分求得过程中的功。在 $p\text{-}v$ 图中，积分 $\int_1^2 p\mathrm{d}v$ 相当于过程曲线 1—2 下的面积 1—2—3—4—1（如图 2-3 所示）。所以，工质在可逆过程中完成的功在 $p\text{-}v$ 图上可以用过程曲线下的面积表示，因此 $p\text{-}v$ 图又称为示功图。

由此可见，功的大小不仅与过程的初态和终态有关，而且还决定于过程所经过的路径。如图 2-4 中所示的两个过程 1—a—2 与 1—b—2，虽然都从相同的始态 1 膨胀到同一终态 2，但由于中间所经历的过程线不同，显然，面积 1a2341 大于面积 1b2341，即 $w_{1-a-2} > w_{1-b-2}$。因此，体积变化功不是状态参数，而是一个与过程特性有关的过程量。

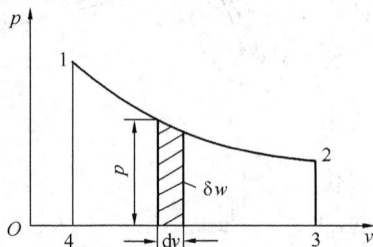

图 2-3　工质做功示意图　　　　图 2-4　工质做功过程示意图

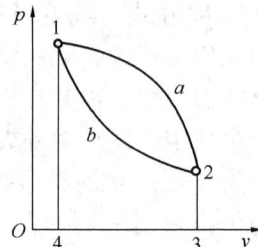

如果工质膨胀，$\mathrm{d}v>0$，因而 $w>0$，功为正值，说明工质对外做功；如果工质受到压缩，$\mathrm{d}v<0$，因而 $w<0$，功为负值，说明外界对工质做功。

第三节　热 量、熵 和 $T\text{-}s$ 图

一、热量

系统与外界之间依靠温差传递的能量称为热量。这是与功不同的另一种能量传递方式。

按照定义，热量是系统与外界之间所传递的能量，而不是系统本身所具有的能量，其值并不由系统的状态确定，而是与传热时所经历的过程有关。所以，我们不应该说"系统在某状态下具有多少热量"，而只能说"系统在某个过程中与外界交换了多少热量"。因此，热量不是状态参数，而是一个与过程特征有关的过程量。

热力学中用 Q 表示热量，微元过程中传递的微小热量用 δQ 表示，单位为 J。单位质量的工质与外界交换的热量用 q 表示，单位为 J/kg。

热力学中规定：系统吸热时热量为正值，放热时为负值。

二、熵

热量和功是能量传递的两种不同方式，具有一定的类比性。例如，可逆过程的体积变化功与传热量，两者均为过程量，与系统本身的状态无关；又如，实现可逆过程体积变化功的推动力是压力势差，而可逆过程中传热的推动力是温度势差，并且压力与温度均为系统的状态参数。类似地，既然可逆过程体积变化功的标志是比体积的变化量 dv，当 $dv>0$ 表示系统膨胀做功，当 $dv<0$ 表示外界对系统做压缩功；比体积不变则标志着气体没有做功。做功的大小是"推动力 p"和"标志量 dv"的乘积。那么作为可逆过程传热的标志一定也是某个状态参数的微小增量。我们就把这个新的状态参数叫做熵，以符号 s 表示，而且应当具有下列性质，即 $ds>0$ 表示系统吸热，$ds<0$ 表示系统放热，$ds=0$ 表示系统与外界无热量交换。这样一来，可逆过程的传热量也就可以用与体积变化功类似的方式表示。参照可逆过程体积变化功的计算式 $\delta w=pdv$，可逆过程传热量的计算式为

$$\delta q = Tds \tag{2-5}$$

由此得出熵的定义式为

$$ds = \frac{\delta q}{T} \tag{2-6}$$

上式说明：在可逆过程中，工质熵的微小变化等于过程中加入系统的微小热量与系统的热力学温度之比。式中，s 表示 1kg 质量的气体的熵，单位是 J/kg·K。$m$kg 工质的熵用 S 表示，单位是 J/K。

三、T-s 图

与 p-v 图类似，可以用热力学温度 T 作为纵坐标，熵 s 为横坐标构成 T-s 图，称为温熵图。

如图 2-5 所示，图上任何一点都表示一个平衡态。任何一个可逆过程可用一条连续的曲线表示，如图中的 1-2 曲线。该过程的任一状态若产生一个 ds 的微小变化，则系统与外界交换的微小热量 $\delta q=Tds$ 为图中的微元面积。因此在任意过程 1-2 中，对工质加入的热量为

$$q = \int_1^2 Tds = \text{过程曲线下的面积}$$

所以，T-s 图又称为示热图，是表示和分析热量的重要工具。

只要已知 $T=f(s)$ 的函数关系，就可以求得过程中加入系统的热量。显然，如果初态 1 和终态 2 不变，1 点至 2 点的途径不同，则过程中加入的热量也不同。可见，热量是一个过程量而不是状态参数。

由式（2-5）和图 2-5 可以看出：如果 $ds>0$，则 $dq>0$，即系统从外界吸热，过程自 1 至 2 进行；如果 $ds<0$，则 $dq<0$，即工质向外界放热；如果 $ds=0$，则 $dq=0$，过程曲线成为垂直于 s 轴的一根直线，工质和外界不发生热量交换，被称为

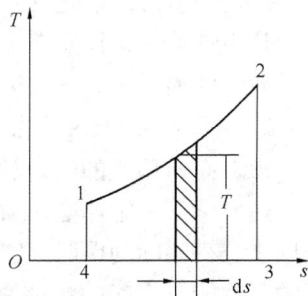

图 2-5　T-s 图

绝热过程。由此可见，熵的变化量可用来标志热力过程有无传热和传热的方向。通常只对熵的变化量 ds 感兴趣，而对某个热力状态下熵的绝对值并不关心。

第四节　热力学第一定律

一、热力学能

工质内部所具有的各种能量统称为热力学能。对工程热力学所研究的范围来说，工质的热力学能主要包括分子的内动能和内位能两部分，而它们都是和热能有关的能量，所以热力学能也被称为热能。

工质内部分子的热运动所具有的动能称为分子的内动能，它包括分子移动动能、分子的转动动能和分子的振动动能。温度的高低是内动能大小的反映，内动能大，工质的温度就高，所以内动能是温度 T 的函数。

由于分子之间存在着作用力，因此，工质内部还具有因克服分子之间的作用力所形成的分子内位能。它的大小与分子间的距离有关，即与工质的比体积有关，所以内位能是比体积 v 的函数。

由此可见，既然工质的热力学能决定于它的温度 T 和比体积 v，也就是决定于气体所处的状态，那么热力学能也应该是一个状态参数。1kg 的工质所具有的热力学能用符号 u 来表示，单位是J/kg。对 $m$kg 的工质的热力学能用符号 U 表示，单位为 J。

对于理想气体，因为不考虑分子之间的吸引力，也就是不考虑分子的内位能，所以它的热力学能就是内动能，因此，理想气体的热力学能 u 仅仅是温度 T 的函数。

二、热力学第一定律的实质

能量守恒与转换定律是自然界的一个基本规律。它指出：自然界中一切物质都具有能量。能量既不可能被创造，也不可能被消灭，而只能从一种形式转变为另一种形式。在转换中，能的总量保持不变。

热力学第一定律是能量守恒与转换定律在热力学中的应用，它确定了热能与机械能相互转换时在数量上的关系。

热力学第一定律可以表述为："当热能与其他形式的能量相互转换时，能的总量保持不变。"

根据热力学第一定律，为了得到机械能必须花费热能或其他能量。历史上，有些人曾幻想创造一种不花费能量而产生动力的机器，称为第一类永动机，结果总是失败。所以，热力学第一定律也可以表述为："第一类永动机是不可能制成的。"

热力学第一定律是热力学的基本定律，适用于一切工质和一切热力过程。

对于任何系统，各项能量之间的平衡关系一般表示为

$$进入系统的能量－离开系统的能量＝系统内部能量的变化 \tag{2-7}$$

三、闭口系统的热力学第一定律表达式

热力学第一定律是热力学的基本定律，是工程上进行热力分析和热工计算的主要基础。当用于分析实际问题时，需要将其表示为数学解析式，即根据能量守恒的原则，列出参与过程的各种能量之间的数量关系。

分析工质的各种热力过程时，一般来说，凡工质流动的过程，按开口系统分析比较方

便；而工质不流动的过程，则按闭口系统分析。下面首先对闭口系统进行讨论。

如图 2-6 所示，质量为 1kg 的某气体，在具有活塞的
气缸中进行热力过程时，系统与外界只有能量交换而无质
量交换，即为一个闭口系统。开始时系统处于平衡状态
1，工质的状态参数 p_1、v_1、T_1、u_1，在热力过程中工质
从外界吸收热量 q，气体膨胀推动活塞对外做膨胀功 w。

图 2-6　闭口系统

过程终了时到达平衡状态 2，状态参数为 p_2、v_2、T_2、u_2。由于热力状态的变化，系统内工
质的热力学能发生了变化。

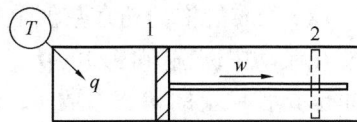

根据式（2-7）就可以得出闭口系统的热力学第一定律的表达式：

$$q - w = \Delta u$$

即

$$q = \Delta u + w \tag{2-8}$$

对 $m$kg 质量的工质，可相应地得出

$$Q = \Delta U + W \tag{2-9}$$

式(2-8)、式(2-9)就是热力学第一定律的数学表达式。它们说明，在一个热力过程中，
工质从外界吸收的热量等于工质热力学能的增量和对外做功之和。

应当注意，这里并未限定能量交换的方向。工质吸热为正，放热为负；工质对外做功为
正，对内做功为负；热力学能增加为正，减少为负。

该式对工质的性质、对热力过程未作任何限制，所以各种工质（理想气体或实际气体）、
各种过程（可逆过程或不可逆过程）都适用。

四、开口系统的热力学第一定律表达式

在实际热机中，工质的吸热和做功过程往往伴随着工质的流动而进行。例如在火力发电
厂中，供给锅炉的给水不断地经由给水泵压入锅炉，在流经锅炉受热面的整个过程中完成吸
热过程。然后经过管道进入汽轮机并在流经汽轮机时完成做功过程。不论我们观察整个过程
的哪一段，工质与外界不仅有能量的传递与转换，而且还有物质交换，显然，这为开口系统
或流动系统，自然就与闭口系统有所区别了。

1. 稳定流动

工程上，一般热力设备除了启动、停止或加减负荷外，常处在稳定工作的情况下，即开
口系统内任何一点的工质，其热力参数及运动参数都不随时间而变，则称这种流动过程为稳
定流动过程。

根据稳定流动的定义，要使流动过程达到稳定，必须满足以下条件。

（1）单位时间内进入热力系统的工质质量与流出热力系统的工质质量不变。

（2）单位时间内加入热力系统的热量及热力系统做出的功都不随时间而变。

显然，在稳定流动系统内，沿着工质流动的方向，工质的状态参数是要发生变化的。因
而在流动系统内，工质的同一参数不可能到处都是一样的。为了进一步简化问题，我们假定
工质的状态参数只是沿着流动的方向才发生变化，而在沿工质流动方向的垂直截面上，工质
的同一参数都是一致的，这种工质的参数只沿着流动方向作连续变化的流动，我们称之为一
元稳定流动。

2. 推动功

开口系统与外界交换的功除了体积变化功外，还有因工质出、入开口系统而传递的功，

这种功叫推动功。推动功是为推动工质流动所必需的功，它常常由泵、风机等所供给。

1kg 工质的推动功在数值上等于其压力和比体积的乘积 pv。推动功又叫流动功。它是工质在流动中向前方传递的功，并且只有在工质的流动过程中出现。当工质不流动时，虽然工质也具有一定的状态参数 p、v，但这时的乘积 pv 并不代表推动功。

3. 焓

在研究开口系统的问题时，因为有工质的流动，u 和 pv 常同时出现。热力学能和推动功之和 $(u+pv)$ 可以理解为由于工质流动而携带的，取决于热力状态参数的能量。我们把 $(u+pv)$ 定义为焓，用符号 h 表示，单位为 J/kg，$m$kg 工质的焓用 H 表示，单位为 J，即

$$h=u+pv$$

由焓的定义式可见，焓是由状态参数 u、p、v 组成的综合量。对于工质的某一确定状态，u、p、v 均具有确定的数值，因而，$u+pv$ 的值也就完全确定。所以，焓也是一个取决于工质状态的状态参数。

状态参数的特性如下：

(1) 任一状态参数的变化量完全取决于过程始点和终点的状态，而与中间所经历的过程路线无关。

(2) 如果工质从某一状态出发，经过一系列过程又回到初始状态，则状态参数的变化量为零。

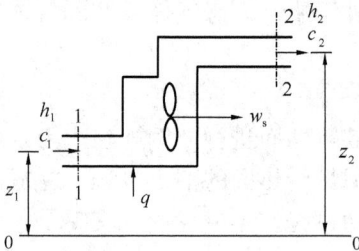

图 2-7　开口系统

4. 开口系统的热力学第一定律表达式

对稳定流动的工质加入热量，可能产生的结果是改变工质本身的能量（焓、宏观的动能及位能）及对外输出机械能。在工程上机械能常常通过转动的轴输入、输出，所以习惯上称为轴功，用 w_s 表示（如图 2-7 所示）。

开口系统的热力学第一定律的表达式可以写为

$$q = \Delta h + \frac{1}{2}(c_2^2 - c_1^2) + g(z_2 - z_1) + w_s \quad (2\text{-}10)$$

动能、位能、轴功这 3 项能量在工程上可以直接利用，将它们合并在一起称为技术功，用 w_t 表示，则式 (2-10) 又可以写成

$$q = \Delta h + w_t \quad (2\text{-}11)$$

式(2-10)和式(2-11)对工质的性质、对热力过程未作任何限制，所以各种工质（理想气体或实际气体）、各种稳定流动过程（可逆过程或不可逆过程）都适用。

5. 开口系统的热力学第一定律在工程上的应用

(1) 汽轮机。汽轮机是利用工质膨胀而获得机械能的热力设备。工质在流经汽轮机时，工质膨胀，压力降低，对外做轴功。由于进出口的速度相差不大，进出口高度相差很小，又因工质流经汽轮机的时间很短，可近似看成绝热过程。因此式 (2-10) 可以简化为

$$w_s = h_1 - h_2$$

这就是说，每千克工质流经汽轮机时，所做的轴功是依靠工质的焓降转变而来的。

(2) 热交换器。对于锅炉、加热器、凝汽器等各种热交换器的热量传递过程，可认为压力不变，由于系统与外界无功量交换，并且动能和位能的变化较小可忽略不计，故有

$$q = h_2 - h_1$$

可见，工质在热交换器中吸入的热量等于工质焓的增加。

（3）水泵和风机。工质流经泵和风机时消耗外功而使工质的压力增加，一般情况下，动能和位能的变化较小，可忽略不计，对外散热也可忽略不计，故有

$$-w_s = h_2 - h_1$$

即工质在泵和风机中被压缩时，外界所消耗的功等于工质焓的增加。

（4）喷管。喷管是一种特殊的短管，工质流经喷管后，压力下降，速度增加。通常，位能变化可忽略不计，由于管内流动，不对外做功，工质流速很高，散热损失很小，可认为是绝热过程，故有

$$\frac{1}{2}(c_2^2 - c_1^2) = h_1 - h_2$$

即工质动能的增量等于其焓降。

喷管的型式有两种，一种是渐缩喷管，截面积不断减小，如图 2-8（a）所示；另一种是缩放喷管，截面积先缩后放，最小截面称为喉部，如图 2-8（b）所示。

分析工质在喷管中流动时，音速具有重要意义。所谓音速，是指一种

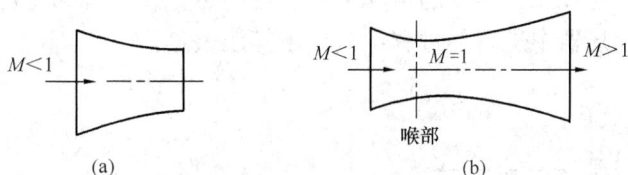

图 2-8　喷管的型式
（a）渐缩喷管；（b）缩放喷管

在连续介质中受到微弱扰动而产生的波动的传播速度，用 a 表示。音速总是状态参数的函数，不同的热力状态具有不同的音速。我们把某状态的音速称为当地音速。工质的流动速度与当地音速之比称为马赫数，用 M 表示，即

$$M = \frac{c}{a}$$

由上式可知：$M<1$，表明工质的流速小于当地音速，称为亚音速；$M=1$，流速等于当地音速；$M>1$，表明工质的流速大于当地音速，称为超音速。

在缩放喷管的最小截面处，流速等于当地音速，气流从亚音速变为超音速的转折点，通常称为临界状态，该状态下的气流参数称为临界参数。此时，$M=1$，$c=a$。

工质在减缩喷管中膨胀可以获得亚音速，最多等于当地音速，绝对不会超过当地音速；在缩放喷管中，在渐缩部分膨胀到当地音速，在渐扩部分继续膨胀，速度继续增加，可以获得超音速。

第五节　热　力　过　程

热能与机械能的相互转换是通过工质的一系列状态变化过程实现的。分析热力过程的目的在于通过分析各种不同的热力过程的特点合理安排热力过程，达到提高热能和机械能相互转换效率的目的。

实际的热力过程往往很复杂，都是些程度不同的不可逆过程，同时，过程中工质的各状态参数又都在变化，不易找出参数的变化规律。为了分析问题的方便，通常采用抽象、简化

的方法，将复杂的实际不可逆过程简化为可逆过程，如等容过程、等压过程、等温过程、绝热过程等。本节仅限于研究理想气体的可逆过程。

一、等容过程

在体积保持不变的情况下所进行的热力过程称为等容过程。例如，内燃机工作时，气缸里被压缩了的汽油与空气的混合物被点燃后的爆燃过程就很接近于等容过程。

1. 过程方程式

$$v = 常数$$

2. 过程中的能量转换

由于过程中比体积保持不变，因此体积变化功为零。根据热力学第一定律可知，在等容过程中，工质与外界所交换的热量只用来改变工质本身的热力学能，并不对外做功。

二、等压过程

在压力不变的情况下所进行的热力过程称为等压过程。电厂的锅炉、凝汽器、加热器等换热器中进行的过程都接近于等压过程。

1. 过程方程式

$$p = 常数$$

2. $p\text{-}v$ 图

$p\text{-}v$ 图如图 2-9 所示。

3. 过程中的能量转换

由图 2-9 可知，等压过程中，工质所做的膨胀功 $w = p(v_2 - v_1)$。根据热力学第一定律表达式（2-8）可知

$$q = h_2 - h_1$$

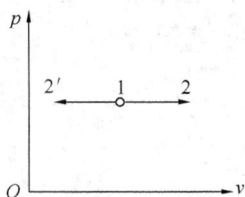

图 2-9　等压过程

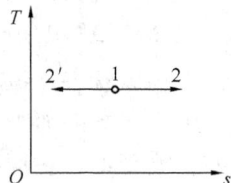

即在等压过程中对工质加入的热量等于工质焓的增量。

三、等温过程

在温度不变的情况下所进行的热力过程称为等温过程。电厂的凝汽器、锅炉中的水冷壁中进行的热力过程可以看作是等温过程。

1. 过程方程式

$$T = 常数$$

2. $T\text{-}s$ 图

$T\text{-}s$ 图如图 2-10 所示。

3. 过程中的能量转换

由于是等温过程，又是理想气体，所以 $\Delta u = 0$，根据热力学第一定律可知，当对气体加热做等温膨胀时，所加的热量全部用来对外做膨胀功，热力学能不变。

图 2-10　等温过程

四、绝热过程

在与外界没有热量交换的情况下所进行的热力过程称为绝热过程。例如，电厂中的汽轮机设备，由于工质流经设备的时间及其短暂，来不及对外散热，可以看成是绝热过程。

1. 过程特点

$$q = 0$$

2. T-s 图

T-s 图如图 2-11 所示。

3. 过程中的能量转换

从图 2-11 中可以看出，绝热过程在 T-s 图上是一条垂直直线。因此可逆的绝热过程是等熵过程。

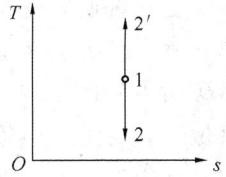

图 2-11　绝热过程

由热力学第一定律可知，在绝热过程中工质对外所做的技术功等于焓降。但是，对有损失的、不可逆的绝热过程，在 T-s 图上却不是一条等熵线，这是因为在不可逆的绝热过程中，虽然外界没有加入热量给工质，但由于摩擦生热，被工质吸收，使得熵增加。因此不可逆的绝热过程是熵增过程。熵增加的越多，说明损失越多。由于是不可逆过程，只在 T-s 图上画成虚线，作为近似的热力过程线。

第六节　热　力　循　环

工质通过一定的热力过程，可以把热能转换成机械能。可是，由于自然条件和技术条件的限制，任何一个热力过程都不可能无休止地进行下去。所以，要使热能连续不断地转变为机械能，只完成单一的膨胀过程是不够的，必须在工质膨胀做功到一定程度后，设法使它回到原来的状态重新获得做功能力，然后再膨胀做功。如此一再重复这些热力过程，就能连续不断地把热能转变为机械能。

工质从某一状态经过一系列的状态变化过程，又回到原来状态的全部过程的组合就称为热力循环，简称循环。如果组成热力循环的各个热力过程都是可逆过程，那么该热力循环为可逆循环，否则就为不可逆循环。

对于一个循环来说，由于工质回复到原来的状态，所以整个循环在参数坐标图上表示出来应该是一条封闭的曲线，而且工质的任意一个状态参数的净变化量都等于零。

循环随着效果的不同，可以分为正向循环和逆向循环。

如果循环的总效果是将热能转变为机械能，则称为正向循环，各种热机实施的循环都是正向循环，故也称为热机循环。

正向循环产生的净功等于循环中工质对外界所做的膨胀功和外界对工质所做的压缩功的代数和。这个净功就是可以由外界加以利用的功，所以也称其为有用功，用 w_0 表示。

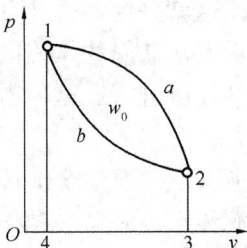

图 2-12　有用功

在 p-v 图上有用功的大小为循环曲线所包围的面积，如图 2-12 所示。

从 p-v 图上可见，正向循环是按顺时针方向进行的。

对于一个循环，由于工质回复到原来的状态，所以热力学能的变化应为零，根据热力学第一定律，对于一个循环则有

$$q = \Delta u + w$$

这里的 q、w 都是指循环的总效应，即 w 是指整个循环中工质对外界做膨胀功和外界对工质所做压缩功的代数和，即为有用功 w_0，而 q 是整个循环中工质从外界所吸收热量 q_1 和对外界放出热量 q_2 的代数和，即为循环的净热量，常用 q_0 表示，因而对于循环有

$$q_0 = q_1 - q_2 = w_0$$

上式说明，完成一个循环后，工质从热源吸收了热量 q_1，向冷源放出了热量 q_2，而把 $q_0 = q_1 - q_2$ 这一部分热量转化为机械能，即对外做的有用功。由此可见，工质从高温热源所得到的热量（q_1）中只有一部分（q_0）可以转化为功（w_0），同时一定有另一部分热量（q_2）由工质传向低温热源。这正是实现热能继续不断地转变为机械能所必需的一种补充条件。

热机循环变热能为机械能的有效程度称作循环的热效率，它是衡量动力装置经济效益的一种指标，用 η_t 表示。

$$\eta_t = \frac{得到的效益}{花费的代价} = \frac{对外输出的净功}{循环吸收的热量} = \frac{w_0}{q_1} = \frac{q_1 - q_2}{q_1} = 1 - \frac{q_2}{q_1}$$

热效率 η_t 愈大，表示循环的经济性愈好。

如果循环中压缩过程所消耗的功大于膨胀过程所做的功，循环的总效果不是产生功，而是消耗外界的功，即将机械能转变为热能，这样的循环称为逆向循环。逆向循环虽不断消耗机械能（机械能变为热），但却不断从低温热源吸热并将其排向高温热源。这里功变热正是把热由低温传向高温所必须的一种补充条件。

逆向循环主要用于制冷机，用机械能使冷藏库或冰箱中的热量排向温度较高的大气，以及用机械能使大气中的热量排向温度较高的室内的供暖设备——热泵。

第七节 热 力 学 第 二 定 律

热力学第一定律揭示了这样一个自然规律，热力过程中参与转换与传递的各种能量在数量上是守恒的。但它并没有说明，满足能量守恒原则的过程是否都能实现。经验告诉我们，自然过程都是有方向性的。揭示热力过程方向、条件与限度的定律是热力学第二定律。只有同时满足热力学第一定律和热力学第二定律的过程才能实现。

一、自然过程的方向性

两个温度不同的物体相互间传热时，热力学第一定律只能说明一个物体失去的热量正好等于另一个物体吸收的热量，至于谁失谁得，以及传热过程进行到什么程度等这些问题，热力学第一定律不能解决。事实上，两物体的热量传递只能自发地从高温物体传到低温物体，并且当它们的温度达到平衡时，传热过程也就终止不能再继续进行了。这就是说，这种自发过程的进行具有一定的方向性，并且只能进行到一定的程度。但是热量要从低温物体传向高温物体不能自发地发生，必须要有消耗机械能而转变成热能的补充条件才能进行。这种需要有另外一个过程同时发生和进行来作为补偿的过程是一种非自发的过程。

机械能和热能相互转换的过程也具有方向性。通过摩擦作用机械能可以自发地全部转换为热能；而热能转变成机械能却不能自发地发生，必须要有热量自热源传至冷源这一过程同时存在和进行作为补偿。

由上述可见，一个非自发过程的进行要伴随一个自发的过程来作为补偿。

其他如自由膨胀、不同气体混合等过程都能自发发生，而自动压缩、混合物分离等过程则不能自发进行。

所以，在没有补偿的条件下，自然界的一切过程只能朝着自发的方向进行，这就是过程的方向性，任何过程都具有这种方向性。

二、热力学第二定律的实质与表述

热力学第二定律与热力学第一定律一样是根据无数实践经验得出的定律，是基本的自然定律之一。它与所有经验定律一样，不能从其他定律推导得出，唯一的依据是千百次重复的经验而无一例外这一事实。

热力学第二定律涉及的领域十分广泛，由于历史的原因，针对不同的问题或者从不同的角度，它有各种各样的表述方式。但它反映的是同一个规律，即揭示热力过程方向、条件与限度。各种表述有内在的联系，是统一的，它们具有等效性。

下面我们举出几种常见的说法。

1. 克劳修斯说法

1850 年，克劳修斯从热量传递方向性的角度将热力学第二定律表述为："热量不可能自发地不付代价地从低温物体传到高温物体。"它说明热从低温物体传至高温物体是一个非自发过程，要使之实现，必须花费一定的代价或具备一定的条件。例如制冷机，此代价就是消耗的功率。反之热从高温物体传至低温物体可以自发地进行，直到两物体达到热平衡为止。因此它指出了传热过程的方向、条件及限度。

2. 开尔文—普朗克说法

1851 年，开尔文和普朗克从热功转换的角度，将热力学第二定律表述为："不可能制成一种循环动作的热机，只从一个热源吸取热量，使之完全变为有用功，而其他物体不发生任何变化。"它说明热转换为功是非自发过程，实现这一过程需要有一定的补充条件，也就是说，热机工作时，不仅要有供吸热用的高温热源，而且还需要有供放热用的低温热源，在一部分热变为功的同时，另一部分热要从高温热源传至低温热源。

热力学第一定律否定了创造能量与消灭能量的可能性，我们把违反热力学第一定律的热机称为第一类永动机。那么假设有一种热机，这种热机就可以利用大气、海洋作为单一热源，使大气、海洋中取之不尽的热能转变为功，成为又一类永动机。它虽然没有违反热力学第一定律，却违反了热力学第二定律，因此，称之为第二类永动机。显然，这同样是不可能的。热力学第二定律明确宣布，热机循环工作，只要有高温、低温两个热源（即要有温差）。因此，热力学第二定律又可以表述为："第二类永动机是不可能制成的。"

幻想制造第一类永动机的人目前已经很少见到了，但是关于第二类永动机的设想却时有出现。值得注意的是，进行这种毫无价值的尝试的人自己却没有意识到违反客观规律，甚至否认这是第二类永动机。因此，深入理解热力学第二定律，正确地解释、分析、指导创造活动显得更为重要。

第八节 卡 诺 循 环

热力学第二定律告诉我们，第二类永动机，即热效率为 100% 的热机是造不成功的。自然地要问：热机的热效率最大能达到多少？热机的效率又与哪些因素有关？也就是说，提高循环中热变功效率的基本途径是什么？卡诺循环回答了这些问题。

在 1824 年法国工程师卡诺在"论火的动力"一文中提出了一个循环，它是由两个可逆等温过程与两个可逆绝热过程组成的，称为卡诺循环。卡诺循环的每一过程都是可逆的，因

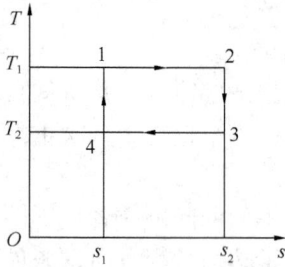

图 2-13 卡诺循环图

此卡诺循环是一个可逆循环，如图 2-13 所示。1kg 的工质在 1—2 过程中等温加热从温度为 T_1 的高温热源吸收热量 q_1；在 2—3 过程中绝热膨胀，工质温度从 T_1 降至 T_2；在 3—4 过程中工质等温地向低温热源 T_2 放热 q_2；在 4—1 过程中被绝热压缩，温度从 T_2 升到 T_1，回到初状态。循环的吸热量为

$$q_1 = T_1(s_2 - s_1) = T_1 \Delta s$$

放热量为

$$q_2 = T_2(s_2 - s_1) = T_2 \Delta s$$

循环的净功为

$$w_0 = q_1 - q_2$$

卡诺循环的热效率为

$$\eta_t = \frac{w_0}{q_1} = \frac{q_1 - q_2}{q_1} = 1 - \frac{q_2}{q_1} = 1 - \frac{T_2}{T_1}$$

通过对卡诺循环的分析可得到以下结论：

(1) 卡诺循环的热效率取决于高温热源温度 T_1 和低温热源温度 T_2，与工质的性质无关。提高 T_1，降低 T_2，可提高循环热效率。

(2) 卡诺循环的热效率只能小于 1，决不能等于 1。

(3) 当 $T_1 = T_2$ 时，卡诺循环的热效率等于零。这说明，没有温差的单一热源（第二类永动机）是不存在的。

(4) 在两个不同温度的恒温热源间工作的任何不可逆循环，其效率必小于在两个同样的恒温热源间工作的卡诺循环。所以，卡诺循环的热效率是在同一温度范围内工作的一切循环的热效率的最高值。用卡诺循环的热效率作标准，可以衡量其他循环中热变功的完善程度。

卡诺循环是一种理想循环，而实际热机不可能完全按卡诺循环工作，因为不可能在等温下进行热量传递，还有摩擦等不可逆损失。但卡诺循环在理论上确定了实现热变功的条件和在一定的温度范围内热变功的最大限度，指出了提高实际热机热效率的方向，即提高初参数，降低终参数可提高循环热效率。循环的最低温度受环境的限制，所以提高热效率主要靠提高初参数。实际上各种热机正是向提高循环最高温度和最高压力的方向发展的。

思 考 题

1. 热力学能、热量和功量三者之间有何联系和区别？

2. 工质进行膨胀时是否必须对工质进行加热？工质吸热后热力学能是否一定增加？对工质加热其温度反而降低是否可能？

3. 热力学第一定律的内容和实质是什么？

4. 焓的热力学意义是什么？

5. 等温过程是等热力学能过程和等焓过程，这一结论对任意工质都成立吗？

6. 热力学第二定律的实质是什么？有哪几种表述方法？

7. 在绝热膨胀过程中，既不需要向高温热源吸热，也不需要向低温热源放热，同样可以产生功，是否违背热力学第一定律和热力学第二定律？

8. 如图 2-14 所示，过程 1—a—2 与过程 1—b—2，有相同的始点和终点，试比较两过程的功谁大谁小？热量谁大谁小？热力学能的变化量谁大谁小？

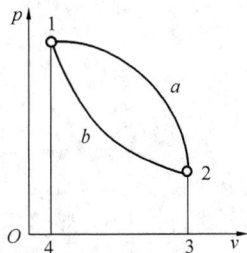

图 2-14　思考题 8 图

习　　题

1. 工质自状态 a 沿 acb 至状态 b 要加入 150kJ 的热量，同时对外做功 75kJ，如图 2-15 所示，试求：

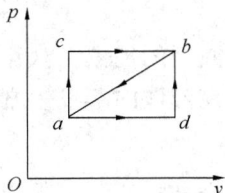

图 2-15　习题 1 图

（1）若工质沿 adb 至状态 b，做功为 35kJ，问工质吸入或放出多少热量？

（2）若工质自状态 b，沿直线 ba 到状态 a，外界对工质做功 55kJ，问工质吸收或放出多少热量？

（3）若工质由 $acbd$ 回到 a，其做功量为多少？吸或放热量为多少？

2. 假设一热机按卡诺循环工作在 500℃ 和 30℃ 的两个热源之间，设每秒钟从高温热源吸热 419kJ，试求：

（1）卡诺循环的热效率。

（2）每秒钟向低温热源放出的热量。

（3）热机的功率。

第三章

水蒸气及蒸汽动力循环

动力工程中常使用水蒸气作为热力发动机中的工质，其最基本的特点是离液态不远，被冷却或压缩时很容易变回液态。分子之间的相互作用力和分子本身所占有的体积都不能忽略，所以水蒸气不能当作理想气体看待，它是实际气体。

实际气体的性质较理想气体的性质复杂得多，其状态参数间的关系已不能用理想气体的状态方程式来描绘。在热力工程中，主要是通过应用实验和计算所绘制出来的图表来进行有关水蒸气的热力计算。

本章主要介绍水蒸气的热力性质和以水蒸气为工质的动力循环。

第一节　饱和温度和饱和压力

物质由液态转变成蒸汽的过程称为汽化过程，汽化是液体分子脱离液面的现象。汽化过程若发生在液体表面上称为蒸发，在任何温度下蒸发都可以进行。如果在液体内部发生剧烈的汽化过程，这种现象称为沸腾。由蒸汽转变成水的过程称为凝结过程。

实际上，分子脱离表面的汽化过程同时伴有分子回到液体中的凝结过程。在一个密闭的容器中，在一定温度下，起初汽化过程占优势。随着汽化的分子增多，空间中水蒸气的浓度变大，会使分子返回液体中的凝结过程加剧。到一定程度时，虽然汽化和凝结都在进行，但汽化的分子数与凝结的分子数处于动态平衡之中，而空间中蒸汽的分子数目不再增加，这种动态平衡的状态称为饱和状态。在这一状态下的温度称为饱和温度（t_s）。饱和状态时的压力称为饱和压力（p_s）。饱和温度和饱和压力是一一对应的。随着温度的升高，标志着分子的平均动能变大，蒸汽的分子总数也将增大，动态平衡将在新的状态下建立。与高温对应的饱和压力也增大。处于饱和状态下的液态水称为饱和水，处于饱和状态下的蒸汽称为饱和蒸汽。

第二节　等压下水蒸气的形成过程

一、水蒸气的形成过程

工程上所用的水蒸气是在锅炉压力不变的情况下产生的，为便于分析，让水在气缸中等压加热，其结果是一样的。

设将 1kg0℃的水置于气缸内，活塞上总压力为 p，水的温度低于压力 p 所对应的温度 t_s（$t<t_s$），称为未饱和水。现观察水在等压下变为蒸汽的过程及某些状态参数的变化特点。此过程可以分为三个阶段。

1. 未饱和水的等压预热阶段

图 3-1 中 a 点表示处于未饱和状态（又称过冷状态）的水，被等压加热后，如 ab 过程所示，比体积稍有增大，熵增大，焓增大。继续加热直至压力 p 下的饱和水状态，参数分别为 v'、s'、h'、t_s、p。可见，未饱和水的状态参数 $t<t_s$、$v<v'$、$s<s'$、$h<h'$。把未饱和水在等

压下加热为饱和水所需要的热量叫预热热。

2. 饱和水的等压汽化过程

在等压下，饱和水继续加热，水开始汽化并逐渐变为蒸汽，气缸中汽水共存，处于饱和状态，压力为 p，温度为对应 p 的饱和温度 t_s。饱和水和饱和蒸汽的混合物称为湿饱和水蒸气，简称湿蒸汽，如图 3-1 中的 f 点。倘若继续加热直至最后一滴水变为蒸汽，这时气缸中的蒸汽称为干饱和蒸汽，如图 3-1 中的 d 点。它的状态参数分别为 v''、s''、h''、p、t_s。

一定量湿蒸汽中所含饱和蒸汽的质量与湿蒸汽的总质量之比称为干度，用符号 x 表示，则 $(1-x)$ 称为湿度。

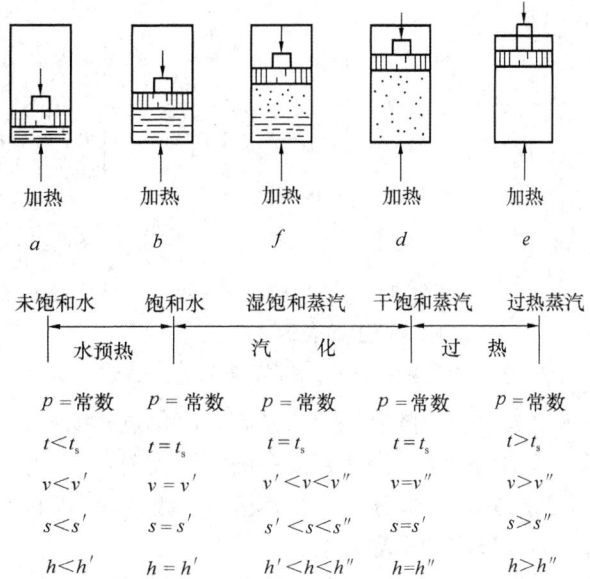

加热	加热	加热	加热	加热
a	b	f	d	e
未饱和水	饱和水	湿饱和蒸汽	干饱和蒸汽	过热蒸汽

水预热　　汽　化　　过　热

p＝常数	p＝常数	p＝常数	p＝常数	p＝常数
$t<t_s$	$t=t_s$	$t=t_s$	$t=t_s$	$t>t_s$
$v<v'$	$v=v'$	$v'<v<v''$	$v=v''$	$v>v''$
$s<s'$	$s=s'$	$s'<s<s''$	$s=s'$	$s>s''$
$h<h'$	$h=h'$	$h'<h<h''$	$h=h''$	$h>h''$

图 3-1　水蒸气的等压形成过程

干度是湿蒸汽所特有的参数，它表示湿蒸汽的干燥程度，x 值越大，湿蒸汽越干燥。对饱和水，$x=0$；对干饱和蒸汽，$x=1$。

湿蒸汽的参数分别为 v_x、s_x、h_x、p、t_s。显然，$v'<v_x<v''$、$s'<s_x<s''$、$h'<h_x<h''$。将饱和水在等压下加热成干饱和蒸汽所需要的热量称为汽化潜热。

3. 干饱和蒸汽的等压过热过程

对干饱和蒸汽继续过热，并保持压力不变，蒸汽温度将上升，$t>t_s$，我们把温度高于饱和温度 t_s 的蒸汽称为过热蒸汽，如图 3-1 中 e 点所示。过热蒸汽的温度与饱和温度之差，即 $t-t_s$ 称为过热度。蒸汽过热中，比体积将继续增大，焓、熵也将继续增大。显然 $v>v''$、$h>h''$、$s>s''$。此阶段所需要的热量称为过热热。

上述三个过程完成了未饱和水到过热蒸汽的等压加热全过程。过程中经历了五种状态，即未饱和水 a、饱和水 b、湿饱和蒸汽 f、干饱和蒸汽 d、过热蒸汽 e。各状态的参数特征表示在图 3-1 中。

二、水蒸气等压形成过程在 p-v 图和 T-s 图上的表示

分析热能和机械能相互转换的问题经常要用到示功图（p-v 图）和示热图（T-s 图）。如果能把水蒸气的物理特性预先画在 p-v 图和 T-s 图上，这对分析研究以水蒸气作为工质的热能与机械能相互转换问题必然带来很大方便。图 3-2 即为水蒸气的等压形成过程在 p-v 图和 T-s 图上的表示。

在图 3-2(a) 的 p-v 图上，水蒸气形成的三个阶段是一条水平线。饱和水等压加热成干饱和蒸汽的汽化阶段既是等压又是等温，在 T-s 图上是一条水平直线，预热阶段和过热阶段都是随温度上升的一条近似于对数曲线。

如果改变压力 p，则在 p-v 图、T-s 图上会得到另外一条等压过程线 $a_1b_1f_1d_1e_1$。若压力减小，过程线 $a_1b_1f_1d_1e_1$ 位于过程线 $abfde$ 下方。若压力增大，得到的等压过程线 $a_2b_2f_2d_2e_2$ 位于 $abfde$ 的上方。如此，可以得到一簇等压线，如图 3-3 所示。

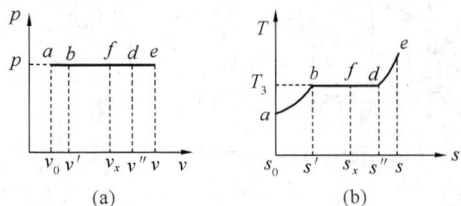

图 3-2　水蒸气等压形成过程在 $p\text{-}v$ 图
和 $T\text{-}s$ 图上的表示

（a） $p\text{-}v$ 图表示；（b） $T\text{-}s$ 图表示

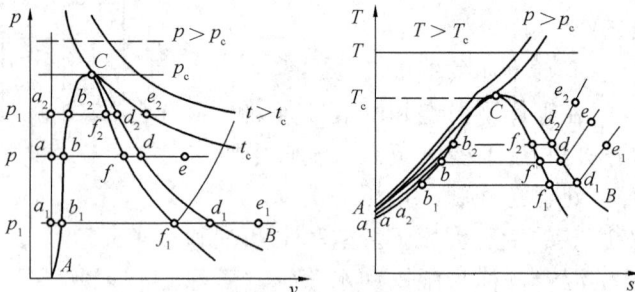

图 3-3　水蒸气的 $p\text{-}v$ 图和 $T\text{-}s$ 图

试验表明，随着压力的升高，汽化过程缩短。压力越高，饱和水与干饱和蒸汽的参数越接近，差别也越小，当达到某一确定压力时，它们的区别完全消失。b 点和 d 点重合在 C 点上，C 点为临界点。水蒸气的临界状态参数 $p_C=22.129\text{MPa}$，$t_C=374.159℃$。可见，临界状态是压力、温度最高的饱和状态。

在 $p\text{-}v$ 图和 $T\text{-}s$ 图上，我们将饱和水的点 b、b_1、b_2…连接起来，得到曲线 CA，称为饱和水或下界线。将干饱和蒸汽的点 d、d_1、d_2…连接起来，得到曲线 CB，称为干饱和汽线或上界线，上界线和下界线的交点是临界点。值得注意的是，$p\text{-}v$ 图中下界线较陡。这是因为水的压缩性较小，压力升高所引起的比体积变化较小的缘故。

为了便于记忆，我们把水蒸气的 $p\text{-}v$ 图、$T\text{-}s$ 图总结为一点、二线、三区、五态。一点为临界点；二线为上界线与下界线；三区为未饱和区——下界线的左方、湿蒸汽区——在上、下界线之间、过热蒸汽区——上界线的右方；五态为未饱和水状态、饱和水状态、湿饱和蒸汽状态、干饱和蒸汽状态、过热蒸汽状态。

第三节　水蒸气的 $h\text{-}s$ 图

一、水蒸气的 $h\text{-}s$ 图

火电厂的各个设备主要进行等压过程和绝热过程。对于等压吸热和等压放热的热量，当然可以通过 $T\text{-}s$ 图上过程线下方所包含的面积来求得。如果能作出水蒸气的 $h\text{-}s$ 图，那么根据热力学第一定律 $q=h_2-h_1$，就可直接从图上查出焓差，即可得出等压加热和放热的热量，比用 $T\text{-}s$ 图计算要方便得多。为此，人们经过大量的实验和计算，制成了水蒸气的 $h\text{-}s$ 图。图 3-4 为水蒸气 $h\text{-}s$ 图结构的示意图。图中，C 为临界点，粗黑线 CA 为 $x=0$ 的下界线，CB 为 $x=1$ 的上界线。上界线的上方是过热蒸汽区，下方是湿蒸汽区。

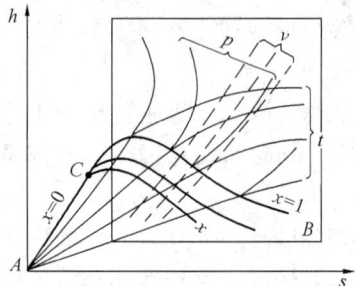

图 3-4 中有下列线群。

1. 等压线群

在 $h\text{-}s$ 图上，等压线是一簇呈发散状的线群。它在湿蒸汽区内为直线，在过热汽区内为向上翘的曲线。等压线沿熵增的方向是渐扩的。

2. 等温线群

在湿蒸汽区，由于饱和温度和饱和压力是一一对应的，

图 3-4　$h\text{-}s$ 图

所以在湿蒸汽区内等温线与等压线是重合的,在图上只注明该线压力的大小,如果需要知道该线温度的大小,必须将该线延伸到上界线后分列的等温线中查该线的温度。

在过热蒸汽区内,等温线是先向右弯曲而后趋于水平。

3. 等容线群

等容线与等压线的走向大致相同,但等容线更陡峭些。

4. 等干度线

湿蒸汽区内有若干条等干度线。它是等压线上由 $x=0$(下界线)至 $x=1$(上界线)的等分点连接而成的。

在 h-s 图中,水及低干度蒸汽区域里曲线密集,查图所得数值误差较大,而工程熵使用较多的是高干度湿蒸汽及过热蒸汽,因此工程上使用的 h-s 图只是整个 h-s 图的一部分,如图中的框内部分。

在 h-s 图的过热蒸汽区,若已知任意两个状态参数,就能确定状态点在图上的位置,从而查出其他状态参数。但在湿蒸汽区,由于等温线与等压线是重合的,必须知道除 p 和 t 之外的某一参数才能确定状态点的位置。

二、水蒸气的热力过程

目前,火力发电厂中,广泛应用汽轮机做热机,用水蒸气做工质,通过水蒸气的状态变化得到功。水蒸气的状态变化可通过各种热力过程进行。

蒸汽的基本热力过程也是等容、等压、等温和绝热 4 种。其中,等压和绝热过程应用得最多,如图 3-5 和图 3-6 所示。

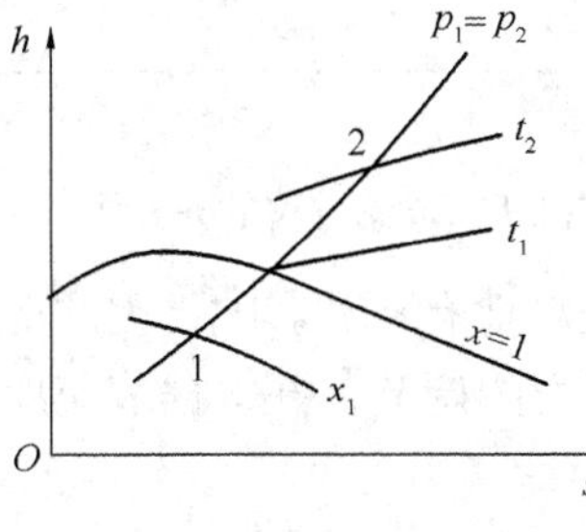

图 3-5　等压过程 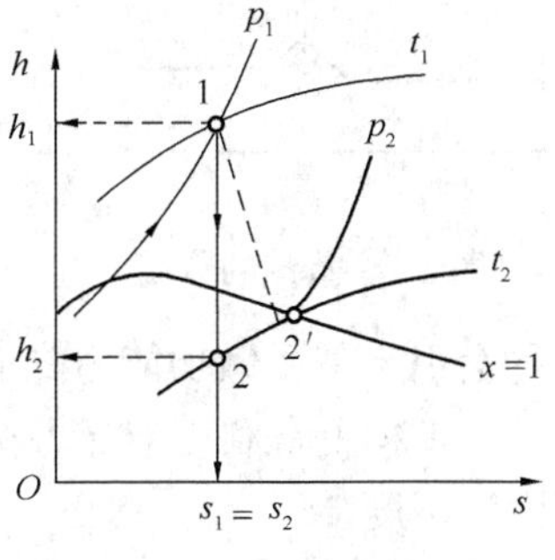　　　　　　　图 3-6　绝热过程

在 h-s 图上确定一个热力过程时,可按下述步骤进行:

(1) 由已知初参数确定过程的初始状态点。

(2) 根据过程特点确定过程的走向。

(3) 由过程终参数确定过程的终点状态点。

(4) 根据热力学第一定律计算能量转换。

三、蒸汽的绝热节流

蒸汽在管道中流动时,遇到阀门、孔板等面积突然缩小的地方,由于局部阻力很大使蒸汽的压力下降,这种现象称为节流。在一般情况下,节流过程中工质流经缩口的时间极短,来不及和外界发生热量交换,故可将节流看成是绝热过程,称为绝热节流。

如图 3-7 所示,蒸汽通过节流孔板时由于通道截面突然缩小,流速增加,压力降低,焓减少，并伴随着一定的摩阻损失。通过缩口后通道截面扩大，流速又渐渐降低，焓也逐渐增加。可见，焓随着流速而变。由于在缩口处汽流内部产生强烈扰动，同一截面上各状态参数值也不相同，故无法进一步分析。但对离缩口稍远（不受扰动影响）的上、下游截面 1—1、2—2 处进行讨论。一般情况下流速变化不大，故焓变化也不大，即在绝热节流过程中，节流前的焓和节流后的焓相等。这是绝热节流过程的基本特性。

应特别指出，这一结论所依据的条件是节流前、后的流速不变，这个条件只有对离缩口稍远的上、下游处才近似正确。事实上在缩口处流速变化很大，因而焓并不相等，实际上在节流缩口处焓是降低的，此焓降用来增加汽流的动能，并使它变成涡流与扰动。而涡流与扰动的动能又转化成热能，重新被汽流吸收，使焓值又恢复到节流前的数值，所以节流过程不能称为等焓过程。

实验表明，蒸汽通过节流后，压力降低，温度降低，而且做功能力也降低。如图 3-8 所示，在 $h\text{-}s$ 图上，由于节流使蒸汽状态由 1 移至 2 点。

在一定的出口压力 p_n 下，蒸汽做功量将减少 Δh，这部分损失称为节流损失。

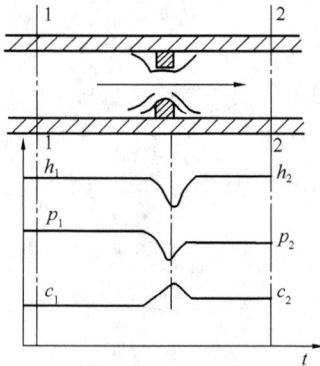

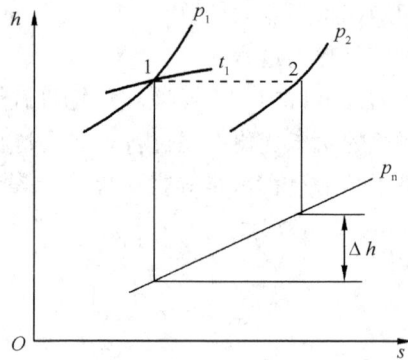

图 3-7　蒸汽的节流　　　　　　图 3-8　节流过程的 $h\text{-}s$ 图

节流是一种会引起工质做功能力降低的过程，对经济性有不利影响，因此应尽量避免不必要的节流，但是在工程上常利用节流方法进行流量、压力的调节，并根据节流原理测定工质流量和湿饱和蒸汽的干度。

第四节　蒸 汽 动 力 循 环

蒸汽动力循环是指采用蒸汽作工质的动力循环。热能与机械能的连续转换是通过工质在动力装置中完成热力循环来实现的。本章主要结合水蒸气热力性质分析蒸汽动力循环的构成及特点，寻求改进与提高蒸汽动力循环热效率的途径。

一、朗肯循环

根据热力学第二定律，在一定的温度范围内卡诺循环的热效率最高。可是，在实际的动力装置中很难实现卡诺循环。对饱和水蒸气来说，很容易实现等温加热和等温放热，但是这样冷、热源的可利用温差不大，饱和蒸汽的上限温度 T_1 总是在其临界温度 374℃ 以下，远低于目前金属材料所容许的 600℃ 左右的工作温度，下限温度 T_2 受环境温度的限制，这样，热效率不可能很高；而饱和蒸汽在热机中膨胀做功至较低压力时，形成湿度很大的湿饱和蒸汽，其运行条件是十分恶劣的；做完功的湿饱和蒸汽由于压力很低，比体积很大，比水大上千倍，需要尺寸庞大的压缩机，消耗的压缩功很大，从而使循环输出的有用功大为减少，也就是说，实现饱和蒸汽的卡诺循环在技术上存在一定的困难。

在湿蒸汽卡诺循环的基础上，发展了火力发电厂广泛采用的基本蒸汽动力循环——朗肯循环。

1. 朗肯循环的装置系统图

图 3-9 为朗肯循环装置系统图，由锅炉、汽轮机、凝汽器和给水泵组成。水首先在锅炉和过热器中等压吸热，由未饱和水加热变为过热蒸汽，过热蒸汽经管道送入汽轮机，在汽轮机内，蒸汽绝热膨胀做功，使汽轮机转动带动发电机发电，汽轮机中做完功的蒸汽（乏汽）排入凝汽器中，对冷却水放热等压凝结成饱和水，凝结水再经给水泵绝热压缩升压后再次送入锅炉加热，从而完成循环。

2. 朗肯循环在 p-v 图和 T-s 图上的表示

p-v 图和 T-s 图分别如图 3-10（a）、（b）所示。

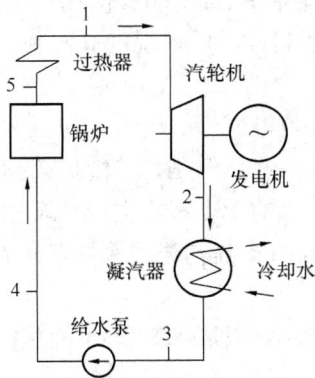

图 3-9　朗肯循环图

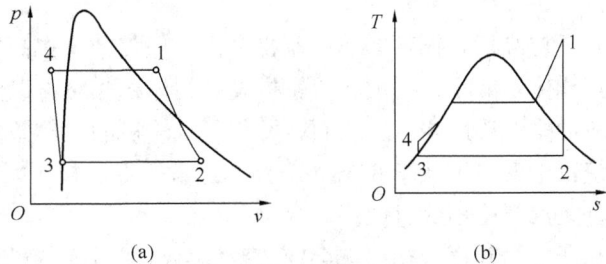

图 3-10　朗肯循环的 p-v 图和 T-s 图
(a) p-v 图；(b) T-s 图

1—2 过程：过热蒸汽在汽轮机中的绝热膨胀过程，压力降低，比体积增加，熵不变，工质对外做功。

2—3 过程：乏汽在凝汽器中的等压等温放热凝结过程，比体积减小，熵减小，乏汽凝结成饱和水。

3—4 过程：饱和水在给水泵内的绝热压缩过程，压力升高，由于水的压缩性很小，比体积基本不变。另外，温度的升高也很小，饱和水升压成未饱和水。

4—1 过程：升压后的未饱和水在锅炉和过热器中的等压加热过程，吸热后变为过热蒸汽。

3. 朗肯循环的热效率

朗肯循环的热效率可表示在循环中 1kg 工质对外所做的功与 1kg 工质在锅炉内的吸热量之比，即

$$\eta_{t,R}=\frac{w_0}{q_1}=\frac{w_汽-w_泵}{q_1}=\frac{(h_1-h_2)-(h_4-h_3)}{h_1-h_4} \tag{3-1}$$

由于水极易升压，水泵耗功相对于汽轮机做的功极小，在近似计算中可以忽略（$h_4\approx h_3$），则

$$\eta_{t,R} = \frac{h_1 - h_2}{h_1 - h_3} \qquad\qquad (3\text{-}2)$$

蒸汽动力装置输出 1kW·h(3600kJ)功量所消耗的蒸汽量定义为汽耗率,用 d 表示:

$$d = \frac{3600}{w_0} \text{ kg/(kW·h)} \qquad\qquad (3\text{-}3)$$

在功率一定条件下,汽耗率的大小反映了设备尺寸的大小,汽耗率大,同样功率的机组尺寸要大些,设备投资就要高些,因此,汽耗率是动力装置经济性的指标之一。

4. 提高循环热效率的方法

在工程上,汽轮机进口蒸汽被称为新汽,其参数被称为初参数,如初温 t_1、初压 p_1;汽轮机出口蒸汽被称为乏汽,其参数被称为终参数,如乏汽压力 p_2。

由卡诺循环可知,提高初参数,降低终参数,都可提高循环的热效率。蒸汽初温提高后,循环中 1kg 工质的做功量增大,因而可以使汽耗率降低,而且乏汽的干度将增大,这对汽轮机的工作也是有利的,但采用较高的初温后,锅炉的过热器和汽轮机的高压端要使用昂贵的金属,引起设备费用增加,而且提高初温要受到金属耐热性能的限制,目前初温的高限在 600℃ 左右。

初压提高后,循环的热效率也提高,但热效率提高的速率将逐渐减慢。同时,初压的提高使蒸汽比体积减小,锅炉和汽轮机设备的体积相对可以做得更小一些。但是,单纯提高初压使汽轮机的排汽湿度增加,从而,恶化了汽轮机的工作条件,故乏汽的干度不宜太低。工程上要求,乏汽干度应不低于 85%～88%。通常在提高初压时,必须同时提高初温或采取其他措施,以保证乏汽干度不致过低。

由于提高初压、初温都会使效率提高,所以随着科学技术的不断发展和装置功率的不断提高,提高初温、初压已成为蒸汽动力装置的一个重要标志。

在蒸汽初温、初压都不变时,降低乏汽压力也会提高循环的热效率。但是,乏汽压力的选择取决于凝汽器冷却水的温度。目前我国大型蒸汽动力装置的设计中采用 p_2 为 0.003～0.004MPa,其对应的饱和温度在 28℃ 左右。它比凝汽器中冷却水的温度略高,因此降低乏汽压力已经没有多少潜力。但由上述分析可知,蒸汽动力装置由于环境温度的影响,冬季运行时,热效率将比夏季运行时高,北方的机组应比南方的机组有更高的热效率。

综上所述,蒸汽参数对循环热效率的影响归纳如下:

(1) 提高蒸汽初参数 t_1、p_1,可以提高循环热效率,因而,现代蒸汽动力循环朝着高参数方向发展。但是提高初参数的机组,需要采用耐高温、耐高压的金属材料,因此,初参数的提高受到一定的限制。

(2) 降低乏汽压力可以提高循环热效率,但乏汽压力是受环境温度的制约的。目前火力发电厂一般在 0.004～0.005MPa 的乏汽压力下运行。

二、回热循环

由朗肯循环可知,进入汽轮机的蒸汽做完功后都要在凝汽器内凝结,凝结水的温度等于凝汽器内压力下的饱和温度,这个温度同时也是锅炉给水的温度。例如,凝汽器内的压力 $p_2 = 0.004MPa$ 时,凝结水即锅炉给水的温度仅有 28.98℃。又如,锅炉内的压力 $p_1 = 9MPa$,则相应的饱和温度为 303.3℃,将每千克锅炉给水从 28.98℃ 加热到 303.3℃ 的饱和水,从锅炉中吸

收的热量 q_1 大大增加，根据 $\eta_t = \dfrac{w_0}{q_1}$ 可知，循环的热效率偏低，大约仅为40%。提高锅炉给水的温度，以减小吸收的热量是提高蒸汽动力循环热效率的根本途径。于是人们提出了从汽轮机中抽出一部分做了部分功的蒸汽来加热给水，将给水温度提高后再送入锅炉，以减少给水在锅炉中吸收的热量。这样做既可使抽汽加热锅炉给水，又可使抽汽不在凝汽器中凝结放热，减少了冷源损失 q_2，可谓一举两得。这种利用部分汽轮机中间抽汽加热锅炉给水的循环称为回热循环。

1. 回热循环装置图

图 3-11(a) 为具有一次抽汽的回热循环装置系统图。

1kg 新蒸汽进入汽轮机，膨胀到某一压力 p_a 时，抽出部分蒸汽 αkg 引入回热加热器，其余 $(1-\alpha)$kg 蒸汽继续膨胀做功到乏汽压力，进入凝汽器，被冷却

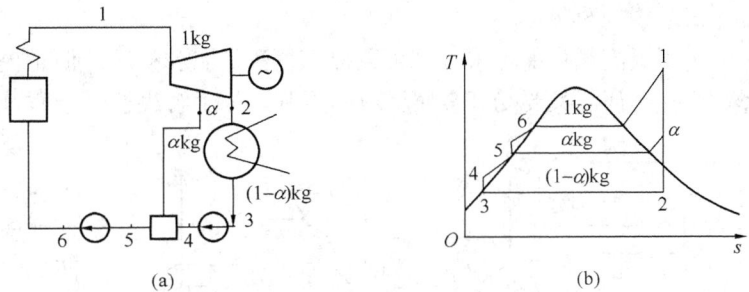

图 3-11　具有一次抽汽回热装置示意图
(a) 回热循环装置图；(b) $T\text{-}s$ 图

成凝结水，经凝结水泵进入回热加热器，被 αkg 的抽汽加热成饱和水，然后经给水泵加压再进入锅炉加热、汽化、过热成新蒸汽，完成循环。

其中，回热加热器有两种，一种是表面式的，抽汽与凝结水不直接接触，通过加热器壁面交换热量；另一种是混合式的，αkg 抽汽与 $(1-\alpha)$kg 凝结水混合在一起，成为呈饱和状态的 1kg 饱和水进入给水泵。

将回热循环表示在 $T\text{-}s$ 图上，如图 3-11 (b) 所示。应该指出的是，由于回热循环中，工质经历不同过程时有质量的变化，因此，$T\text{-}s$ 图上的面积不能直接代表功和热量，它只表征状态和过程的特点。尽管如此，只要注意到各过程中质量流量的不同，$T\text{-}s$ 图对分析回热循环仍是十分有用的工具。

2. 回热循环的分析

与朗肯循环相比，采用回热循环要增加回热器、相应的管道和阀门、水泵等设备，系统也变得更复杂，设备投资费用要增加，但重要的是它还有下列优点。

(1) 由于利用了在汽轮机中做过部分功的蒸汽来加热给水，使给水温度提高，减少吸热量，而且抽汽不再至凝汽器中向冷却水放热，减少了凝汽器中的热损失，所以回热循环的热效率较同参数的朗肯循环高。

(2) 由于给水温度提高，在锅炉中的吸热量减少，从而减少了锅炉的总负荷，因而减少了高温受热面，节省部分耐高温的金属材料。

(3) 采用回热循环后，对抽汽而言，每千克蒸汽在汽轮机中热变功的量减少了，若发电量不变，则需增加进入汽轮机的新蒸汽量，以弥补因抽汽而减少的发电量，因而汽耗率将加大。但由于抽汽使汽轮机后面的流量减少，从而使低压段的尺寸减少，这有利于汽轮机的结构改进，而且进入凝汽器的乏汽减少，可使凝汽器的换热面积减少，节省铜材。

(4) 从理论上讲，给水在回热加热器中加热的温度越高，热效率也就越高。但是要提高给

水温度，从汽轮机中抽出的蒸汽压力就越高，因而蒸汽在汽轮机中膨胀做功的数值相应地减少，这是不利的。为了既能提高给水温度，又能在汽轮机中尽可能地多做功，常采用分级抽汽的办法，在汽轮机的通流部分设有若干个抽汽口，从每一个抽汽口抽出不同压力的水蒸气，并引入各级回热器中对锅炉给水进行分级加热，逐步提高其温度。但是抽汽级数越多，运行费用相应也增加，因此，必须经过全面的技术经济比较，确定合适的回热级数。一般地讲，经济上最有利的给水加热温度约等于锅炉压力下饱和温度的 0.65～0.75。根据锅炉容量的不同，抽汽级数一般为 3～5 级和 7～8 级。

三、中间再热循环

为了提高循环的热效率，可以提高蒸汽初温和初压。但是提高蒸汽初压将导致乏汽干度下降，而提高初温又要受到金属材料的限制，为了解决这一矛盾，常常采用蒸汽中间再热循环。

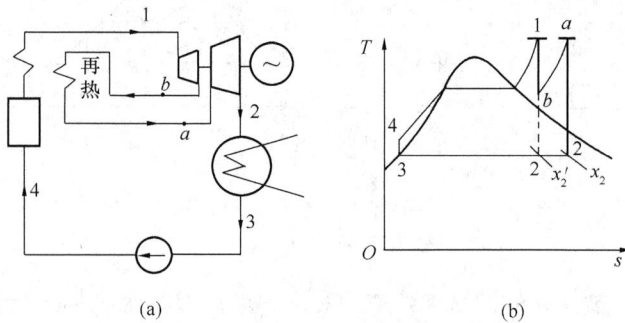

图 3-12　再热循环装置示意图
(a) 再热循环装置图；(b) T-s 图

所谓中间再热循环，就是将汽轮机高压缸做功后的蒸汽全部引出，进入到锅炉再热器中再次等压加热，使蒸汽温度回复到初温 T_1 或略高于初温，然后再全部引回汽轮机的低压缸继续膨胀做功，最后排入凝汽器。如图3-12所示。由图可见，经中间再热后的蒸汽其乏汽干度明显提高了。所以，中间再热循环允许初压 p_1 提得更高。也就是说，中间再热循环为充分挖掘金属的耐压能力创造了条件。

再热的目的主要在于通过再热，提高乏汽干度，为提高初压，即进一步提高热效率创造了可能性。为了既提高乏汽干度，又能尽可能提高循环热效率的目的，必须选择最佳的中间再热压力。中间再热最佳压力数值需根据给定循环条件进行全面的经济技术分析来确定，一般在蒸汽初压力的 20%～30%。通常一次再热可使循环效率提高 2%～3.5%。目前大型动力循环装置向着高压方向发展，再热循环已经成为保证乏汽干度，提高热效率的必要措施。现代大型机组大多采用一次再热，若再热次数增多，固然可以增加热效率，但增加了设备费，而且给运行带来很多不便，因此，实际循环很少采用二次以上再热循环。

四、热电联产循环

在现代蒸汽动力循环中，尽管采用高参数、再热、回热等措施，循环热效率仍低于 50%，燃料中大约一半的能量在凝汽器中白白地放给了环境。尽管这部分能量数量不少，但却因温度太低而不能用来转换为机械能。另一方面，又要消耗大量燃料产生温度不太高的热能，以满足生活及大量生产过程的需要。为了充分利用能源，将两者综合起来，一方面生产电能，一方面将做过功的蒸汽部分或全部引出，供给外部工业或生活热用户，使能量得到充分利用。这种既发电又供热的热力循环称为热电联产循环。采用热电联产循环的电厂称为热电厂。热电联产不仅改善了电厂的燃料利用情况，同时采用集中供热，也使环境污染得到了改善。

热电联产循环大体上可分为两种类型：背压式汽轮机供热系统和调节抽汽式（抽凝式）汽轮机供热系统。所谓背压式汽轮机，是指排汽压力高于 0.1MPa 的汽轮机，如图 3-13 所示，它与凝汽式动力循环原理几乎相同，只是因用户要求，背压高于 0.1MPa，同时排汽不通过凝汽器向环境放热，而是直接供给热用户。

背压式气轮机热电联产循环，供热与供电是互相影响的，不能随意调节热、电供应比例。

工程实际中采用较多的是调节抽汽式（抽凝式）热电联产循环，如图 3-14 所示。这种方式的循环，供热与供电之间互相影响较小，同时可以调节抽汽压力和温度，以满足不同用户的要求。

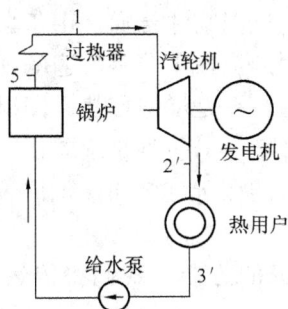

图 3-13　背压式供热　　　图 3-14　抽汽式供热系统

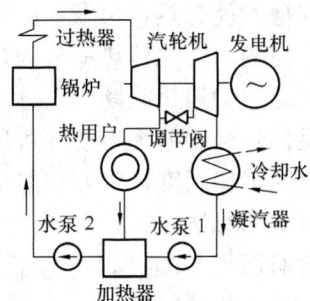

热电联产循环中，由于背压的提高或抽汽的结果，使循环做出的功减小，因而循环热效率低于一般凝汽式发电机组的循环热效率。但是，单纯用热效率作为经济指标显然是欠合理的，因此，评价热电联产循环的还有另一个经济指标，即能量利用系数 K，则

$$K = \frac{\text{已利用的能量}}{\text{工质从热源得到的能量}}$$

式中：已利用的能量应包括功量和供给热用户的热量。在理想情况下，可达 $K=1$，但实际上，由于各种损失及热、电负荷间不协调造成的损失，一般 $K=70\%$。

需要指出的是，机械能与热能并不等价，即使两个循环的 K 值相同，热经济性也不一定相同。所以，需要同时用 η_t 和 K 这两个指标，才比较全面、合理。

思　考　题

1. 水蒸气的形成过程可分为几个阶段，并依次经历哪些状态？
2. 有没有 500℃ 的水？有没有 0℃ 的水蒸气？
3. 25MPa 的水汽化过程是否存在？为什么？
4. 节流过程的特点是什么？
5. 什么是朗肯循环？由哪几个主要设备组成？画出系统图。
6. 提高循环热效率的方式有哪些？
7. 什么是回热循环？在 $T\text{-}s$ 图上如何表示？
8. 什么是再热循环？在 $T\text{-}s$ 图上如何表示？
9. 热电厂与凝汽式电厂有何不同？采用背压式汽轮机供热与采用调节抽汽式汽轮机供热各有何优缺点？

第四章

传 热 学

传热学是研究热量传递规律的科学。

凡是有温差的地方就有热量自发地由高温物体向低温物体传递。由于自然界和生产过程中温度差是到处存在的，因此传热就成为自然界和生产流域中非常普遍的现象。从对传热过程的要求来看，工程中的传热问题可以分为两种类型：一是增强传热，即提高换热设备的传热能力，或在满足传热量的前提下使设备尺寸尽量减小；另一种是削弱传热，即减少热损失或保持设备内适宜的工作温度。学习传热学的主要目的在于分析和认识传热规律，从而掌握增强或削弱传热过程的方法。

传热是一种普遍而复杂的过程，为了学习和研究的方便，我们将传热分成 3 种基本形式：导热、对流换热和热辐射。

导热是指物体内部或接触物体之间由于存在温差而产生的热量传递现象。

对流是指流体各部分之间发生相对位移时所引起的热量传递过程。

热辐射是一种由物体表面直接向外界发射可见和不可见射线，在空间传递能量的现象。在能量传递过程中伴随有能量形式的变化，即热能与辐射能之间的转化。

实际的传热过程往往不是以导热、对流及热辐射这 3 种基本方式中的任一种形式单独出现的，而是这 3 种基本方式的复杂组合。

第一节 导 热

一、导热

热量从物体中温度较高的部分传递到温度较低的部分，或者从温度较高的物体传递到与之直接接触的温度较低的另一物体的过程，称为导热。在纯导热过程中，物体各部分之间不发生相对位移，也没有能量形式的转换。

从微观角度来看，导热时热量的传递是依靠物质的分子、原子以及自由电子等微观粒子的热运动而进行的。

二、傅里叶定律

图 4-1 为单层平壁的导热示意图。平壁左、右两外侧面温度均匀，分别为 t_1 和 t_2，$t_1 >$ t_2 且并不随时间变化，壁厚为 δ，平壁面积为 A。

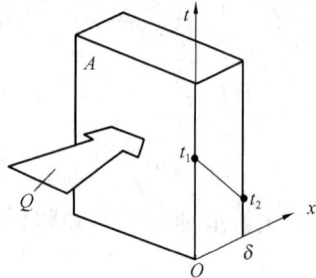

通过对实践经验的提炼，导热现象的规律已经总结为傅里叶定律。法国数学家傅里叶在研究固体导热现象时指出：单位时间内传递的热量 Q 与平壁两边的温差（$t_1 - t_2$）、平壁的面积 A 成正比，而与平壁的厚度 δ 成反比，即

$$Q = \lambda A \frac{t_1 - t_2}{\delta} \tag{4-1}$$

图 4-1 单层平壁导热

式中：λ 是比例系数，称为热导率，又称导热系数。

单位时间内通过某一给定面积的热量称为热流量，记为 Q，单位为 W。单位时间内通过单位面积的热流量称为热流密度（或称面积热流量），记为 q，单位为 W/m^2。

$$q = \frac{Q}{A} = \lambda \frac{t_1 - t_2}{\delta} = \frac{t_1 - t_2}{\frac{\delta}{\lambda}} \tag{4-2}$$

式中：$\frac{\delta}{\lambda}$ 称为导热热阻 R_λ。此式和电工学中的欧姆定律完全相似，温度差相当于电势，热阻相当于电阻，热流量相当于电流。

导热系数是表征材料导热性能优劣的参数，是一种物性参数，其单位为 $W/(m \cdot K)$。不同材料的导热系数数值不同，即使是同一种材料，导热系数数值还与温度、结构、密度和湿度等因素有关。一般地说，金属材料的导热系数最高，如银和铜；液体次之；气体最小。金属的导热系数数值的范围为 $2.3 \sim 420 W/(m \cdot K)$，液体的导热系数数值的范围为 $0.09 \sim 0.7 W/(m \cdot K)$，气体的导热系数数值的范围为 $0.006 \sim 0.6 W/(m \cdot K)$。值得注意的是，氢和氦的分子质量较小，在相同的温度下，它们的分子比其他气体的分子运动速度更快，故导热能力较强。热力发电厂中的发电机，由空气冷却改为氢气冷却，冷却效果要好得多。

把某些导热系数小于 $0.23 W/(m \cdot K)$ 的材料称为保温材料或绝热材料，如石棉、矿渣棉、硅藻土等。近年来，我国发展生产了膨胀珍珠岩及膨胀塑料等新型隔热材料，它们都具有体积重量轻，隔热性能好和价格便宜、施工方便等优点。这些效能高的隔热材料都是多孔性结构的材料，在空隙内充填着空气，由于空隙很小，限制了其中空气的流动，这些空气几乎只有导热作用，而空气的导热系数又是很小的，故多孔性材料具有较小的导热系数。

第二节 对 流 换 热

一、对流换热过程

对流是指流体各部分之间发生相对位移时的热量传递现象。由于流体质点的不断运动和混合，把热由一处带到了另一处，所以对流仅能发生在流体中。而运动着的流体与固体壁面相接触时，由于有温差而发生的两者之间的热交换现象称作对流换热过程。由此可见，对流换热过程的热量传递是靠两种作用完成的，一方面是流体与壁面直接接触的导热及流体之间的导热作用；另一方面还包括流体内部的对流传递作用。显然，一切支配这两种作用的因素和规律，如流动的状态、流速、流体物理性质、壁面几何参数等都会影响换热过程。所以对流换热过程是一个远比导热复杂的物理现象。

二、牛顿冷却公式

对流换热的基本计算式是牛顿冷却公式：

流体被加热时

$$q = \alpha(t_1 - t_2) \tag{4-3}$$

流体被冷却时

$$q = \alpha(t_2 - t_1) \tag{4-4}$$

式中：t_1 及 t_2 分别为壁面温度和流体温度，℃。如果把温差（也称温压）记为 Δt，并约定永远取正值，则牛顿冷却公式可表示为

$$q = \alpha \Delta t \tag{4-5}$$

$$Q = A\alpha \Delta t \tag{4-6}$$

式中：比例系数 α 为对流传热系数，$W/(m^2 \cdot K)$。

三、影响对流换热的因素

对流传热系数的大小反映了对流换热强弱的程度，且与换热过程中的许多因素有关。它不仅取决于流体的物性以及换热表面的形状、大小与布置，而且还与流速有密切的关系。式 (4-5)〔或式 (4-6)〕并不是揭示影响表面传热系数的种种复杂因素的具体关系式，而仅仅给出了表面传热系数的定义。研究对流换热的基本任务就在于用理论分析或实验方法具体给出各种场合下 α 的计算关系式。

表 4-1 给出了几种对流换热过程表面传热系数数值的大致范围。

表 4-1   **传热系数 α 的大致范围**

换热类型	$\alpha[W/(m^2 \cdot K)]$	换热类型	$\alpha[W/(m^2 \cdot K)]$
空气自然对流	3～10	水强迫对流	1000～15000
气体强迫对流	20～100	水沸腾	2500～25000
水自然对流	200～1000	水蒸气凝结	5000～15000

由表 4-1 可见，就介质而言，水的对流换热比空气强烈；就换热方式而言，有相变的优于无相变的，强制对流高于自然对流。例如，空气自然对流换热的 α 为 1～10 的量级，而水的强制对流的 α 量级则是"成千上万"。

具体影响对流换热的因素，可归纳为以下几个方面。

1. 流体产生运动的原因

按流体流动的动力来分，流体流动可分为自由运动和受迫运动两类。凡是由于流体内部温差引起各部分密度不同而产生的运动称为自然对流。这种运动速度较低，扰动性差，其对流换热能力较弱。例如，自然循环锅炉的炉水循环、各种热力设备的散热损失均为自然对流换热。受外力作用所引起的流动称为受迫对流。此时，流速较高，扰动性较大，故对流换热进行强烈。烟气在引风机作用下流过空预器和温度测点及给水在给水泵作用下流过省煤器等均属于强制对流换热。显然，受迫对流换热效果较好。

2. 流体的流态

流体的流动基本上有两种流动状况，即层流和紊流，它们具有不同的流动特征和换热效果。在层流情况下，传热主要依靠流体本身的导热作用，因流体一般导热系数小，热阻较大，所以传热量较小；但在紊流情况下，液体的主流部分扰动和混合得十分利害，流动较为剧烈，依附于壁面上的层流边界层往往很薄，因此，热阻较小，传热量较大。

3. 流体的物理性质

不同的介质（如空气、烟气、水、油等）物理性质不同，对流换热的影响不同。影响对流换热的物理量有密度、黏度、导热系数和比热等。

4. 换热面的几何因素

几何因素主要指与流体直接接触的固体表面的几何形状、大小及流体与固体表面的相对位置。不同的几何条件将对层流边界层产生不同影响，并导致不同的对流换热效果。

5. 相态变化

水受热沸腾时，由液态变为汽态，蒸汽被冷却凝结时，由汽态变为液态，此时的换热称为相态变化换热。此时的换热效果比无相态变化的换热效果好。

第三节 热 辐 射

一、热辐射

物体通过电磁波来传递热量的方式称为辐射。物体会因各种原因发出辐射能，其中因热的原因而发出辐射能的现象称为热辐射。本书以后所提到的辐射一律指热辐射。

自然界中各个物体都不停地向空间发出热辐射，同时又不断吸收其他物体发出的热辐射。辐射与吸收过程的综合结果就造成了以辐射方式进行的物体间的热量传递——辐射换热。当物体与周围环境处于热平衡时，辐射换热量等于零，但这是动态平衡，辐射与吸收过程仍在不停地进行。

导热、对流这两种热量传递方式只在有物质存在的条件下才能实现，而热辐射可以在真空中传递，而且实际上在真空中辐射能的传递最有效。这是热辐射区别于导热、对流换热的基本特点。当两个物体被真空隔开时，例如地球与太阳之间，导热与对流都不会发生，只能进行辐射换热。辐射换热区别于导热、对流换热的另一个特点是，它不仅产生能量的转移，而且还伴随着能量形式的转换，即发射时从热能转换为辐射能，而被吸收时又从辐射能转换为热能。

实验证明，物体的辐射能力与温度有关，同一温度下不同物体的辐射与吸收本领也不大一样。在探索热辐射规律的过程中，一种称作绝对黑体（简称黑体）的理想物体的概念具有重大意义。所谓黑体，是指能吸收投入到其表面上的所有热辐射能的物体。黑体的吸收本领在同温度的物体中是最大的。

如图 4-2 所示，若辐射到某物体上的所有辐射能量为 Q，而其中被吸收的能量为 Q_A；反射的能量为 Q_R；穿透的能量为 Q_D，则有

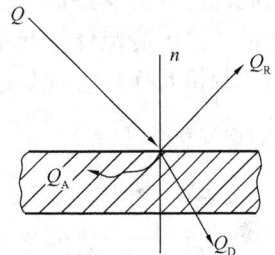

图 4-2 热辐射示意图

$$Q = Q_A + Q_D + Q_R$$

$$\frac{Q_A}{Q} + \frac{Q_D}{Q} + \frac{Q_R}{Q} = A + D + R = 1$$

当 $A=1$ 时，表示能够全部吸收辐射能的物体，称为黑体；当 $R=1$ 时，表示能够全部反射辐射能的物体，称为白体或镜体；当 $D=1$ 时，表示能够全部穿透的物体，称为透过体。对于一般物体，特别是工程材料，通常为 $A+R=1$。

闭合的空体，例如一个皮球，在外壁上开一小孔，该小孔就可以认为是黑体，因为落入该小孔的辐射能可以认为完全被吸收。

二、热辐射的基本定律

物体在单位时间内，单位面积上所发出的辐射能叫做辐射力，用 E 表示。在同温度下黑体的辐射力用 E_0 表示。

黑体在单位时间内发出的热辐射热量由斯忒藩—玻尔兹曼定律揭示：

$$E_0 = \sigma_0 T^4 \tag{4-7}$$

式中：T 为黑体的热力学温度，K；σ_0 为斯忒藩—玻尔兹曼常量，即通常说的黑体辐射常

数，它是一个自然常数，其值为 $5.67 \times 10^{-8} \mathrm{W}/(\mathrm{m}^2 \cdot \mathrm{K}^4)$。

上式表明，黑体表面的辐射力与黑体本身的热力学温度的 4 次方成正比。

一切实际物体的辐射能力都小于同温度下的黑体，实际物体的辐射力和同温度下黑体的辐射力的比值称为实际物体的黑度，用符号 ε 表示

$$\varepsilon = \frac{E}{E_0} \tag{4-8}$$

由此可见，黑度是表示物体辐射力接近黑体辐射力的程度，是分析和计算热辐射的一个重要数据。黑度的大小取决于物体本身的属性和表面的光洁程度。

第四节　传 热 过 程

一、传热过程

在实际的热交换过程中，经常是几种基本换热方式同时起作用。例如，各类热力设备和电气设备表面的散热既有热表面与空气间的自然对流，又有与四周冷表面间的辐射换热。多层绝热装置中是辐射换热与导热同时起作用的，我们把几种热量传递方式同时起作用的换热过程叫做复合换热。

工程上所碰到的实际情况往往是比复合换热更为复杂的传热现象。例如，火力发电厂中组成锅炉的各受热面（水冷壁、过热器、省煤器等），管子外面受到高温烟气的冲刷，管内是被加热的冷流体，热量是通过管壁由烟气传给水或水蒸气。以暖气片、省煤器、凝汽器为例，分析其换热方式如下：

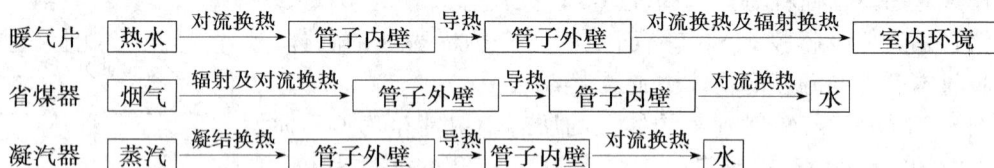

暖气片 [热水] —对流换热→ [管子内壁] —导热→ [管子外壁] —对流换热及辐射换热→ [室内环境]

省煤器 [烟气] —辐射及对流换热→ [管子外壁] —导热→ [管子内壁] —对流换热→ [水]

凝汽器 [蒸汽] —凝结换热→ [管子外壁] —导热→ [管子内壁] —对流换热→ [水]

我们把热量由热流体通过固体壁面传递给冷流体的过程叫做传热过程。导热、对流或辐射只是一般传热过程中的局部传热方式。

人们通过长期的生产实践，逐步总结出了传热过程的规律性，发现在稳定的传热过程中，当两种流体的温差一定时，传热面积越大，所传递的热量就越多；在同样的传热面积下，两种流体的温差越大，传热量也越多；而在一定的传热面积和温差下，传热量的多少则取决于传热过程本身的强烈程度。为了在形式上使得计算简便，我们用一个考虑了上述各局部因素在内的系数 K 来表示传热过程的强弱程度，称为"传热系数"。这样，稳定传热过程中的传热量就可表示为

$$Q = KA\Delta t \tag{4-9}$$

式（4-9）称为传热方程式，在热工计算中应用很广。如果表示成热流密度的形式，则式（4-9）可改写为

$$q = \frac{Q}{A} = K\Delta t = \frac{\Delta t}{\frac{1}{K}}$$

式中：$\frac{1}{K}$ 称为热阻，传热系数越大，热阻就越小，传热量就越多。

二、传热过程的增强与削弱

工程中遇到大量问题，除需要计算传热量外，很多情况下还涉及到如何增强或削弱传热的问题。例如，如何提高换热设备的换热能力，如何减少热管道的损失等。由传热基本方程 $Q=KA\Delta t$ 可以看出，传热量由 3 个因素决定，即冷、热流体间的温差，传热面积 A 和传热系数 K。改变其中任一因素都会对传热带来影响。下面具体分析增强传热和削弱传热的一些途径。

（一）增强传热

增强传热是指根据影响传热的因素，采取某些措施以提高换热设备单位面积上的传热量。所以，增强传热是挖掘设备潜力、缩小设备体积、减轻设备重量的重要方法。

1. 提高传热系数 K

利用提高传热系数（即减小换热热阻）来增强传热被认为是最有效、最合理的途径。

电厂的各类换热器的主要热阻多在气体侧、油侧和污垢侧上，为此，应首先设法减少这些地方的局部热阻，特别是水垢层和灰渣层，它们的导热系数很小，即使污垢层很薄，它所产生的热阻力也很大。按热阻力来说，每 1mm 厚的水垢层约相当于 40mm 厚的钢壁。故污垢热阻的存在不仅削弱了传热，而且还导致了管壁温度的显著升高，从而易使管壁过热而烧坏，以致引起事故。所以清除传热面上的积渣、水垢就成为电厂中的一项重要工作。例如，锅炉对各受热面要及时吹灰、汽水侧要定期排污和冲洗、凝汽器铜管要定期清洗等都是减少污垢热阻的方法。

增大换热系数 K，还可以加强对流体的扰动，增大流体速度，布置错列管束等，以及采用导热系数较大的材料等。

2. 增大传热面积 A

在某些情况下提高传热系数比较困难，这时可以用增加换热面积的办法来强化传热。比如在传热面上加装肋片。暖气设备上的散热片、大容量锅炉中的膜式水冷壁等都是应用肋片的例子。通常肋片加在放热系数低的一侧，以取得较显著的增强传热的效果。

3. 增加传热温差 Δt

提高传热温差的途径有两条：一是提高热流体温度或降低冷流体温度，例如提高热水采暖系统中热水温度，空气冷却器中降低冷却水的温度等，都可以直接增加传热温差；二是与流体的流动方式有关。

（二）削弱传热

有许多热力设备和管道，为了避免大量的热损失，就必须对这些高温设备采取保温措施，以削弱设备对外界的传热过程。

削弱传热可用减少传热系数 K、减少传热面积 A 和减少冷热流体间的温差等方法来达到。在通常的固定设备中则只有用减少传热系数 K 的方法来削弱传热。和前面所分析的增强传热的方法相反，要想减少传热系数 K 就必须增加热阻，这时只要增加各部分热阻中任何一项就够了。最简单的办法是在壁面上附加一层热绝缘层以增加热阻，达到隔热的目的。

第五节 热 交 换 器

将热量从热流体传递给冷流体的设备称为换热器。电厂中的过热器、省煤器、空气预热器、凝汽器、回热加热器、除氧器、冷水塔等都是换热器，甚至可以说整台锅炉就是一个组合的换热器。尽管换热器的形式繁多、功用不一，但是按照换热器的结构和工作原理可分为

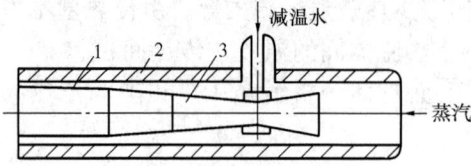

图 4-3　缩放管形喷水减温器

3 大类：混合式换热器、表面式换热器、储热式（回转式）换热器。

一、混合式换热器

在这种换热器中，热流体与冷流体依靠直接接触和互相混合来进行热量交换。这种换热器具有传热速度快、效率高、设备简单等优点。如火力发电厂中的除氧器、冷水塔和喷水式蒸汽减温器（如图 4-3 所示），均属于混合式换热器。

二、储热式（回转式）换热器

在这种换热器中，热流体与冷流体先后交替地流过同一换热面。热流体流过时热量被换热表面吸收并储存在其内部，待冷流体流过换热表面时，再将储存的热量传递给冷流体，这样冷流体被加热而热流体被冷却。这种换热器的优点是结构紧凑，节省金属，一般用于放热系数不大的气体之间的传热。锅炉中回转式空气预热器如图 4-4 所示。

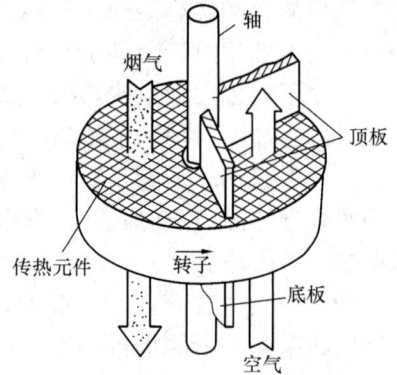

图 4-4　回转式空气预热器示意图

三、表面式换热器

在这种换热器中，热流体通过固体壁面将热量传给流体，而热流体与冷流体互不接触。例如，火力发电厂中的过热器、再热器、省煤器、管式空气预热器、表面式蒸汽减温器、冷油器（如图 4-5 所示）、抽汽回热加热器以及凝汽器等。由于表面式换热器具有冷、热流体互不掺混的特点，所以这种类型的换热器应用最为广泛。

在表面式换热器中，因两种流体的流向不同，流体可形成下面几种流动方式。

顺流：在换热器里，热流体和冷流体朝着同一个方向流动 [图 4-6（a）]。

逆流：在换热器里，两种流体平行流动但流动方向相反 [图 4-6（b）]。

叉流：冷、热流体在相互垂直的方向上作交叉流动 [图 4-6（c）]。

顺流和逆流是冷、热流体在表面式换热器中的两种最基本的流动方式，这两种流动方式的温度变化规律如图 4-7 所示。

对表面式换热器计算时，可采用

$$Q = KA\Delta t_m$$

式中：Δt_m 为平均温度差，℃。

传热平均温差 Δt_m 可采用两种方式进行计算。

算术平均温差为

$$\Delta t_m = \frac{1}{2}(\Delta t_{max} + \Delta t_{min})$$

对数平均温差为

$$\Delta t_m = \frac{\Delta t_{max} - \Delta t_{min}}{\ln \dfrac{\Delta t_{max}}{\Delta t_{min}}} \tag{4-10}$$

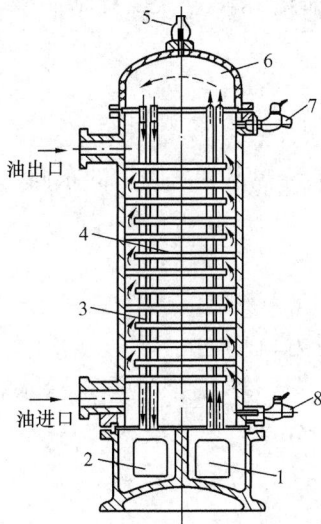

图 4-5 冷油器

1—进口水室；2—出口水室；3—管
束；4—隔板；5—水侧放气旋塞；
6—上水室；7—油侧放气旋塞；8—
放油旋塞

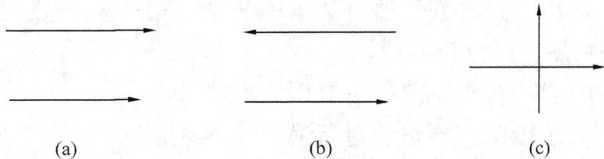

图 4-6 热交换器的布置方式

（a）顺流；（b）逆流；（c）叉流

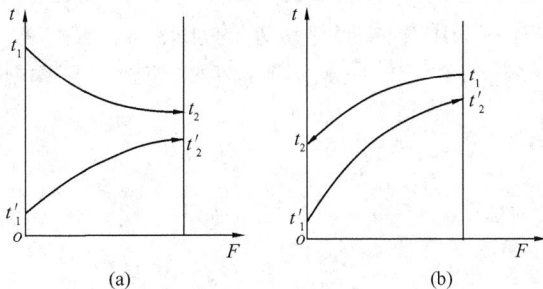

图 4-7 表面式热交换器中温度变化

（a）顺流；（b）逆流

式中：$\Delta t_大$ 为换热器一端冷、热流体温度差较大者；$\Delta t_小$ 为换热器一端冷、热流体温度差较小者。

【例 4-1】 有一水—水热交换器，热流体初温为 120℃，终温为 50℃；冷流体的初温为10℃，终温为 24℃。求顺逆流流动时的对数平均温差。

解

顺流时的对数平均温差为

$$\Delta t_m = \frac{\Delta t_{max} - \Delta t_{min}}{\ln \frac{\Delta t_{max}}{\Delta t_{min}}} = \frac{(120-10)-(50-24)}{\ln \frac{(120-10)}{(50-24)}} = 58.3(℃)$$

逆流时的对数平均温差为

$$\Delta t_m = \frac{\Delta t_{max} - \Delta t_{min}}{\ln \frac{\Delta t_{max}}{\Delta t_{min}}} = \frac{(120-24)-(50-10)}{\ln \frac{120-24}{50-10}} = 64.3(℃)$$

通过对表面式换热器的传热温差分析可见，逆流从传热观点看优于顺流。顺流布置时，不易超温，安全性好，传热效果差；逆流布置时换热效果好，但管壁易超温，安全性差。

思 考 题

1. 用简练的语言说明导热、对流换热及热辐射 3 种热传递方式之间的联系与区别。

2. 用铝制的水壶烧开水时，尽管炉火很旺，但水壶仍然安然无恙。一旦壶内的水烧干后，水壶很快就被烧坏。试从传热学的观点分析这一现象。

3. 用一只手握住盛有热水的杯子，另一只手用筷子快速搅拌热水，握杯子的手会显著地感到热。试分析其原因。

4. 影响对流换热的主要因素有哪些？

5. 热辐射与导热、对流换热有何区别？

6. 白天向房间的窗户望去，为什么窗子变成一个黑框子，望不见房间里的东西？

习　　题

1. 某物体的黑度为 0.8，求当 $t=800℃$ 时此物体的辐射力。

2. 有一个用热水加热冷水的加热器，热水初温为 110℃，终温为 70℃；冷水初温为40℃，终温为 60℃，求采用顺流和逆流时，平均温差各为多少？

第 五 章

流 体 力 学

流体力学是一门研究流体平衡和机械运动的规律以及如何应用这些规律解决实际工程问题的学科。

自然界常见的物体有 3 种形态——固体、液体、气体，只有固体保持一定的形状，而液体和气体由于其分子间引力较小，故具有很大的流动性。我们把液体和气体统称为流体。流体不能保持一定的形状，它只能抵抗压力而不能抵抗拉力和切力，在受到切力时就发生不断的变形即流动，正由于流体有流动性，才能实现在外力作用下通过管道连续地被输送到指定的地方，例如发电厂使用的油、汽、水的流动，都是流体在管内以一定压力输送来实现的。

本章主要对以水为代表的流体的流动规律和流体流动过程中产生的流动损失进行深入的研究和探讨。

第一节 流体的基本性质

在流体的平衡和微观运动中，外界条件总是通过流体自身的内在物理性质起作用，因此，研究流体的宏观机械运动规律，首先要介绍流体的有关物理性质和作用在流体上的各种力。

一、流体基本物理性质

1. 惯性

惯性就是物体保持原有运动状态的特性。流体与其他物体一样具有惯性。流体的惯性只有在运动状态改变时才显示出来。惯性的大小与流体的质量成正比，质量越大，惯性越大。

2. 压缩性与膨胀性

当温度维持不变，流体承受的压力增大时，流体的体积会缩小的性质称为流体的压缩性。压力维持不变，温度升高，流体的体积会增大的性质称为流体的膨胀性。

一般情况下，水受压力和温度变化的影响使水的体积变化很小，所以可认为水是不可压缩的，即水的密度为常数。但在研究管道中的水击问题和水下爆炸现象时，由于瞬间压力升高得很多，可引起水的体积明显变化，此时必须考虑水的压缩性。

3. 粘滞性

流体流动时，流体质点之间存在着相对运动，则质点之间便产生一种内摩擦力来抵抗相对运动，这种抵抗相对运动的特性称为流体的粘滞性，这种内摩擦称为粘滞力。

当流体流动时便显示出粘滞性，它所产生的粘滞力对运动的流体产生阻力，所以，流体要维持运动就必须克服粘滞性阻力，从而使流体产生能量消耗，这种能量消耗称为能量损失。因此，粘滞性是流体产生能量损失的根源。

有时为使研究问题简化，可以忽略粘滞性的影响，一般称此流体为理想流体。

二、作用在流体上的力

研究流体运动的规律时，必须首先分析作用在流体上的各种力。

1. 表面力

表面力是指作用在流体表面上的力。表面力可以是作用在液体外表面上的外力，如活塞对水的压力或大气对水面的压力；也可以是作用在液体内部任一表面的内力。内力是由于流体质点之间相互作用而产生的，一种是与流体表面相垂直的法向力，另一种是与流体表面相切的切向力，流体粘滞性所引起的内摩擦力就是切向力。对于静止的理想流体，不存在粘滞性，无切向力。

2. 质量力

质量力是指作用在流体内部每一个质点上的力。它的大小与流体的质量成正比。质量力有两种，即重力及惯性力。重力是地球对流体的引力。惯性力是指改变物体运动状态时所遇到的反作用力，它与作用力的大小相等，但方向相反。

第二节　流体静力学基本原理

流体静力学的研究对象是处于平衡状态下不可压缩流体的力学规律及其在工程实践中的应用。

由于流体处于平衡状态时，质点之间没有相对运动，也就是说没有内摩擦力，粘滞性将不起作用。

一、静压力及其特性

流体处于平衡状态时某点的压力称为该点的静压力，用 p 表示，单位为 Pa。

静压力有以下两个重要特性。

(1) 任意一点的静压力大小在各个方向上都相等，与作用面的方位无关。

(2) 静压力的方向垂直并指向作用面。

二、静压力基本方程式

在密度为 ρ、自由表面（即液体与气体之间的分解面）上压力为 p_0 的静止液体中，要确定任意点 M 的压力大小，可以取过 M 点的水平微小圆面积 ΔA 为底，顶面与自由液面重合，深度为 h 的直立圆柱体为研究的分离体，并取直角坐标系，如图 5-1 所示。

由于作用在圆柱体垂直方向上的表面力有底面上的总压力 $\Delta P = p\Delta A$ 及顶面上的总压力 $p_0\Delta A$，而作用的质量力有圆柱体的重力 $G = \rho g h\Delta A$。所以，Z 轴方向上力的平衡方程式为

$$p_0\Delta A + \rho g h\Delta A - p\Delta A = 0$$

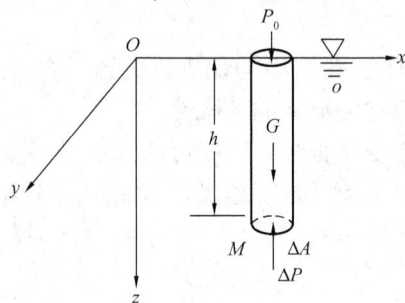

图 5-1　Z 轴方向上的受力平衡

整理得

$$p = p_0 + \rho g h \tag{5-1}$$

上式即为流体静力学基本方程式，说明以下几点：

(1) 在静止的流体中，任意一点的静压力 p 由表面压力 p_0 和质量力 $\rho g h$ 两部分组成。当密度 ρ 值一定，h 便称为测量相对压力的一种尺度，工程中常用液柱高度作为测量压力的单位，用上述原理来制作测压器。

（2）在重力作用下的流体内部的压力 p 随深度 h 按直线关系变化，作用点的位置 h 越深，则静压力 p 就越大。

（3）在重力作用下流体中深度 h 相同的各点静压力相同，此面为等压面。

三、静压力基本方程式的意义

1. 物理意义

如图 5-2 所示，以某容器中静止液体为讨论对象，液面上表面压力为 p_0，任意取液体内 1、2 两点。它们距基准面 0—0 的高度为 z_1、z_2，液面总高度为 z_0。

由静压力基本方程式可推得

$$gz_1 + \frac{p_1}{\rho} = gz_2 + \frac{p_2}{\rho} = gz_0 + \frac{p_0}{\rho}$$

式中 z_0、p_0、ρ、g 均为常数，因而同一液体中的 gz_0 $+\frac{p_0}{\rho}$=常数，这便证明了静止液体中的各点均有

$$gz + \frac{p}{\rho} = 常数 \tag{5-2}$$

式中，$gz+\frac{p}{\rho}$ 称为总比能，gz 称为比位能，$\frac{p}{\rho}$ 称为比压能。

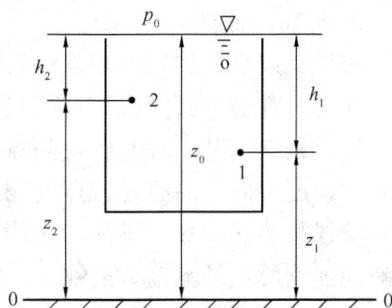

图 5-2 静止液体中的水头

静压力基本方程式的物理意义是：静止液体中的一个切点，相对于选定的基准面，单位总比能是一个常数，但各点的比位能和比压能可以相互转换（两者总和不变）。距自由表面愈深的点压力愈大，比压能愈大，比位能愈小。这说明，流体静力学基本方程式实质上是能量转换与守恒定律在流体静力学中的具体表现形式。

2. 几何意义

式（5-2）可以转化为

$$z + \frac{p}{\rho g} = 常数 \tag{5-3}$$

式中，z 称为位置水头，$\frac{p}{\rho g}$ 称为压力水头，$z+\frac{p}{\rho g}$ 称为静力水头。

静压力基本方程式的几何意义是：在静止的液体中，各点的静力水头是永远相等的，位置水头和压力水头可以相互转换。

第三节 流体动力学基本原理

流体静力学中所讨论的是流体在平衡状态下静压力的变化规律，但在工程实际问题中常常遇到的是流动着的流体，例如发电厂中的水、汽、油等。流体动力学研究的是流体运动的规律以及应用这些规律解决生产实践中的问题。

一、流体动力学的基本概念

流体流动的形式是各种各样的，也是极其复杂的，但都遵循一定的运动规律。下面先介绍一些基本概念。

流体的动压力和流速称为流体的运动要素。流体的动压力是指作用在流体内部单位面积

上的力，一般情况下流体的动压力与静压力的分布规律是不同的。流速是指流体某质点在空间运动的速度，其大小决定于该质点在单位时间内所经路径的长度。

1. 稳定流与非稳定流

流体的运动要素在某空间位置上不随时间变化，只随空间位置不同而变化则称为稳定流。如果运动要素随时间而变，则称为非稳定流。

在实际工程中，绝大部分流体流动都近似地看成稳定流，比如电厂中的汽、油、水等流体在管道中流动时，只要在较长的一段时间内运动要素变化不大，均可认为是稳定流。

2. 迹线与流线

迹线是某个流体质点在某一管道内的流动轨迹线。迹线的特点是对于每个质点都有一个运动轨迹。它是一簇曲线，迹线只随质点不同而异，与时间无关。

流线是表示某一瞬时各空间点上流体质点流动方向的曲线。在该线上各点的流体质点所具有的速度方向与曲线在该点的切线方向相同。

流线与迹线的概念不同，迹线是某一质点在连续时间内的流动轨迹，而流线则表示了某一瞬间连续质点的流动方向线。

流线的特点是不能相交也不能转折，流体质点不能离开流线，只能沿着流线流动。

3. 元流与总流

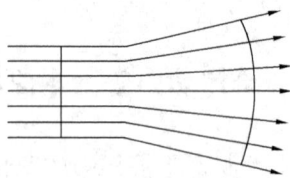

元流就是在流体中取一微小封闭曲线，通过曲线的每一点作流线，由这许多流线围成的管称为流管，流管中的流体称为元流。无数元流之和称为总流。两者的关系示意图如图 5-3 所示。

实际工程中的流体流动都是有界线的，如管道、渠道等这种有边界的流动统称为总流。

4. 过流断面与流量

垂直于总流（或元流）流向的横断面称为过流断面（如图 5-4 所示），用 A 表示，单位为 m^2。过流断面可为平面，也可为曲面。单位时间内通过过流断面的流体体积称为流量，用 Q 表示，单位为 m^3/s。

总流在过流断面上各点的流速一般是不同的，在工程上为了计算方便，取其流速的平均值，称为过流断面平均流速，用 c 表示（如图 5-5 所示）：

$$c = \frac{Q}{A}$$

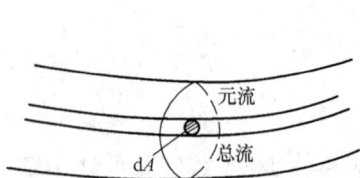

图 5-3　元流与总流　　　　　图 5-4　过流断面　　　　　图 5-5　平均流速

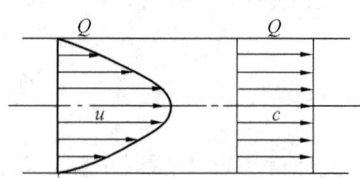

二、连续性方程式

流体流动和其他物质运动一样，也遵循质量守恒定律。稳定流的连续性方程式就是根据质量守恒原理导出的，它是流体动力学基本方程式之一，是研究过流断面、流速及流量之间关系的方程。

在稳定流中任取两个过水断面 1 和 2（如图 5-6 所示），面积分别为 A_1 和 A_2，流速为 c_1 和 c_2，由于总流是连续的且保持质量守恒，所以

$$\rho_1 A_1 c_1 = \rho_2 A_2 c_2 = 常数 \tag{5-4}$$

如果流体是不可压缩的，即密度不变，则式（5-4）变成

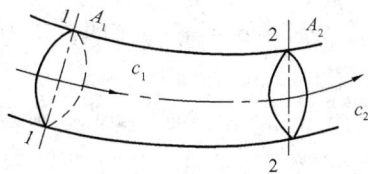

图 5-6　连续方程式图

$$A_1 c_1 = A_2 c_2 \tag{5-5}$$

连续性方程式说明：在稳定流中，沿程各断面所通过的流量相等，且等于过流断面的面积与平均流速的乘积。

三、能量方程式

流体流动的能量方程也是遵循物体能量转化和守恒定律原理的，流体流动的能量方程是研究流体中势能和动能之间转换规律的方程，用来表示运动流体的动压力、流速与位置高度之间的关系，在工程上得到普遍的应用。此方程式又称为伯努里方程式。

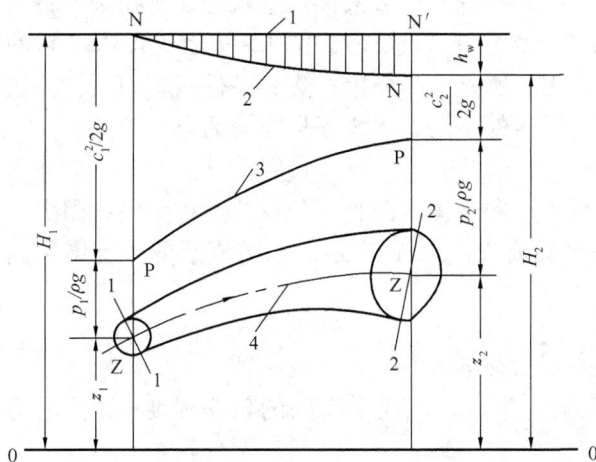

图 5-7　总流能量沿程变化示意图

流体流动中，任意一个过流断面都具有动能和势能（包括位置势能和压力势能）。在稳定流中任取两个过水断面 1—1 和 2—2，1—1 断面所具有的能量有位置势能 mgz_1 和压力势能 $mgp_1/\rho g$，动能为 $mc_1^2/2$，2—2 断面所具有的能量同样有 3 部分，如图 5-7 所示。

1. 理想流体能量方程式

对理想流体来说，由于没有能量损失，根据能量守恒原理，两断面能量相等，即

$$mgz_1 + mg\frac{p_1}{\rho g} + \frac{1}{2}mc_1^2 = mgz_2 + mg\frac{p_2}{\rho g} + \frac{1}{2}mc_2^2 \tag{5-6}$$

单位质量力的流体所具有的能量方程式为

$$z_1 + \frac{p_1}{\rho g} + \frac{c_1^2}{2g} = z_2 + \frac{p_2}{\rho g} + \frac{c_2^2}{2g} \tag{5-7}$$

2. 实际流体能量方程式

实际流体在流动中产生了摩擦，消耗了一部分能量，因此能量方程式变为

$$z_1 + \frac{p_1}{\rho g} + \frac{c_1^2}{2g} = z_2 + \frac{p_2}{\rho g} + \frac{c_2^2}{2g} + h_w \tag{5-8}$$

3. 能量方程式的意义

能量方程具有物理意义、力学意义、几何意义。从能量的观点看方程的各项称为单位能量，从力学观点看各项称为水头，从几何观点看各项都表示为线段长度，单位为 m。现将各项意义说明如下：

（1）z——单位位能，位置水头。

(2) $\dfrac{p}{\rho g}$——单位压能，压力水头。

(3) $\dfrac{c^2}{2g}$——单位动能，流速水头。

(4) $z+\dfrac{p}{\rho g}$——单位势能，测压管水头。

(5) $z+\dfrac{p}{\rho g}+\dfrac{c^2}{2g}$——单位总机械能，总水头。

(6) h_w——单位能量损失，水头损失。

四、流动阻力及能量损失

实际流体是具有黏性的，在流动时会产生阻力，对于不可压缩流体来说，这种阻力使流体的一部分机械能转变为其他形式的能量（如热能等）而散失掉，这就是能量损失，称为水头损失。产生水头损失的原因，一方面由于流体具有黏性而产生内摩擦阻力，这是它的内因；另一方面由于固体边壁对流体的阻滞作用，这是它的外因。边界条件对阻力的影响表现在边界的粗糙度与边界的几何形状，由于边界条件不同，水头损失可分为以下两类。

1. 沿程水头损失

流体在全部流程中受到固体边壁的阻滞作用和流体内部存在的黏滞性称为沿程阻力。为克服沿程阻力而消耗的能量损失称为沿程水头损失，用 h_f 表示。它随流动的长度增加而增加。对于圆管，沿程水头损失 h_f 的计算式为

$$h_f = \lambda \frac{L}{d} \frac{c^2}{2g} \tag{5-9}$$

式中：L 为流体流动的管道长度；λ 为沿程阻力系数，取决于管壁的粗糙程度；d 为管道的直径；c 为管中流体的平均流速。

2. 局部水头损失

流动的边界在局部地区发生变化时，引起流速的大小和方向发生显著变化，从而形成漩涡，产生剧烈的碰撞、摩擦，对流体运动产生集中的阻力，称为局部阻力。为克服局部阻力而消耗的能量称为局部水头损失，用 h_j 表示。例如，管道的扩大、收缩、转弯、阀门等处。局部水头损失 h_j 的计算式为

$$h_j = \xi \frac{c^2}{2g} \tag{5-10}$$

式中：ξ 为局部阻力系数，由试验确定。

在某一流段中的水头损失应为沿程水头损失和局部水头损失之和，即

$$h_w = \sum h_f + \sum h_j \tag{5-11}$$

思 考 题

1. 何谓流体？流体有哪些性质？黏滞性在什么情况下表现出来？黏滞性对流体的流动有何影响？

2. 什么是单位能量？流体静止时有几种能量？它们之间有何关系？

3. 写出流体静力学的基本方程式，并说明其意义。

4. 连续性方程遵循什么基本定律？其方程的表达式是什么？

5. 何谓过流断面？过流断面与几何断面是否一定相等？

6. 什么是流动阻力损失？流动损失有哪几种？写出实际流体流动的能量方程式，并说明方程式中其各项的意义。

习　　题

1. 某输水管 1—1 断面处的直径为 $d_1 = 200$mm，平均流速为 $c_1 = 0.25$m/s；2—2 断面处的直径为 $d_2 = 100$mm，求该断面的平均流速。

2. 图 5-8 所示为凝汽器真空测量装置，水银容器中玻璃管的一端与凝汽器相连，另一端插入容器中，玻璃管中水银高度 $h_p = 706$mmHg，求凝汽器内绝对压力及真空（当地大气压力为 9.81×10^4Pa，水银的 $\rho g = 1.33 \times 10^5$N/m³）。

3. 水从图 5-9 所示的水箱中沿一变直径的管道中流出。若 $d_1 = 175$mm，$d_2 = 100$mm，$d_3 = 125$mm，$d_4 = 75$mm，$H = 15$m，不计能量损失，试求水管中的流量。

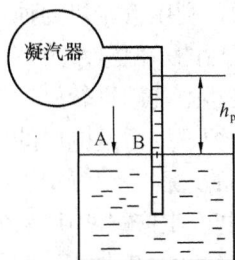

图 5-8　习题 2 图

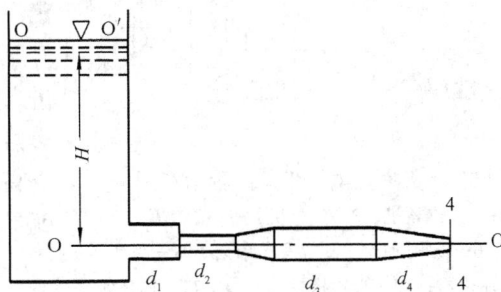

图 5-9　习题 3 图

4. 文丘里流量计是测量管道流量的装置（如图 5-10 所示），由收缩段、喉部和扩散段 3 部分组成。当液流通过收缩段到达喉部时，断面上的流速增大，压力降低，使与管道断面 1—1 和喉部断面 2—2 相连接的测压计显示出液面高度差 ΔH，假如管道直径为 d_1，喉部直径为 d_2，并忽略水头损失，即 $h_w = 0$ 时，求该装置的流量计算公式。

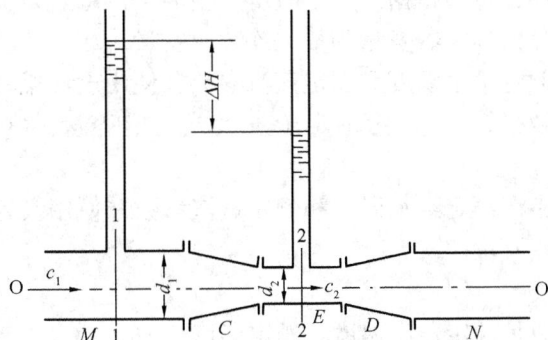

图 5-10　习题 4 图

第二篇 锅炉设备

第六章 锅炉设备概述

一、锅炉在火力发电厂中的作用

锅炉设备是火力发电厂中的 3 大主要设备之一。它的作用是利用燃料的化学能将给水加热成具有一定压力和温度的过热蒸汽。

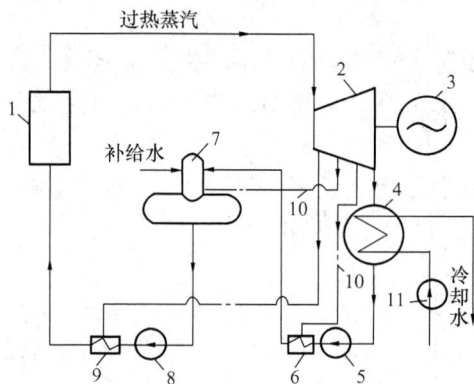

图 6-1　火力发电厂生产过程示意图

1—锅炉；2—汽轮机；3—发电机；4—凝汽器；5—凝结水泵；6—低压加热器；7—除氧器；8—给水泵；9—高压加热器；10—汽轮机抽汽管道；11—循环水泵

火力发电厂的生产过程如图 6-1 所示。燃料在锅炉中燃烧放出热量，加热给水形成饱和蒸汽，饱和蒸汽经进一步加热后成为具有一定温度和一定压力的过热蒸汽，过热蒸汽经主蒸汽管道进入汽轮机膨胀做功，带动发电机转子高速旋转并发出电能。在汽轮机中做完功的蒸汽排入凝汽器，在凝汽器中蒸汽被冷却，水冷却成凝结水，凝结水经凝结水泵升压后进入低压加热器，利用汽轮机的抽汽加热后进入除氧器除氧。除氧后的水由给水泵打入高压加热器，给水在高压加热器中利用汽轮机抽汽进一步提高温度后重新回到锅炉。火力发电厂的生产过程就是不断重复上述循环的过程。

由此看出，在火电厂生产过程中存在着 3 种形式的能量转换：在锅炉中燃料的化学能转变为过热蒸汽的热能；在汽轮机中蒸汽的热能转变为转子旋转的机械能；在发电机中机械能转变为电能。因此，锅炉、汽轮机、发电机被称为火力发电厂的三大主机。

二、电厂锅炉的主要特性

电厂锅炉的主要特性有锅炉容量、锅炉蒸汽参数、给水温度、锅炉热效率等。

1. 锅炉容量

锅炉容量即锅炉的蒸发量，指锅炉每小时所产生的蒸汽量，是反应锅炉生产能力大小的基本特性依据。一般又分为额定蒸发量和最大连续蒸发量。

额定蒸发量是指在额定给水温度和额定蒸汽参数、使用设计燃料并保证设计热效率时锅炉每小时的最大连续蒸发量，又称为额定蒸发量或额定容量。常用符号 De 表示，单位为 t/h。

最大连续蒸发量是指在额定给水温度和额定蒸汽参数并使用设计燃料时，锅炉长期连续运行时所能达到的最大蒸发量。

2. 锅炉额定蒸汽参数

锅炉的额定蒸汽参数是额定蒸汽温度和额定蒸汽压力。

额定蒸汽温度是指在规定的负荷范围、额定蒸汽压力和额定给水温度下，锅炉长期连续运行所必须保证的过热器出口蒸汽温度，符号用 t 表示，单位为℃。

额定蒸汽压力是指在规定的给水压力和负荷范围内，锅炉长期连续运行时所保证的过热器出口蒸汽压力（表），符号用 p 表示，单位为 MPa。对具有中间再热的锅炉，额定蒸汽参数还应包括额定再热蒸汽压力（表）和额定再热蒸汽温度。

3. 给水温度

锅炉给水温度是锅炉设计时规定的进水温度，一般指省煤器入口处的给水温度，符号用 t_{gs} 表示，单位为℃。

4. 锅炉热效率

锅炉热效率是指锅炉有效利用热量 Q_1 与输入热量 Q_r 之比的百分比，常用符号 η 表示，即

$$\eta = \frac{Q_1}{Q_r} \times 100\%$$

锅炉热效率的高低反映了锅炉运行的经济性。

三、电厂锅炉的型号

电厂锅炉的型号反映了锅炉的主要技术特性。我国电厂锅炉的型号一般采用3组或4组字码表示，其形式一般为：锅炉制造厂家—锅炉额定容量/过热蒸汽额定压力—过热蒸汽额定温度/再热蒸汽额定温度—设计序号。

中、高压电厂锅炉的型号用3组字码表示，如 HG-410/9.8-1，HG 表示哈尔滨锅炉厂（SG 表示上海锅炉厂，DG 表示东方锅炉厂，BG 表示北京锅炉厂，WG 表示武汉锅炉厂，UG 表示无锡锅炉厂，YG 表示济南锅炉厂），410/9.8 表示锅炉额定容量为 410t/h，额定蒸汽压力（表）为 9.8MPa，1 表示第一次设计。

超高压及以上压力的电厂锅炉均采用中间再热，其型号用4组字码表示。如 DG-670/13.7-540/540-8，它表示东方锅炉厂制造的额定容量为 670t/h、过热蒸汽额定压力（表）为 13.7MPa、过热蒸汽温度为 540℃、再热蒸汽温度为 540℃、设计序号为 8（该型号锅炉为第 8 次设计）的锅炉。

四、电厂锅炉的分类

电厂锅炉的分类方法很多，下面只介绍几种主要的分类方法。

1. 按蒸汽压力分

按蒸汽压力可分为低压锅炉（$p \leqslant 2.45$MPa）；中压锅炉（$p=2.94\sim4.92$MPa）；高压锅炉（$p=7.84\sim10.8$MPa）；超高压锅炉（$p=11.8\sim14.7$MPa）；亚临界锅炉（$p=16.7\sim19.6$MPa）；超临界锅炉（$p \geqslant 22.1$MPa）。

2. 按燃烧方式分

锅炉按燃烧方式可分为层燃炉、室燃炉、旋风炉、流化床锅炉。层燃炉是指煤块或其他固体块状燃料以一定的厚度在炉排上进行燃烧，空气从炉排下穿过燃料层向上流动，提供燃料燃烧需要的氧气。室燃炉是指燃料在炉膛内呈悬浮状态进行燃烧，它是当前火力发电厂广泛采用的燃烧方式。旋风炉是煤粉和空气在旋风筒内强烈旋转并进行燃烧，以旋风筒作为燃烧室的锅炉。流化床锅炉包括鼓泡床锅炉（沸腾炉）和循环流化床锅炉。鼓泡床锅炉是煤粒在炉箅上呈沸腾状态进行燃烧；而循环流化床锅炉的气流速度更高，燃料在流化状态下燃烧，未燃尽的颗粒经分离器捕捉下来后，返送回炉内继续燃烧。循环流化床锅炉具有燃烧稳定、燃料适应性好、有害气体排放少等很多优点，是一种极具发展潜力的锅炉。

3. 按工质在蒸发受热面中的流动分类

按工质在锅炉中的流动方式可分为自然循环锅炉、强迫流动锅炉两大类。

在自然循环锅炉中，工质在蒸发受热面内的流动是依靠下降管和水冷壁中工质的重度差所形成的运动压头进行的。强迫流动锅炉又分为多次强制循环锅炉、直流锅炉和复合循环锅炉。多次强制循环锅炉中工质在蒸发受热面内的流动主要是依靠下降管上的锅水循环泵所提供的压头进行的。在直流锅炉中，工质在蒸发受热面中的流动是依靠给水泵提供的压头进行的，且一次完成加热、蒸发和过热，因此又称一次强迫流动锅炉。复合循环锅炉是在直流锅炉和强制循环锅炉基础上综合发展起来的，依靠循环泵的压头将蒸发受热面出口的部分或全部进行再循环的锅炉。

五、锅炉的基本工作过程和组成

各种锅炉的工作都是为了通过燃料燃烧放热和高温烟气与受热面的传热来加热给水，最终使水变为具有一定压力和温度的过热蒸汽。水在锅炉中要经过预热、蒸发、过热 3 个阶段才能变为过热蒸汽。实际上，为了提高蒸汽动力循环的效率，还有第四个阶段——再热阶段，即将在汽轮机高压缸膨胀做功后压力和温度都降低了的蒸汽送回锅炉中加热，然后再送到汽轮机低压缸继续做功。为适应这 4 个变化阶段的需要，锅炉中必须布置相应的受热面，即省煤器、水冷壁、过热器和再热器。过热器和再热器布置在水平烟道和尾部烟道上部，省煤器布置在尾部烟道下部。为了利用烟气余热加热燃烧所需要的空气，常在省煤器后再布置空气预热器。

锅炉的基本工作过程是：燃料经制粉系统磨制成煤粉，送入炉膛中燃烧，使燃料的化学能转变为烟气的热能。高温烟气由炉膛经水平烟道进入尾部烟道，最后从锅炉中排出。锅炉排烟再经过烟气净化系统变为干净的烟气，由风机送入烟囱排入大气中。烟气在锅炉内流动的过程中，将热量以不同的方式传给各种受热面。例如，在炉膛中以辐射方式将热量传给水冷壁，在炉膛烟气出口处以半辐射、半对流方式将热量传给屏式过热器，在水平烟道和尾部烟道以对流方式传给过热器、再热器、省煤器和空气预热器。于是，锅炉给水便经过省煤器、水冷壁、过热器变成过热蒸汽，并把汽轮机高压缸做功后送回的蒸汽加热成再热蒸汽。

锅炉由锅炉本体、锅炉辅助设备和锅炉附件组成。锅炉本体包括"锅"和"炉"两部分。锅是汽水系统，主要任务是吸收燃料放出的热量，将水加热成过热蒸汽。它主要由省煤器、汽包、下降管、水冷壁、过热器、再热器、联箱等组成。炉是锅炉的燃烧系统，主要任务是使燃料在炉内良好燃烧，放出热量。它由炉膛、烟道、燃烧器、空气预热器、炉墙等组成。

锅炉的辅助设备主要有通风设备、输煤设备、制粉设备、给水设备、除尘设备、除灰设备、自动控制设备、水处理设备及一些锅炉附件（安全门、水位计、热工仪表等）。

思　考　题

1. 锅炉设备在电厂中有怎样的地位？
2. 电厂锅炉的主要特性有哪些？
3. 锅炉是怎样分类的？
4. 简述锅炉的基本工作过程。

第七章

燃料的燃烧及燃烧设备

第一节 燃 料 概 述

燃料是指可以用来获取大量热能的物质。有人把燃料称为锅炉的"粮食",燃料的特性对锅炉工作的安全性和经济性有着重大的影响,燃用不同种类的燃料,要求采用不同的燃烧方式和燃烧设备。因此,了解燃料的成分和性质是十分重要的。

目前世界上所用的燃料可以分为两大类:一类是核燃料,主要用于核电站;另一类是有机燃料,也称矿物燃料,是指在燃烧过程中能够产生大量热能的物质,这是常规电厂锅炉所用的主要燃料。有机燃料按物态可以分为固体、液体、气体三类;按获得方式可分为天然燃料和人工燃料两类。常用燃料的种类如表 7-1 所示。

表 7-1   有机燃料的种类

种 类	天 然 燃 料	人 工 燃 料
固体燃料	煤、页岩、木材	煤粉、焦碳、木炭
液体燃料	石 油	汽油、重油、柴油、煤油等
气体燃料	天然煤气	高炉煤气、焦炉煤气等

发电厂锅炉是耗用大量燃料的动力设备,而且仅利用其热量。根据我国的燃料利用原则,一是尽量不用其他工业部门所必需的优质燃料,并通过技术经济比较尽量利用劣质燃料(含杂质较多、燃烧比较困难,在其他方面没有多大经济价值的燃料),以保证国家的燃料资源得到充分、合理的利用;二是尽量利用当地燃料,以减轻运输负担,促进各地区天然资源的开发利用。因此,我国电厂锅炉大多以煤为主要燃料,仅有少量锅炉燃用重油或渣油等。

第二节 电 厂 锅 炉 用 煤

一、煤的组成成分

煤是一种植物化石,它是由古代森林因地壳发生运动,深埋地下,在长期地热高温、岩层高压及地下水的影响下,经过复杂的化学生物及细菌作用而逐渐形成的含碳丰富的可燃化石。既然煤是由植物形成的,那么,组成植物的有机元素[如碳(C)、氢(H)、氧(O)、氮(N)、硫(S)]便是煤的主要元素成分。

煤的化学组成和结构十分复杂,但作为燃料使用,只需了解并掌握它与燃烧有关的组成成分及其性质,即能满足电厂锅炉燃烧技术和有关的热力计算等方面的需要。

按测定的项目和方法的不同,一般可通过煤的元素分析法和工业分析法来了解煤的组成成分及其性质。

（一）煤的元素分析和工业分析

1．煤的元素分析

煤是有机成分和无机矿物质的混合物，其中有机成分是可以燃烧的。但现在的分析方法还不能直接测定煤中有机物中的化合物，因为其中大多数有机化合物在进行分析加热时会逐渐分解。因此，一般是测定煤中有机物的元素组成。

所谓煤的元素分析，就是借助燃烧、利用化学分析的方法，来测定出煤中的碳、氢、氧、氮、硫5种组成元素占煤的质量百分含量，而对这5种元素以外的部分，划分为灰分和水分两种化合物。虽然煤的元素组成并不能表明煤中含何种化合物，也不能充分确定煤的性质，但将元素组成与煤的其他特性相结合，可以帮助我们判断煤的化学性质。

煤的元素组成是燃烧计算和锅炉设计及进行实验的依据，也是对燃料分类、研究燃料性质的重要依据。但元素分析法需要较高的技术和复杂的设备，为此大都在专门的实验室内进行。

下面对煤中各成分的基本性质进行介绍。

（1）碳。碳是煤中含量最多的可燃元素，也是煤的基本成分。其含量约占40%～85%。随着碳化程度的提高，煤的含碳量逐渐增加。

碳是煤发热量的主要来源。煤的含碳量越高，其发热量越高。煤完全燃烧时，碳的发热量为32866kJ/kg，不完全燃烧时，发热量仅为9270 kJ/kg。煤中碳的一部分与氢、氧、氮、硫等结合成挥发性有机化合物，其余部分则成单质状态，称为固定碳。固定碳要在较高温度下才能着火，燃烧也比较困难。因此，煤中固定碳含量越高，就越不容易着火和燃烧。

（2）氢。氢是煤中发热量最高的可燃元素。煤中氢的含量不高，一般在3%～6%。地质年龄越长的煤，其含量越少，氢含量随煤碳化程度的加深而逐渐减少。氢燃烧生成水，水吸收一部分热量蒸发成水蒸气，所以在锅炉中煤完全燃烧时，氢的有效发热量为120000kJ/kg，比碳的发热量高3～5倍。

氢极易着火且燃烧迅速，特别是氢气在燃烧过程中能产生分支连锁反应，加速反应速度，因此含氢越多，煤就越容易着火及燃烧。

（3）氧。氧是煤中的不可燃元素。氧的含量随煤的碳化程度不同有较大的差异。碳化程度越浅的煤，其氧的含量越高，最高可达40%。

氧是煤中的杂质。氧的存在不仅使煤中可燃元素含量相对减少，而且还会与部分可燃元素氢和碳结合成稳定的化合物，如CO_2、H_2O等，使实际参与燃烧的可燃元素减少。因此，煤中含氧较多时，煤的发热量就较低。

（4）氮。氮是煤中的另一不可燃元素。其含量一般只有0.5%～2.0%。

氮也是煤中的杂质。氮不能燃烧放热，但在燃烧过程中会或多或少地转化为氮氧化和物（NO_x），造成环境污染。

（5）硫。硫是煤中有害的可燃元素。其含量一般为1.0%～1.5%，个别煤的硫含量高达3%～10%。硫的发热量较低，完全燃烧时仅为9040kJ/kg。

煤中的硫以3种形式存在：有机硫S_0与碳、氢、氧等结合成复杂的化合物、硫化铁硫S_p和硫酸盐中的硫S_s。前两种硫在加热时与碳、氢、氮等元素结合成挥发性化合物从煤中析出，参与燃烧，统称为挥发硫或可燃硫，而硫酸盐中的硫一般不能再氧化，故归入灰分之中。

煤中含硫量对着火和燃烧无明显的影响，但随着含硫量的增加，煤粉的自燃倾向增大，常会引起煤粉仓内煤粉温度自行升高，当有空气进入时，甚至会自燃。因此，在燃用高硫分煤时，煤粉仓内煤粉不宜久存。

煤中含硫对锅炉的最大影响是低温腐蚀：硫燃烧生成 SO_2，SO_2 部分再氧化成 SO_3，SO_3 在随烟气流动过程中与烟气中的水蒸气进一步结合成硫酸蒸汽；当硫酸蒸汽经过壁温较低的受热面时，便在受热面上凝结成硫酸。煤中含硫越多，腐蚀越严重。

另外，硫的化合物随烟气排入大气会污染大气，对人体和动植物造成危害。

(6) 水分。水分是煤中的主要杂质之一。各种煤的水分含量差别较大，少的仅 2%，多的可达 5%～10%。

煤中的水分由表面水分和固有水分组成。表面水分也称外在水分 M_f，主要是在开采、运输、储存、洗选过程中存留在煤中的水，依靠自然干燥可以除掉；固有水分也称内在水分 M_{inh}，是吸附或凝聚在煤中毛细管中的水分，是煤在形成过程中所拥有的，依靠自然干燥方法不能除掉，必须把煤加热到 105～110℃，保持 1～3h 才能除掉。煤的碳化程度越深，内在水分含量越小。

在实验室中，原煤经过自然干燥除去的水分为外在水分；在恒温箱（温度为 105～110℃）中将风干的煤干燥至恒重时所失去的水分为内在水分。外在水分和内在水分之和为全水分。

煤中的水分含量对锅炉工作的影响很大。水分多，燃烧时放出的有效热量便减少；水分多，会降低炉内的燃烧温度，并增加着火热，因而使着火点推迟，甚至造成着火困难，燃烧不完全，使燃烧损失增加；燃烧后，煤中的水分吸热变成水蒸气并随烟气排入大气，使排烟量增加，导致排烟热损失增大，锅炉热效率降低，并造成引风机电耗增大；水分使得烟气中的水蒸气量增加，将加剧低温受热面的积灰和腐蚀；水分多，还会给煤粉制备增加困难，造成原煤仓、给煤机和落煤管的堵塞及磨煤机出力下降等不良后果。

(7) 灰分。灰分也是煤中的另一主要杂质。它是煤在完全燃烧后，煤中的不可燃矿物质所形成的残留物。灰分包括外来灰分和内在灰分两部分。煤在开采、运输、储存过程中混入的矿物杂质所形成的灰分称为外来灰分；由原始成煤植物中和在成煤过程中进入的矿物质所形成的灰分称为内在灰分。灰分的主要成分是硅、铝、铁、钙、镁、钛、钠、钾等元素所组成的化合物的混合物。各种煤的灰分含量差别很大，一般在 5%～50% 范围内。另外，灰分的含量还与煤的开采方法、运输和储存等条件有关。

煤中的灰分是有害成分。灰分多，煤中的可燃成分便相对减少，煤的发热量降低；煤在燃烧时，其中的矿物质转化成灰分，当其熔融时就要吸收热量，且灰渣的排放也要带走大量的物理显热，热量损失增加；灰分多，会使火焰传播速度减慢，影响着火，并且用于加热灰分的热量增加，而且煤粒表面往往形成灰分外壳，妨碍煤中可燃物质与氧的接触，增加着火和燃烧的困难，使未完全燃烧损失增加；灰分多，当灰粒随烟气流经受热面时，若烟速高，将加剧受热面的磨损，若烟速低，将造成受热面积灰，降低传热效果，使排烟温度升高，排烟热损失增加，锅炉热效率降低；灰分多，炉内容易结渣，造成对受热面的腐蚀；灰分多，将增加煤粉制备的困难，能耗增加；灰分也是造成环境污染的根源。

因此，对于一般的固态排渣炉，从燃烧的稳定性和运行的安全性考虑，燃煤的灰分不宜超过 40%。

综上所述，碳是煤中最主要的可燃元素；氢是煤中单位发热量最高的元素；硫是煤中可燃而有害的元素；氮、氧、水分和灰分则是煤中的杂质。

（8）挥发分。挥发份由以下成分组成：各种碳氢化合物、氢、一氧化碳、硫化氢等可燃气体，少量的氧、二氧化碳和氮等不可燃气体。

煤的挥发份含量与煤的地质年代有密切的关系。地质年代越短，即煤的碳化程度越浅，其挥发份成分就越高。这是因为煤中所含的各种气体成分本身就有挥发性，埋藏时间越短，它受大自然干馏、蒸发越少，挥发份含量就越高；而且不同地质年代的煤，其开始析出挥发份的温度也不同，地质年代越短的煤，不但挥发份含量高，而且在较低温度下（＜200℃）便迅速析出，如褐煤；而地质年代长、挥发份含量少的无烟煤，则要到400℃左右才开始析出挥发份。

挥发份燃烧时放出热量的多少，取决于挥发份的组成成分。不同的煤种挥发份的发热量差别很大，低的大约只有17000kJ/kg，高的可达71000kJ/kg。这与挥发份中氧的含量有关，因而也与地质年代有关。含氧少的无烟煤，挥发份的发热量很高；而含氧多的褐煤，挥发份的发热量则较低。

所以挥发份是煤的一个重要成分特性，并且可作为对煤分类的重要依据。同时，挥发份对煤的着火和燃烧有很大的影响。挥发份含量多，煤就容易着火，燃烧也易于完全。这是因为：挥发份是气体可燃物，着火温度较低，着火容易，挥发份多，相对来说，煤中难燃的固定碳含量便少，使煤易于着火；大量挥发份析出，着火燃烧时可以放出大量的热量，形成炉内高温，有助于固定碳的迅速着火和燃烧；挥发份从煤的内部析出，使煤具有孔隙性，挥发份越多，形成燃料颗粒的孔隙就越多，燃料与空气的接触面就越大，即增加了反应表面积，使反应的速度加快，也使煤易于燃烧完全。

挥发份是煤的重要成分特性，对煤的着火和燃烧有很大的影响。

2. 煤的工业分析

在煤的加热及燃烧过程中，煤的各种物质的变化是：将煤加热到一定温度时，首先是水分被蒸发出来；接着是煤中的氢、氧、氮、硫及部分碳所组成的有机化合物进行热分解，变成气体挥发出来，即挥发分；挥发分析出后，剩余的是焦炭，焦炭是固定炭和灰分的组成物。

煤的工业分析法就是通过对煤进行干燥、加热以及使煤燃烧等手段，来测定煤中的固定碳、挥发分、灰分和水分这4种成分的质量分数。它可以直接测定煤中燃烧性质相同的可燃成分和不可燃成分的含量，并且测量项目和所需的测试仪器少，测试方法简便，所以是一种被电厂广泛采用的测定方法。

煤的工业分析是在一定的实验室条件下测得的，其基本方法及步骤如下：

（1）取样。为了正确确定煤中的成分，取样必须有充分的代表性，即取得的煤样能够代表该批煤的平均性质。一般取几百千克。

（2）制样。将原始煤样经过多次的磨碎、过筛、混合和缩分，最后得到几百克，粒度在200以下，在空气中风干后得分析煤样。

（3）分析测定。首先，将煤样置于105～110℃的干燥箱内干燥到恒重（约2～3h），其所失去的质量占原煤样质量的百分数即为该煤的水分值。

将上述失去水分的煤样放入带盖的坩埚内，置于900℃的高温电炉内隔绝空气加热，使煤中的有机化合物分解而析出挥发分气体，保持约 7min 后，气体析出基本结束。此过程煤样失去的质量占原煤样质量的百分数即为该煤的挥发分值。

去掉水分和挥发分后，剩余部分就是焦炭。它是由固定碳和灰分所组成的。再将焦炭放在电炉内升温至 815℃，灼烧到恒重（约 1h），取出冷却至室温称重。这时焦炭所失去的质量就是固定碳的质量，剩余部分则是灰分的质量。这两个质量各占原煤样质量的百分数分别是煤中的固定碳和灰分的含量。

（二）煤的成分分析基准

由上述可知，煤由碳、氢、氧、氮、硫 5 种元素及水分、灰分两种成分组成，而这些成分都以质量百分数含量计算，其总和为 100%，即

$$C+H+O+N+S+A+M = 100\% \tag{7-1}$$

式中：C、H、O、N、S、A、M 分别为煤中各成分的质量分数。

例如，1kg 煤中含 0.6kg 碳元素时，称该碳的含碳量为 60%，记作 C=60%。

由于煤中水分和灰分含量易受外界条件的影响而发生变化，若水分或灰分的质量分数变了，其他组成成分的质量分数也会随之而变。例如，水分质量分数增加时，其他成分的百分含量便相对减少；反之，水分含量减少时，其他成分的质量分数便相对增加。所以不能简单地只用各成分的质量分数来表示煤的组成特性。有时为了实际工作需要，在计算煤的各质量分数时，可将某种成分（例如水分或灰分）不计算在内。这样按不同的"成分组合"计算出来的各种质量分数就会有较大的差别。我们把根据煤存在的条件或根据需要而规定的"成分组合"称为基准。如果所用的基准不同，同一种煤的同一成分的质量分数就不一样。故在表示成分含量的同时，必须指明成分的计算基准。

常用的成分分析基准有以下 4 种：

（1）收到基（原应用基）。以收到状态的煤为基准计算煤中全部成分的组合称为收到基。对进厂原煤或炉前煤都应按收到基计算各种成分。

收到基以下角标 ar 表示

$$C_{ar} + H_{ar} + O_{ar} + N_{ar} + S_{ar} + A_{ar} + M_{ar} = 100\% \tag{7-2}$$

（2）空气干燥基（原分析基）。以与空气湿度达到平衡状态的煤为基准，即供分析化验的煤样在实验室一定条件下，自然干燥失去外在水分，其成分组合便是空气干燥基。

空气干燥基以下角标 ad 表示

$$C_{ad} + H_{ad} + O_{ad} + N_{ad} + S_{ad} + A_{ad} + M_{ad} = 100\% \tag{7-3}$$

（3）干燥基（与原基准相同）。以假想无水状态的煤为基准。干燥基中因无水分，故灰分不受水分变动的影响，灰分质量分数相对比较稳定。

干燥基以下角标 d 表示

$$C_d + H_d + O_d + N_d + S_d + A_d = 100\% \tag{7-4}$$

（4）干燥无灰基（原可燃基）。以假想无水、无灰状态的煤为基准。干燥无灰基因无水、无灰，故剩下的成分不受水分、灰分的影响，是表示碳、氢、氧、氮、硫质量分数最稳定的基准，可作为燃料分类的依据。特别是干燥无灰基挥发分的含量，能确切反映煤燃烧难易程度，所以煤中挥发分的多少常以干燥无灰基 V_{daf} 表示。干燥无灰基以下角标 daf 表示。

$$C_{daf} + H_{daf} + O_{daf} + N_{daf} + S_{daf} = 100\% \tag{7-5}$$

二、煤的主要特性

（一）发热量

单位质量的煤在完全燃烧时所放出的热量称为煤的发热量。通常用 Q 来表示，单位为 kJ/kg。

煤的发热量有高位发热量 Q_{gr} 和低位发热量 Q_{net} 之分。高位发热量是煤在空气中完全燃烧时所放出的热量，它包括了燃烧产物中全部水蒸气凝结成水所放出的汽化潜热。高位发热量是燃料理论上的发热量，实际上锅炉所能利用的要比它低，这是因为燃料中有水分和氢，水在燃烧过程中要吸收汽化潜热变成水蒸气，氢燃烧后也生成水蒸气。这些水蒸气吸收了燃料燃烧所放出的一部分热量。而在锅炉运行时，为了避免尾部受热面的低温腐蚀，排烟温度常在110℃以上，高于水蒸气露点，烟气中的水蒸气不会凝结，水蒸气所吸收的汽化潜热便被带走排出，所以煤实际可利用的发热量相应减少。故煤的高位发热量减去煤中水和氢燃烧生成水的汽化潜热后所得的热量称为煤的低位发热量，这是锅炉在运行中煤的有效发热量。

实验室中用氧弹量热计测定出煤的高位发热量，再减去煤中的水以及煤中的氢燃烧生成水的汽化潜热，就得到煤的低位发热量。

燃料的成分有不同的计算基准，不同的计算基准有不同的发热量。下面介绍以收到基发热量为基准的两个重要概念。

1. 标准煤

各种煤的发热量差别很大，低的仅为8380kJ/kg，高的可达29270kJ/kg。当电厂或锅炉负荷不变时，若燃用发热量较低的煤种时，煤耗量就大；燃用发热量较高的煤种时，煤耗量就小，所以不能只用煤耗量的大小来比较各电厂或锅炉的经济性。为了便于制定国家和各部门的生产计划，便于比较不同燃烧设备中煤的消耗量或同一设备在不同工况下煤的消耗量，国家统一计算标准引入标准煤的概念。

国标规定：以收到基低位发热量 $Q_{ar,net}$ 为 29270kJ/kg 的燃料称为标准煤。因此，每 29270kJ 的热量均可折算成1kg的标准煤。用式（7-6）可将实际煤耗量换算成标准煤耗量。

$$B_b = \frac{BQ_{ar,net}}{29270} \tag{7-6}$$

式中：B_b 为标准煤耗量，kg/h；B 为实际煤耗量，kg/h。

2. 折算成分

燃料中的水分、灰分和硫分都对锅炉工作有着不利的影响。若只看各成分含量的质量百分数，不能正确估计它们对锅炉工作的危害程度。比如，同一台锅炉在同一负荷下，煤的发热量低其煤耗就大，带走炉内的灰分就多，对锅炉的危害就大。因此，为能准确地反映有害成分对锅炉工作的影响，应将这些成分与燃料的发热量联系起来，故引入折算成分的概念。

折算成分是指对应与每4182kJ/kg收到基低位发热量的成分。当煤的折算成分 $M_{ar,zs}$ >8%，$A_{ar,zs}$ >4%，$S_{ar,zs}$ >0.2%时，分别称为高水分、高灰分、高硫分煤。

（二）灰的熔融性

1. 灰的熔融性及其3个特征温度

所有的煤中或多或少含有灰分，特别是劣质煤的含灰量就更多。对于固态排渣的煤粉炉来说，其火焰中心温度很高，灰粒一般是熔化或软化状态，具有黏性。锅炉运行中，当灰粒落在炉墙、水冷壁、炉膛出口受热面以及落入冷灰斗之前应得到充分的冷却，并形成固态或基本上没有黏性，否则具有黏性的灰粒就会黏附在受热面上形成结渣，将影响换热端面的传热，严重时会威胁到锅炉的安全运行。受热面的结渣在很大程度上取决于灰的熔融性，即灰熔点的高低。

我国常用角锥法来测定煤灰的熔融性，即先将灰制成高 20mm、底边长 7mm 的等边三角形锥体，而后将此锥体放在可调节温度的并充满弱还原性气体的灰熔点测定仪中，以规定的速度升温。当加热到一定的温度后，灰锥在自重的作用下，开始发生变形，随后软化直至出现液态。根据灰锥在受热过程中的变形情况，用 3 种不同的灰锥形态所对应的特性温度来表示灰的熔融性。

（1）变形温度 DT。灰锥顶端开始变圆或弯曲时的温度。

（2）软化温度 ST。灰锥顶端弯至锥底或萎缩成球形时的温度。

（3）流动温度 FT。灰锥呈液态，并能沿平面流动时的温度，该温度也称熔化温度。

我们可以用以上 3 个温度来判断煤在燃烧过程中结渣的可能性，通常可用软化温度 ST 来表示灰熔点。一般 ST 在 $1100 \sim 1600℃$ 之间。当 $ST > 1350℃$ 时，炉内结渣的可能性不大。为防止炉膛出口受热面上结渣，必须使炉膛出口烟气温度 $\theta''_1 < ST - (50 \sim 100℃)$。

2. 灰熔融性对锅炉工作的影响

当炉内温度达到或高于灰分的熔点时，固态的灰分将逐渐变成熔融状态，熔融状态的灰与受热面接触时，就会粘在受热面上造成结渣，使传热恶化，影响正常的水循环，严重时将威胁锅炉的安全、经济运行。因此，一般要求控制炉膛出口烟气温度比 ST 低 $50 \sim 100℃$。因此，灰的熔融性是确定炉膛出口烟温的主要依据。

三、动力煤的分类及特性

煤的分类很复杂。我国煤的分类是采用表征煤的碳化程度的主要参数，即干燥无灰基 V_{daf} 含量作为分类指标，将煤分为 3 大类：褐煤、烟煤和无烟煤。$V_{daf} \leqslant 10\%$ 的煤为无烟煤，$V_{daf} > 11\%$ 的煤为烟煤，$V_{daf} > 37\%$ 的煤为褐煤。以此为基础由若干指标对上述 3 种煤进行更详细的分类。所以，通过煤的成分及其分类指标就可以了解煤的特性。

电厂锅炉用煤通常称为动力煤，常用的动力煤有以下几种。

1. 无烟煤

无烟煤表面有明亮的光泽，机械强度高，密度较大，不易研磨，储存时稳定不易自燃。无烟煤为碳化程度最深的煤，含碳量最高，一般 $C_{ar} > 50\%$，最高可达 95%；灰分不多，$A_{ar} = 6\% \sim 25\%$；水分较少，$M_{ar} = 1\% \sim 5\%$，故发热量很高，可达 $25000 \sim 32500$ kJ/kg。无烟煤挥发分含量少，$V_{daf} \leqslant 10\%$，而且挥发分析出温度较高，因此着火和燃烧比较困难。无烟煤燃烧时无烟，其焦炭没有粘结性。

2. 贫煤

贫煤是烟煤中碳化程度最高的煤。按其碳化程度划分属于烟煤，但因其挥发分含量很低，$V_{daf} = 10\% \sim 20\%$，燃烧性能与无烟煤接近，故单独划为一类。由于挥发分较低，贫煤不易点燃和燃烧，其火焰也较短。贫煤的其他性质介于无烟煤和烟煤之间。

3. 烟煤

烟煤外表呈灰黑色，有光泽、质地松软；优质烟煤焦结性强，适于炼焦。

烟煤的碳化程度仅低于无烟煤。含碳较高，一般 $C_{ar} = 40\% \sim 60\%$，个别可达 75%；

灰分不多，$A_{ar}=7\%\sim60\%$；水分也较少，$M_{ar}=3\%\sim18\%$；其发热量一般为 $20000\sim30000kJ/kg$。除贫煤的挥发分较少外，其余烟煤的挥发分含量较高，且范围较广，一般 $V_{daf}=20\%\sim45\%$。所以，大部分烟煤点燃和燃烧都比较容易，火焰也长。

4. 褐煤

褐煤外表多呈褐色或黑褐色，机械强度低，化学反应强，在空气中易风化，储存时易自燃。褐煤是碳化程度很浅的煤。含碳量 $C_{ar}=40\%\sim50\%$；水分和灰分含量较高，$M_{ar}=20\%\sim50\%$，$A_{ar}=6\%\sim50\%$，因而其发热量较低，$Q_{ar,net}=10000\sim21000kJ/kg$；褐煤的挥发分含量较高，$V_{daf}=40\%\sim50\%$，其析出温度也较低，所以点燃和燃烧都比较容易。

此外，在动力燃料中还有泥煤、油页岩和煤矸石等，均属热值很低的低级燃料。具体内容在此不再详述。

第三节 煤 粉 制 备

一、煤粉的性质

1. 煤粉的物理性质

煤粉是由不规则形状的微细颗粒所组成的，通常所说的煤粉尺寸是用它的直径表示的，其中以 $20\sim50\mu m$ 的颗粒居多数。与其他颗粒群体不同的是，煤粉由于在制粉系统中被干燥，其水分一般为 $(0.5\sim1.0)M_{ad}$，因此干燥的煤粉具有很强的吸附空气的能力，从而具有很好的流动性（又称松散性），像流体一样很容易同气体混合成为气粉混合物，便于在管内输送。刚刚磨出来的煤粉是松散的，轻轻堆放时，自然堆积角仅为 $250°\sim300°$，自然堆积密度约为 $700kg/m^3$，在煤粉仓内堆放久了煤粉会被压紧成块，流动性减少，其堆积密度可增加到 $800\sim900kg/m^3$。由于干燥的煤粉流动性好，它可以通过很小的空隙发生煤粉自流现象，给锅炉运行调整操作造成一定困难，因此在制粉系统的严密性方面应予以足够重视。

2. 煤粉的自燃与爆炸性（化学性质）

气粉混合物在制粉系统中可能由于某些原因堆积在某一死区里，与空气中的氧长期接触而氧化时，自身热分解释放出挥发分和热量，使温度升高，而温度升高又会加剧煤粉的氧化。若散热不良，会使氧化过程不断加剧，最后使温度达到煤的着火点而引起煤粉的自燃。在制粉系统中，煤粉是由气体来输送的，气粉混合物遇到明火也是造成煤粉自燃和爆炸的条件。在封闭系统中，煤粉爆炸时所产生的压力可达 $0.35MPa$。影响煤粉爆炸的因素很多，如挥发分含量，煤粉细度，气粉混合物的浓度、流速、温度、湿度和输送煤粉的气体中氧的比例以及制粉系统设计不合理等因素有关。

(1) 含挥发分多的煤粉容易爆炸，当 $V_{daf}<10\%$ 时（无烟煤）则无爆炸危险。

(2) 煤粉越细，越容易自燃和爆炸，因此，对于挥发分含量高的煤不宜磨得过细，当煤粉的颗粒大于 $100\mu m$ 时几乎不会发生爆炸，所以制粉系统在运行时，应根据煤种的不同，调节煤粉细度。

(3) 煤粉在空气中的浓度为 $1.2\sim2.0kg/m^3$ 时，爆炸性最大，大于或小于该浓度时，爆炸的可能性较小。实际制粉系统在运行时很难避开这一危险浓度。

(4) 输送煤粉的气体中氧的比例越大，越容易爆炸。所以对于易爆炸的煤粉，可以采用在输送介质中掺入惰性气体（一般是掺烟气）的方法来降低含氧量，以防止煤粉爆炸。

（5）气粉混合物的温度越高越易爆炸，低于一定温度则无爆炸的危险。制粉系统运行时应严格控制磨煤机出口气粉混合物的温度，煤粉的水分往往反映在磨煤机出口风温上。对不同煤种，应控制适当的出口风温。对于褐煤和烟煤，当煤粉水分稍大于固有水分时，一般没有爆炸危险。在实际运行中根据不同的煤种选取磨煤机出口气粉混合物的温度（值得指出的是在运行中磨煤机出口温度升高不一定就会发生煤粉自燃爆炸）。

（6）制粉系统中的煤粉管道在安装时应具有一定的倾斜角，尽量不要水平管道，无死角，气粉混合物的流速不应太低，在煤粉气流管道中减少节流沉积以防止煤粉积存自燃而引起爆炸。采用 CO 检测装置预报煤粉自燃和爆炸。

3. 煤粉的细度

煤粉的粗细程度用煤粉细度 R_x 表示。煤粉细度用一组由细金属丝编织的、具有小孔的筛子进行筛分测定。x 表示筛孔的内边宽度，R_x 是孔径为 x 的筛子上的筛后筛子上面剩余量占筛分煤粉试样总量的百分数。实质计算结果上是粗度，我国习惯用它表示细度。可由式（7-7）计算：

$$R_x = \frac{a}{a+b} \times 100\% \qquad (7\text{-}7)$$

式中：a、b 分别表示留在筛子上和通过筛孔的煤粉质量。筛分余量 a 越大，R_x 越大，则煤粉越粗。目前国内电厂采用的筛子规格及煤粉细度的表示方法如表 7-2 所示。

表 7-2 筛 子 规 格

筛号（每 cm 长的孔数）	10	30	50	70	80	100
孔径（筛孔内边长 μm）	600	200	150	90	75	65
煤粉细度表示	R_{600}	R_{200}	R_{120}	R_{90}	R_{75}	R_{65}

通常进行煤粉的全筛分分析时，需用 5 只筛子叠在一起筛分，例如一般选用孔径为 75、90、100、150 和 200μm 的筛子，则 R_{90} 表示在孔径大于或等于 90μm 的所有筛子上的筛余量百分数的总和。电厂中常用 R_{90} 和 R_{200}。

4. 煤粉经济细度

众所周知，煤粉愈细，着火燃烧愈迅速，锅炉不完全燃烧损失愈小，锅炉效率愈高（如果锅炉保持在煤粉在经济细度下运行每台 600MW 的锅炉每年可节省煤几亿吨），但对于制粉设备，磨煤消耗的电能增加，金属的磨损量增大。反之，煤粉较粗，磨煤电耗及金属磨损减少，但锅炉不完全燃烧损失增加。锅炉不完全燃烧损失、磨煤电耗及金属磨损的总和最高的煤粉细度称为煤粉经济细度。

煤粉经济细度通过锅炉燃烧试验确定，即在不同煤粉细度下，测量锅炉的热效率、煤电耗及金属磨损量，寻找最经济工况时的煤粉细度。影响煤粉经济细度的因素有煤和煤粉的质量、燃烧方式等。例如，燃烧煤的挥发分高的煤粉可粗些；制粉系统磨制的煤粉均匀性指数大，引起固体不完全燃烧损失的大颗粒就少，煤粉的平均粒度可以大些；若炉膛的燃烧热强度大，进入炉内的煤粉易于着火，有利于燃烧和燃尽，

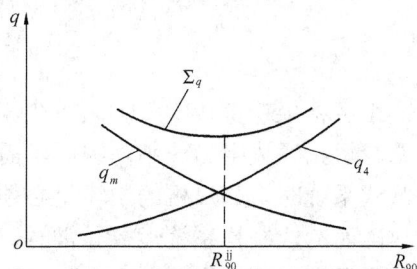

图 7-1 煤粉经济细度的确定原理
q_4—固体不完全燃烧热损失；q_m—磨煤机
运行费用；Σq—总费用

允许煤粉粗些。煤粉经济细度的确定原理如图 7-1 所示。

二、制粉系统

制粉系统是指将原煤磨制成粉，然后送入锅炉炉膛进行悬浮燃烧所需的设备和连接管道的组合。煤粉炉的制粉系统可以分为直吹式系统和中间仓储式系统两类。直吹式制粉系统是将磨制好的煤粉直接吹入炉内燃烧的系统；中间仓储式系统则是先将制成的煤粉储存在煤粉仓中，然后通过给粉机来调节进入炉膛煤粉量的系统。前者以给煤机来调节锅炉的燃料量，后者以给粉机来控制进入锅炉的煤粉量。

1. 直吹式制粉系统

直吹式制粉系统因排粉机装设位置的不同，又有负压和正压系统两种，如图 7-2 所示。其中，图 7-2（a）为负压直吹式制粉系统。由图可以看出，系统中的排粉机 14 装在磨煤机 4 之后。原煤经磨煤机碾磨成粉并经烘干后，在排粉机的抽吸作用下直接进入炉内燃烧。系统中的给煤机、磨煤机以及磨煤机出口管路上，即处在负压之中，因而不会向外冒粉，制粉间的环境比较干净。但是，磨煤机制成的煤粉全部通过排粉机，容易造成排粉机转子叶片的严重磨损，运行寿命较短，安全性较差，检修工作量也较大。图 7-2（b）所示为正压直吹式制粉系统。系统中的排粉机装在磨煤机之前，热风由排粉机压入磨煤机内，整套制粉系统处在正压之下工作。为了防止磨煤机的主轴封向外冒粉，专门设置了一台密封风机 18，用于提供高压密封介质。由此可见，正压系统对设备和管路的密封性要求较高。但是，在正压直吹式制粉系统中，排粉机内没有煤粉通过，不存在磨损问题，运行比较可靠。这种系统的缺点是排粉机处在高温下工作，轴承容易发热，要求检修人员要有较高的检修工艺水平。

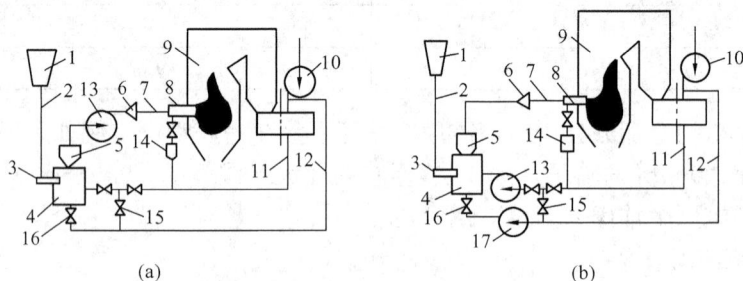

图 7-2　配置中速磨的直吹式制粉系统
(a) 负压直吹式；(b) 正压直吹式
1—原煤斗；2—自动磅秤；3—给煤机；4—磨煤机；5—煤粉分离器；6——次风箱；7—输粉管道；8—燃烧器；9—锅炉；10—送风机；11—空气预热器；12—热风管道；13—冷风管道；14—排粉机；15—二次风箱；16—冷风口；17—磨煤机密封冷风口；18—密封风机

由于将煤粉直接吹入炉内燃烧，直吹式制粉系统的结构相当简单，系统中的设备较少，管路较短，通风阻力较小，因而所需要的排粉机压头也较小，运行电耗也较低。但是，采用直吹式系统时，磨煤机的制粉量必须随时满足锅炉负荷的需要；而且当系统中的任一设备发生故障而造成制粉系统运行异常时，都可能影响锅炉的稳定运行。例如，因煤的水分增大而使给煤异常时，磨煤机出力下降，这时锅炉的燃烧工况和蒸汽参数都将发生波动。严重时，可能造成锅炉减负荷或引起锅炉熄火。可见，直吹式制粉系统还要求运行人员具有较高的运行操作水平。

2. 中间仓储式制粉系统

中间仓储式制粉系统可简称为仓储式系统。仓储式系统比直吹式系统复杂得多，这是因为需要预先设置储存煤粉的中间储粉仓，因而必须增加细粉分离器、螺旋输粉机和给粉机等设备以及相应的管路和管路附件。

一种典型的中间仓储式制粉系统如图 7-3 所示。

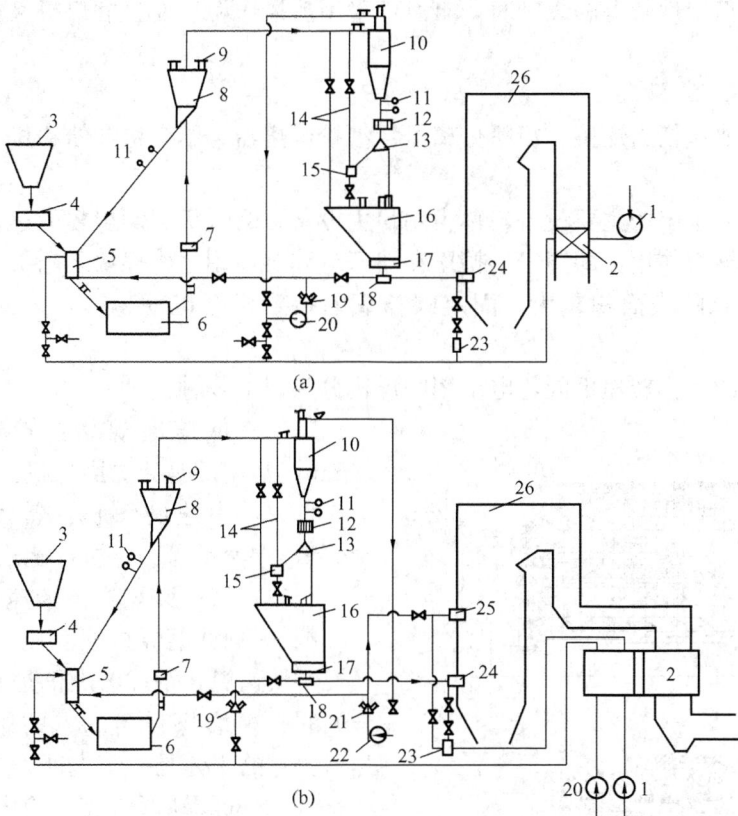

图 7-3　配置低速筒式磨的中间仓储式制粉系统

(a) 乏气送粉系统；(b) 热风送粉系统

1—送风机；2—空气预热器；3—原料斗；4—给煤机；5—下降干燥管；6—球磨机；7—木块分离器；8—粗粉分离器；9—防爆门；10—细粉分离器；11—锁气器；12—木屑分离器；13—换向阀；14—吸潮管；15—螺旋输粉机；16—煤粉仓；17—给粉机；18—风粉混合器；19——次风箱；20——次风机；21—乏气风箱；22—排粉机；23—二次风箱；24—燃烧器；25—三次风箱；25—三次风喷嘴；26—锅炉

仓储式制粉系统工作时，从磨煤机出来的气粉混合物经粗粉分离器后，合格的煤粉被干燥剂带入细粉分离器进行气粉分离，其中 90% 左右的煤粉被分离下来进入煤粉仓或螺旋输送机；还有 10% 左右的细粉被已完成干燥作用的磨煤乏气经排粉机送入炉内燃烧，以节省燃料并避免其污染环境。乏气送入炉内的方式有两种：一种是乏气作为一次风输送煤粉进入炉膛，这种系统称为乏气送粉系统，如图 7-3 (a) 所示。它适用于原煤水分较低、挥发分较高、易于着火燃烧的烟煤。另一种是乏气不作为一次风而是从燃烧器的三次风喷口送入炉内燃烧，此时用热空气作为一次风把煤粉送入炉内燃烧，这种系统称为热风送粉系统，如图 7-3 (b) 所示。这对于燃用难着火的无烟煤、贫煤及劣质煤时稳定着火和燃烧具有现实意义。

在煤粉仓和螺旋输粉机上部装有吸潮管，利用排粉机的负压将潮气吸出，以免煤粉结块。在排粉机出口和磨煤机入口之间，一般设有再循环管，利用乏气再循环协调磨煤通风量、干燥通风量与一次风量的关系，保证锅炉与制粉系统安全经济运行。

中间仓储式制粉系统结构比较复杂，管路较长，通风阻力较大，建设投资、钢材消耗和运行费用都较高。但这种系统运行灵活可靠，制粉系统故障不会立即影响锅炉的正常运行；当锅炉燃用燃烧稳定性较差的煤种时，有条件采用热风送粉；而且磨煤机又可以经常在经济负荷下运行。

三、制粉设备

制粉设备主要包括磨煤机、粗粉分离器、细粉分离器、给煤机和给粉机。

1. 磨煤机

磨煤机是制粉系统的主要设备，称为制粉主设备。磨煤机磨制煤粉的过程是利用其工作部件对煤施加机械力作用，即撞击、挤压和碾磨等综合作用，将煤块不断破碎的过程。煤被磨得越细，则其总的表面积越大，固定碳与氧的接触机会也就越多，因而越有利于迅速燃烬。

按磨煤部件的工作转速不同，电厂用磨煤机分为以下 3 种：

(1) 低速磨煤机：转速为 $15 \sim 25 \mathrm{r/min}$，常用的是筒式磨煤机。

(2) 中速磨煤机：转速为 $50 \sim 300 \mathrm{r/min}$，中速平盘磨煤机，碗式磨煤机。

(3) 高速磨煤机：转速为 $600 \sim 1500 \mathrm{r/min}$，风扇式磨煤机。

低速筒式钢球磨煤机是我国电厂中最常见的一种磨煤设备。它的结构如图 7-4 所示。它的主体是一个直径为 $2 \sim 4\mathrm{m}$、长度为 $3 \sim 10\mathrm{m}$ 的圆柱形转筒。筒内装有直径为 $30 \sim 60\mathrm{mm}$ 的钢球 $10 \sim 100\mathrm{t}$，约占筒体体积的 $20\% \sim 24\%$。原煤和热风由筒体一端的空心轴径引入，气粉混合物由另一端空心轴径引出。整个筒体由电动机通过减速机拖动旋转，在离心力和摩擦力的作用下，护甲将煤及钢球提升到一定高度，借重力自由落下，将煤击碎。所以说球磨机主要靠撞击作用磨制煤粉的，同时还受到挤压、碾磨作用。

低速球磨机的优点是工作可靠，产量大，对各种煤种具有良好的适应性，缺点是设备庞大而笨重，金属耗量、噪声都比较大，在低负荷下的拖动功率明显减少，因此多半用于中间仓储式制粉系统。

图 7-5 为中速平盘磨煤机结构示意图。

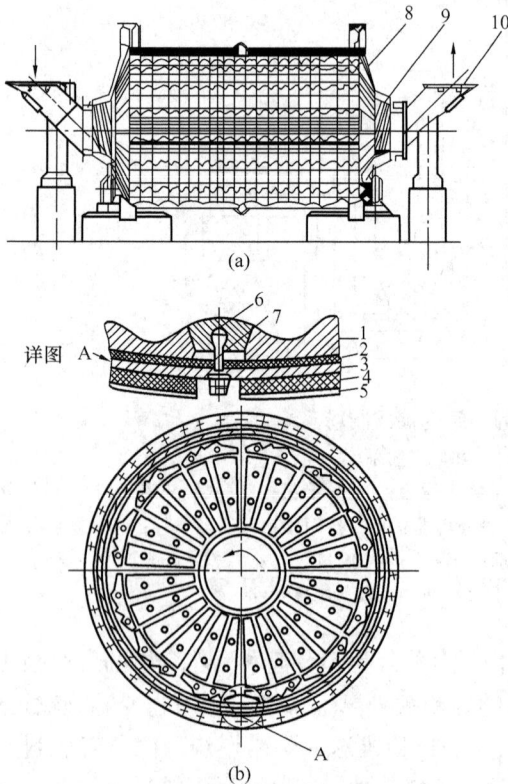

图 7-4　筒式钢球磨煤机剖面图
(a) 筒体；(b) 端面

1—波浪型护甲；2—绝热石棉垫层；3—筒身；4—隔音毛毡层；5—钢板外壳；6—楔形块；7—螺栓；8—封头；9—空心轴径；10—短管

图 7-6 所示为碗式磨煤机结构示意图，它们具有相同的工作原理和基本结构，自上而下分为 4 个部分：驱动装置，研磨部件、干燥分离空间及煤粉分离和分配装置。

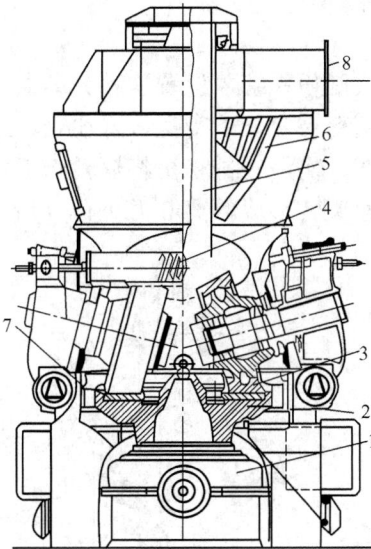

图 7-5 中速磨煤机结构

1—减速器；2—磨盘；3—磨辊；4—加压
弹簧；5—下煤管；6—分离器；7—风环；
8—气粉混合物出口管

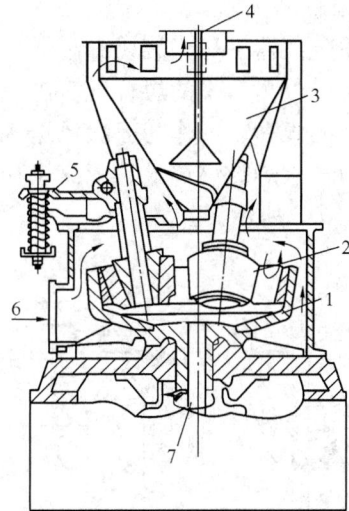

图 7-6 碗式磨煤机结构

1—碗形磨盘；2—磨辊；3—粗粉分离
器；4—气粉混合物出口；5—加压弹簧；
6—热风进口；7—驱动轴

工作过程是：原煤经落煤管落在两组相对运动的碾磨部件表面间，在压紧力作用下被挤压和碾磨而破碎，磨成的煤粉在碾磨件旋转产生的离心力作用下被甩至四周。作为干燥剂的热空气经风环进入磨煤机，对煤粉进行干燥，并将其带入碾磨区上部的分离器中经分离后，粗粉返回碾磨盘碾磨，合格的煤粉被干燥剂携带经煤粉管路送至燃烧器，混入原煤中难以磨碎的杂物落入杂物箱。

中速磨煤机具有结构紧凑、体积小、质量轻、占地少、金属消耗量小、投资低、电耗低、噪声小、煤粉均匀性好等优点，但是结构较复杂，需严格地定期检修，对煤种有一定地选择性。

2. 粗粉分离器

粗粉分离器的作用是调节煤粉细度，并将不合格的粗粉分离出来，送回磨煤机重新磨制。

图 7-7 所示为一个离心式粗粉分离器示意图。它由内锥、外锥、折向挡板、出口调节筒、回粉管、进口管和出口管等组成。

煤粉气流从下部的进口管向上引入，经过内外锥之间环形通道时，因通流截面积的扩大而流速降低，少部分粗粉进行重力分离；在上部转弯进入内锥时又有少部分粗粉作惯性分离，然后经折向挡板切向进入内锥作旋转运动，大部分粗粉受离心力作用而被分离出来。合格的细粉被气流从出口管带出，粗粉从回粉管回到磨煤机重新磨制。调节折向挡板开度可以改变煤粉气流的旋流强度，从而可以改变煤粉细度。出口调节筒可以上下移动，它的位置高低对煤粉细度也有影响。

实际运行过程中，发现原型粗粉分离器内锥回粉管中带有一定量的细粉，因此将内锥下部改装锁气器，当煤粉从锁气器与内锥下部圆筒的环形缝隙流出时，其中的细粉会被进口管来的气流带到上部，就不会造成细粉进入磨煤机的现象。

3. 细粉分离器

细粉分离器又称为旋风分离器，只有在中间仓储式制粉系统才设置这种分离器。它的作用是将粗粉分离器来的煤粉气流进行风粉分离，合格细粉被收集下来送入煤粉仓，乏气携带10%左右的煤粉，或作为三次风送入炉膛燃烧，或用作一次风经排粉机将煤粉仓下给粉机给出的煤粉送入炉膛燃烧。它依靠煤粉气流在筒体内高速旋转形成的离心力进行分离。细粉分离器如图 7-8 所示。

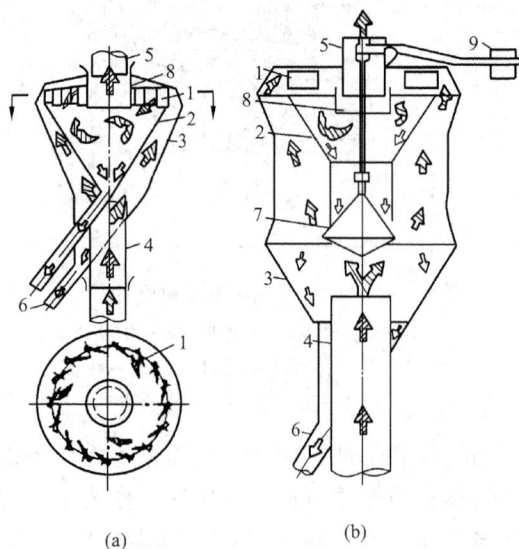

图 7-7 离心式粗粉分离器

（a）原型；（b）改进型

1—折向挡板；2—内锥；3—外锥；4—进口管；
5—出口管；6—回粉管；7—锁气器；8—出口调节筒；
9—平衡重锤

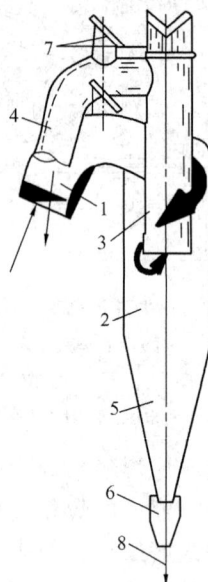

图 7-8 细粉分离器

1—气粉混合物入口管；2—分离器筒体；3—内套筒；
4—干燥剂出口管；5—分离器筒体圆锥部分；6—煤粉
小斗；7—防爆门；8—煤粉出口

4. 给煤机

给煤机装在原煤仓下面，其任务是根据磨煤机的需要调节给煤量，并把原煤仓中的原煤均匀地送入磨煤机。图 7-9 为电厂常用的刮板式给煤机结构示意图。

煤由进煤管落到上台板上，利用装在链条上的刮板移动，将煤带到左边，经落煤通道落到下台板上；在下台板上，刮板又将煤带到右边，经出煤管送到磨煤机。

5. 给粉机

给粉机的作用是根据锅炉负荷所需要的煤粉量，把煤粉仓中的煤粉均匀地送入一次风管中。常用的给粉机是叶轮式，其结构如图 7-10 所示。

当电动机经减速器带动给粉机主轴转动时，固定在轴上的上下叶轮也同时转动，煤粉仓下落的煤粉首先送到上叶轮右侧，转动的上叶轮将煤粉拨送到下叶轮右侧的出口，落入一次风管中。

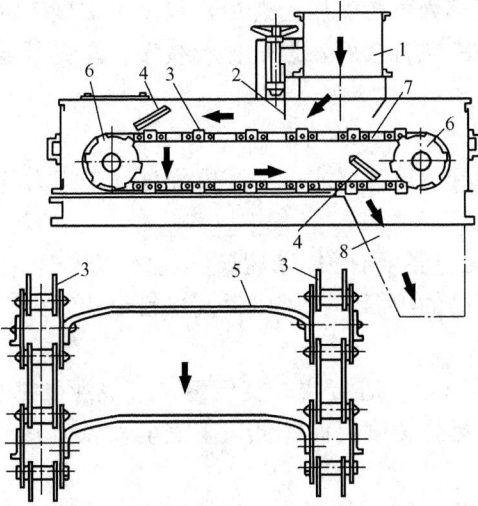

图 7-9　刮板式给煤机结构

1—进煤管；2—煤层厚度调节板；3—链条；4—导向
板；5—刮板；6—链轮；7—上台板；8—出煤管

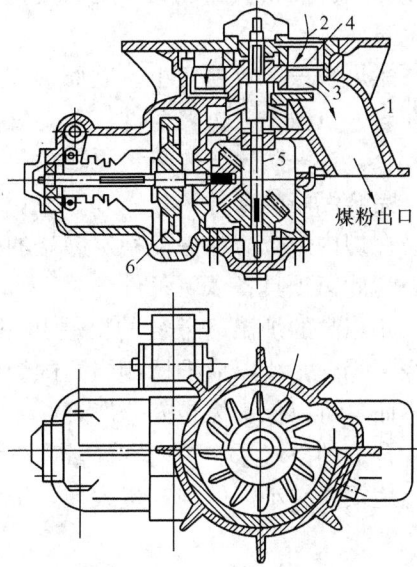

图 7-10　叶轮式给粉机

1—外壳；2—上叶轮；3—下叶轮；4—固定盘；
5—轴；6—减速器

第四节　燃烧的基本原理

一、燃烧的概念

　　燃料的燃烧是指燃料中的可燃物质与空气中的氧发生强烈的化学反应，并放出大量热量的过程，反应生成的物质称为燃烧产物。燃烧有完全燃烧与不完全燃烧之分。燃料中的可燃成分在燃烧后全部生成不能再进行氧化的燃烧产物，如 CO_2、SO_2、H_2O 等，这叫做完全燃烧。燃料中的可燃成分在燃烧过程中有一部分没有参与燃烧，或虽已进行燃烧，但生成的燃烧产物（烟气）中还存在可燃气体，如 CO、H_2、CH_4 等，这种情况叫做不完全燃烧。

　　例如，C 在完全燃烧时生成 CO_2，可放出 32886kJ/kg 的热量，而在不完全燃烧时，生成 CO，仅能放出 9270kJ/kg 的热量。这样就有 23596kJ/kg 的热量白白地浪费了。如果 C 没有燃烧，以致使燃烧生成的飞灰和炉渣中含有大量的 C，其热损失就更大。

　　总之，为了减少不完全燃烧热损失，提高锅炉热效率，应尽量使燃料燃烧达到完全程度。

二、燃烧过程

　　煤粉在燃烧室内的燃烧过程是一个相当复杂的物理化学过程，这一过程大致可分为 3 个阶段。

　　（1）着火前的预热阶段。在此阶段内，煤粉受热后水分首先蒸发，接着干燥的煤粉进行热分解析出挥发分。显然，这是一个吸热过程，挥发分析出的数量和成分决定于煤的特性、加热温度与速度。

　　（2）燃烧阶段。当温度升高到一定值时，煤粉表面的挥发分首先着火燃烧，燃烧放热对煤粉直接加热。煤粉被加热到一定温度并有氧补充到其表面时，煤粉首先局部着火，然后扩展到整个表面。

（3）燃烬阶段。煤粒变小，表面形成灰壳，大部分可燃物质已燃尽，只剩少量残碳继续燃烧。在这一阶段中，供氧条件较差，燃料与氧气的混合较弱，燃烧比较缓慢，燃烬所需要的时间较长，这一阶段的放热量也较少。

三、完全燃烧的条件

煤粉在炉内燃烧应在保证稳定燃烧的基础上做到既迅速又安全，才能保证锅炉出力和锅炉效率，为此必须具备以下条件。

（1）相当高的炉温。燃烧的快慢和完全程度均与温度有关，炉温过低会使燃烧速度降低，燃烧不完全，所以应维持相当高的炉温。相当高的炉温不仅可以促使煤粉很快着火，迅速燃烧，而且可以保证煤粉充分燃烬。

（2）合适的空气量。炉内空气量太少，燃烧不完全。适当增加空气量，燃烧速度加快，不完全燃烧损失减小。但空气量太多，炉温下降，燃烧速度反而降低，不完全燃烧损失相应增大。

（3）燃料与空气良好的混合。供应炉内的空气量足够，若空气中的氧不能及时补充到碳粒表面，并保证每个氧分子与可燃物分子接触，则仍不能实现完全燃烧。因此，一般常采用提高气流相对速度或减小煤粒直径，增强气流的紊流扩散来达到良好强烈的混合。

（4）足够的炉内停留时间。每种燃料在一定条件下完全燃烧都需要一定的时间，对一定的燃烧设备，燃料在炉内停留时间也是一定的。只有燃料在炉内停留时间大于燃料完全燃烧所需时间，才能保证燃料在炉内燃烧完全。不难看出，若具备良好燃烧的前 3 个条件，则燃料完全燃烧所需时间缩短，为实现第四个条件提供了保证。

四、燃料燃烧的空气需要量

锅炉内燃料的燃烧需要大量的氧气，要保证完全而又良好的燃烧，必须提供合理的氧气量。燃烧所需的氧气取自于空气。

1. 理论空气需要量 V^0

单位数量的燃料［固体及液体用千克（kg）计，气体燃料用标准立方米（m³）计］完全燃烧时所需要的最小空气量称为理论空气量。单位为标准立方米每千克（m³/kg），在此情况下空气中的氧全部与燃料中的可燃元素化合，烟气中没有自由氧存在，即 1kg 燃料中的可燃成分 $C_{ar}/100kg$、$H_{ar}/100kg$、$S_{ar}/100kg$ 完全燃烧时所需空气量之和。

2. 实际空气需要量与过量空气系数

燃料要在炉内达到完全燃烧，减少燃料的不完全燃烧热损失，实际供给燃料的空气量要比理论空气量多，我们将实际供到炉内的空气量称为实际空气需要量，用 V^k 表示。

实际空气需要量与理论空气需要量的比值称为过量空气系数，用 α 表示：

$$\alpha = \frac{V^k}{V^0}$$

式中：α 为过量空气系数；V^k 为实际空气需要量；V^0 为理论空气需要量。

过量空气系数由实验测定，正在运行中的锅炉一般测定炉膛出口处的过量空气系数 α_L。煤粉炉的 α_L 一般取 1.15～1.25。它的最佳值与燃料种类、燃烧方式以及燃烧设备的完善程度等有关。

第五节　锅炉机组热平衡

一、热平衡概念

从能量平衡的观点出发，锅炉在正常工作时，输入锅炉的热量与从锅炉输出的热量相平衡，这就是锅炉的热平衡。输入锅炉的热量一般可以简单地认为就是燃料燃烧所放出的热量，从锅炉输出的热量可以分为两部分：一部分是使水变成过热蒸汽所吸收的热量，这部分热量通常称为锅炉的有效利用热量；另一部分就是锅炉在生产中由于各种原因不可避免地要损失掉的热量。

如果把燃料燃烧所放出的热量（即输入锅炉的热量）看做是100%，锅炉有效利用热量和各项热损失加起来同样是100%，这样就可以建立起以百分数表示的锅炉热平衡方程式

$$q_1 + q_2 + q_3 + q_4 + q_5 + q_6 = 100\% \tag{7-8}$$

式中：q_1 为有效利用热量占输入热量的百分数，%；q_2 为排烟热损失占输入热量的百分数，%；q_3 为气体未完全燃烧热损失占输入热量的百分数，%；q_4 为固体未完全燃烧热损失占输入热量的百分数，%；q_5 为锅炉炉体的散热损失占输入热量的百分数，%；q_6 为灰渣物理热损失占输入热量的百分数，%。

研究热平衡的目的就在于弄清楚燃料中热量有多少被有效利用，有多少损失掉了以及损失到哪些方面去了，以便寻求提高锅炉热经济性的各种途径。

1. 排烟热损失 q_2

排烟热损失是由于烟气在离开锅炉的最后受热面时，还具有相当高的温度带走一部分锅炉的热量而造成的热量损失。排烟热损失是锅炉各项热损失中最大的一项，大、中型锅炉为4%～8%。

影响排烟热损失的主要因素是排烟体积和排烟温度。排烟体积大、排烟温度高则排烟热损失大。在一般情况下，当排烟温度升高10～15℃时，排烟热损失约增加1%。

降低排烟温度可以降低排烟热损失。但是将排烟温度降得过低是不合理的，也是不允许的。因为降低排烟温度，势必增加锅炉尾部受热面，不但增加钢材耗量，同时增加了排烟侧的流动阻力，运行中要多耗电能。另外，为减轻尾部受热面的低温腐蚀，特别是当燃用含硫量较大的燃料时，排烟温度应高些。所以，合理的排烟温度应通过技术经济比较来确定。对于近代大中型锅炉，排烟温度通常为110～160℃。

降低炉内过量空气系数可以减少排烟体积，使排烟热损失减少。但过量空气系数过低，又会增大气体未完全燃烧热损失和固体未完全燃烧热损失，所以最合理的过量空气系数应按排烟热损失、气体未完全燃烧热损失和固体未完全燃烧热损失之和为最小值的原则来选取。

运行中，漏风会使排烟体积增大并使漏风处以后受热面的传热减弱，炉膛下部的漏风还会使排烟温度升高，增加排烟热损失。因此应尽量减少炉膛及烟道各部的漏风以减少排烟热损失。

当受热面积灰、结渣和结垢时，会使传热减弱、排烟温度升高，造成排烟热损失增大。因此，应及时吹灰、打焦和清除结垢，保持受热面内外清洁，降低排烟热损失。

2. 气体未完全燃烧热损失 q_3

因烟气中含有可燃气体。气体未完全燃烧热损失等于烟气中所有可燃气体的发热量之

和，由于氢气和甲烷含量极少，所以只考虑烟气中的一氧化碳含量。

影响气体未完全燃烧热损失大小的主要因素有过量空气系数、挥发分含量、炉膛温度及炉内空气动力工况等。

当燃料的挥发分多时，如果过量空气系数过小，燃烧因氧气不足而使气体未完全燃烧热损失增大，但过量空气系数过大，又会降低炉膛温度，而且由于 CO 在低于 $800 \sim 900℃$ 时很难燃烧，所以也会使气体未完全燃烧热损失增大。

炉内空气动力工况关系到可燃气体是否能得到充足的氧，因而也影响到气体未完全燃烧热损失的大小，炉内空气动力工况除了与炉膛结构和喷燃器型式及布置方式有关外，还与运行工况及操作水平有关。

在运行中，保持适当的过量空气系数和较高的炉内温度以及稳定的负荷，并组织好炉内空气动力工况，使燃料与空气实现充分的混合，会减少气体未完全燃烧热损失。

3. 固体未完全燃烧热损失 q_4

灰中含有未燃烬的残碳造成该项热损失。

对于运行中的煤粉炉，通常采用灰平衡法，即根据每小时的飞灰量、炉渣量以及飞灰和炉渣中残留的可燃物含量百分数来计算大小。

影响固体未完全燃烧热损失的主要因素有燃烧方式、燃料性质、炉膛结构、锅炉负压以及运行工况、操作水平等。

燃料中的灰分越少，挥发分越多，煤粉越细，固体未完全燃烧热损失就越小。炉膛结构及喷燃器布置合理，使煤粉在炉内有充足的停留时间和良好的空气动力条件，锅炉负荷及运行工况稳定，操作人员进行正确的运行调节，保持适当的过量空气系数，火焰中心位置正确并充满整个炉膛，则固体未完全燃烧热损失就小。

4. 散热损失 q_5

锅炉散热损失是锅炉在运行中，由于锅炉联箱、炉墙、金属结构以及各类管道的温度均高于周围环境温度，向周围环境散热所造成的热量损失。

影响散热损失的主要因素有锅炉容量及炉体的外表面积、水冷壁与炉墙结构、周围空气的温度、空气流动状况和锅炉负荷变化等。

一般来说，锅炉容量越大，外表面积也越大，散热损失绝对值就越大。但按散热损失的百分数来说，当锅炉容量增大时，燃料消耗量大致成正比例增大，而锅炉的外表面积和炉膛温度并不随锅炉容量的增大成正比例的增加。这样，对应于单位蒸发量（或单位燃料消耗量）的外表面积是减少的，所以，锅炉容量越大，散热损失就越小。

若水冷壁与炉墙结构严密紧凑，保温良好，锅炉周围空气温度高及流动缓慢，则散热损失小。

5. 灰渣物理热损失 q_6

锅炉燃用固体燃料时，从锅炉排出的灰和渣还具有相当高的温度，因为炉渣、飞灰以及沉降灰排出锅炉造成的热量损失称为灰渣物理热损失。

影响灰渣物理热损失的因素有燃料中的灰分含量、炉渣占总灰分的份额和排渣方式等，主要取决于排渣量和排渣温度。

排渣量与燃烧方式有关：一般悬浮燃烧的排渣量较小，其他燃烧方式较大；悬浮燃烧的排渣量与排渣方式有关：固态排渣的渣量较小，液态排渣的渣量较大。

排渣温度与排渣方式有关。显然，固态排渣锅炉的排渣温度低，灰渣物理热损失较小，而液态排渣锅炉的排渣温度较高，灰渣物理热损失较大，必须予以考虑。

二、计算锅炉热效率的正、反平衡法

1. 锅炉热效率

所谓锅炉热效率，就是锅炉的有效利用热量占输入锅炉热量的百分数。所以，锅炉热效率为

$$\eta_{gl} = q_1 = \frac{Q_1}{Q_r} \times 100\% \tag{7-9}$$

式中：Q_1 为有效利用热量，kJ/kg；Q_r 为输入锅炉的热量，kJ/kg。

由式（7-8）和式（7-9）可得

$$\eta_{gl} = q_1 = 100 - (q_2 + q_3 + q_4 + q_5 + q_6) \tag{7-10}$$

用式（7-9）计算锅炉热效率的方法通常被称为正平衡法，或叫正平衡热效率；用式（7-10）所计算的锅炉热效率称为反平衡法，或叫反平衡热效率。目前发电厂常用反平衡法计算锅炉的热效率，因为用正平衡法计算热效率时手续比较麻烦，所得出的结果往往有较大的误差，用反平衡法计算热效率时比较方便和准确。另外，在用反平衡法计算热效率时，必须先求出各项热损失的大小，这有利于对各项热损失进行分析，以便找出减少这些热损失的措施，提高锅炉的热效率。

随着我国研制的原煤计量设备和入炉煤的测量方法在不断完善，大容量锅炉准确计量日趋成熟，因此大型电厂开始采用正平衡法求锅炉热效率。

2. 输入锅炉的热量及有效利用热量

对应于 1kg 燃料输入锅炉的热量包括燃料应用基低位发热量，燃料的物理显热，雾化重油所用蒸汽带入的热量。物理显热的数值很小，可以忽略不计，如果不是烧油的锅炉，一般情况下输入锅炉的热量就可以视为燃料的应用基低位发热量，即

$$Q_r \approx Q_{ar.net} \tag{7-11}$$

锅炉有效利用热量包括过热蒸汽吸收的热量、饱和蒸汽吸收的热量以及排污水带走的热量。当排污率小于 2% 时，排污水带走的热量很少，可忽略不计，对于 1kg 燃料的锅炉有效利用热量可用式（7-12）计算：

$$Q_1 = D_{gq}(h''_{gq} - h_{gs}) \tag{7-12}$$

式中：D_{gq} 为过热蒸汽流量，kg/h；h''_{gq} 为过热器出口过热蒸汽焓，kJ/kg；h_{gs} 为锅炉给水的焓，kJ/kg。

三、燃料消耗量

1. 实际燃料消耗量

实际燃料消耗量是指单位时间内锅炉实际耗用的燃料量，用 B 表示。

$$B = \frac{D_{gq}(h''_{gq} - h_{gs})}{Q_r \eta_{gl}} \times 100 \tag{7-13}$$

2. 计算燃料消耗量

B 一般称为锅炉的实际燃料消耗量，即在单位时间内必须送入锅炉的燃料量。因此，在燃料运输系统和制粉系统的计算时，应按实际燃料消耗量进行计算。但是，在锅炉运行中由于机械未完全燃烧热损失的存在，1kg 入炉燃料只有 $(1 - q_4/100)$ kg 的燃料参加燃烧反应，

因而实际燃烧所需的空气量及生成的烟气量均相应减少。为此，在进行锅炉燃烧计算和通风计算时（如计算空气需要量、烟气体积、烟气焓以及空气和烟气的流速等），应扣除机械未完全燃烧热损失后的燃料消耗量，即计算燃料消耗量 B_j：

$$B_j = B\left(1 - \frac{q_4}{100}\right) \tag{7-14}$$

第六节　燃　烧　设　备

煤粉锅炉的燃烧设备包括煤粉燃烧器、点火装置和燃烧室（炉膛）。

一、燃烧器

煤粉燃烧器也称喷燃器，煤粉和煤粉燃烧所需要的空气是通过煤粉燃烧器送入炉膛的，因此它是煤粉炉燃烧设备的重要组成部分。其作用是：将煤粉气流合理送入炉膛，并组织良好的气流结构，使煤粉迅速稳定地着火；及时供应空气，使燃料和空气充分混合，以达到煤粉在炉内迅速和完全燃烧。燃烧器的结构和性能对燃料燃烧的稳定性和经济性有很大影响。

对燃烧器的基本要求如下：

（1）组织良好的炉内空气动力场，使燃料及时着火和迅速完全燃烧，保证燃烧的稳定性和经济性。

（2）良好的煤种适应性、良好的调节性能和较大的调节范围，以适应不同煤种和不同的锅炉负荷。

（3）减小 SO_x、NO_x、灰尘等有害物的生成和排放，满足环境保护的要求。

（4）运行可靠，不易烧坏和磨损，便于维修和更换部件。

（5）易于实现远程或自动控制等。

煤粉燃烧器的型式很多。根据燃烧器出口气流特征，煤粉燃烧器可分为直流燃烧器和旋流燃烧器两大类。出口气流为直流射流或直流射流组合的燃烧器称直流燃烧器；出口气流为旋转射流或旋流射流和直流射流组合的燃烧器称旋流燃烧器，即旋流燃烧器的出口气流可以是几个同轴旋转射流的组合，也可以是旋转射流和直流射流的组合。

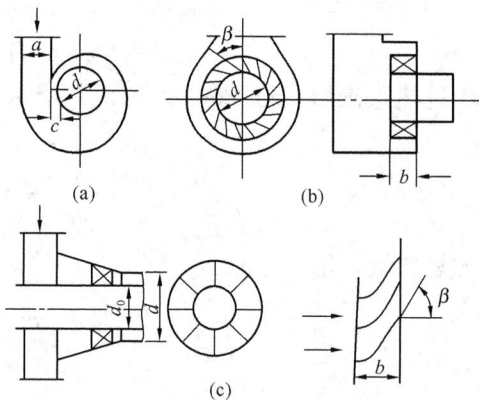

图 7-11　旋流器示意图
(a) 蜗壳式旋流器；(b) 切向叶片旋流器；
(c) 轴向叶片旋流器

1. 旋流燃烧器

旋流燃烧器是利用旋流器使气流产生旋转运动的，旋流器主要有以下几种：蜗壳，轴向叶片及切向叶片等，如图 7-11 所示。蜗壳式结构简单，性能较差，多用于中小型的老电厂，轴向叶片及切向叶片式性能优良，在大型电厂中广泛采用。

（1）轴向叶片型旋流煤粉燃烧器。

利用轴向叶片使气流产生旋转的燃烧器称为轴向叶片型旋流燃烧器（如图 7-12 所示）。该燃烧器一次风气流为直流或靠舌形挡板产生弱旋流，二次风气流则通过叶片旋流器产生旋转。轴向叶轮可在轴向移动，二次风通道是一环锥形套

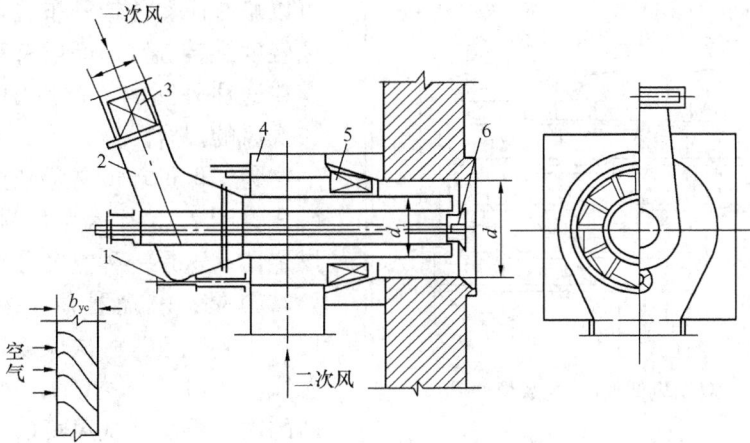

图 7-12 轴向可动叶片型旋流燃烧器
1—拉杆；2——次风管次风口；3——次风舌形挡板；4—二次风管；5—二次风叶轮；6—油喷嘴

筒，内装一个环形可动叶轮，叶轮上装有拉杆，移动拉杆可调节叶轮在二次风道的位置。当拉杆向外拉时，叶轮向外移动，叶轮和二次风的圆锥形通道间便出现环形缝隙，通过这个缝隙的二次风不旋转，是直流二次风。通过叶轮叶片的二次风产生旋转，是旋流二次风，二次风总的旋转强度就随直流二次风和旋流二次风比例的变化而变化。因此通过改变叶轮的位置，就可以调节二次风的旋转强度，调节灵活，调节性能较好，燃烧器出口处的气流和煤粉分布也较均匀。因此适合于易着火的高挥发分煤，一般主要用来燃用 $V_{daf} \geqslant 25\%$、收到基低位发热量 $Q_{ar,net} = 16800 kJ/kg$ 的烟煤和褐煤。

（2）切向叶片型旋流煤粉燃烧器。

切向叶片型旋流煤粉燃烧器的结构如图 7-13 所示。一次风气流为直流或弱旋转射流，二次风气流为旋流，它的旋转通过切向叶片旋流器产生。

一次风可以是直流，但是为稳定着火和燃烧，在一次风出口处形成回流区，就在一次风出口中心装设一个多层盘式稳焰器，稳焰器的锥角为 75°，气流通过时就在其后形成中心回流区，如图 7-14 所示。为固定各层锥心圈，每隔 120°装置一片固定板，相邻锥形圈的定位板

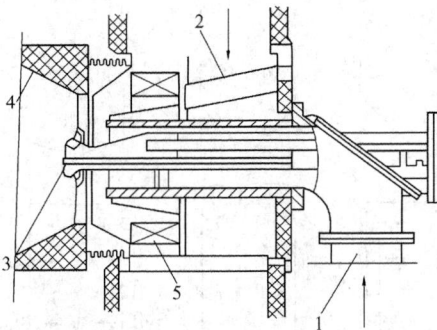

图 7-13 切向叶片型旋流煤粉燃烧器
1——次风；2—二次风；3—点火器；4—喷口；
5—切向叶片

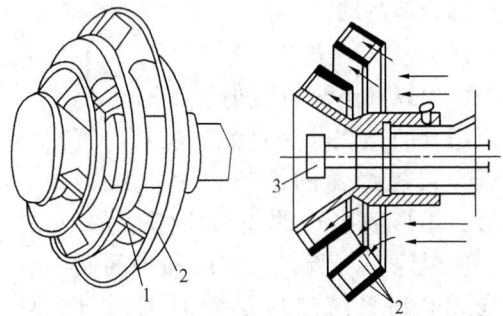

图 7-14 稳焰器
1—定位板（每隔 120°装置一片，相邻锥形圈的
定位板错开布置）；2—锥形圈；3—油喷嘴

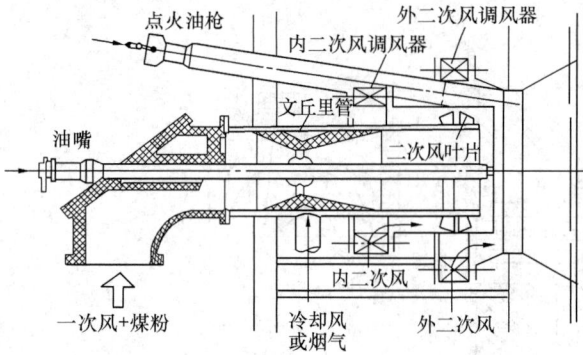

图 7-15　双调风低 NO_x 粉煤燃烧器

可以略有倾斜并错开布置，使通过的一次风轻度旋转。锥形圈还有利于将已着火的煤粉送往外圈的二次风中去，以加速一、二次风的混合。

为了保护环境必须减少燃烧污染物的生成，图 7-15 所示为双调风低 NO_x 煤粉燃烧器。这是一种空气分级燃烧器，其主要特点是：燃烧器有 3 个同心的环形喷口，中心一个为一次风喷口，一次风量占总风量的 $15\%\sim20\%$；外面就是双调风器的内、外层二次风喷口，即二次风分为内二次风和外二次风两部分，内二次风风量占总风量的 $35\%\sim45\%$，外二次风占总风量的 $55\%\sim65\%$。外二次风所占比例较大，因而可以把燃烧中心由富燃料燃烧形成的还原性气氛与炉墙水冷壁分隔开来，以防止结渣或腐蚀。

该燃烧器的一次风煤粉混合物为不旋转的直流射流，在燃烧器出口处一次风与内二次风混合，形成富燃料（低氧）着火燃烧区。外二次风的旋流强度较低，使燃烧过程推后并降低了火焰温度，从而抑制了热力型 NO_x 的生成。根据对火焰温度的测量结果，采用该双调风燃烧器分级燃烧后，在距喷口 1.2m 处的火焰温度由约 1600℃ 降低到了 1400℃ 左右。此外，在一次风喷口周围还有一股冷空气或烟气，它对抑制在挥发分析出和着火阶段 NO_x 的生成也起着较大作用。在燃烧器周围还布置有二级燃烧空气喷口，以维持炉内过量空气系数为 1.2 左右，从而使煤粉尽可能完全燃烧。运行结果表明，单独使用这种燃烧器时可使烟气中 NO_x 排放浓度降低 39%；如果与炉膛分级燃烧同时使用，可使 NO_x 的排放值降低 63%。正因为如此，所以称之为双调风低 NO_x 煤粉燃烧器。

双调风燃烧器的主要特点是空气分级送入，分别形成低氧燃烧区和低温燃烧区，从而有效地控制 NO_x 的生成。此外，燃烧器的调节灵活，有利于着火和燃烧，对煤质也有较宽的适应范围。

旋流燃烧器的布置方式如图 7-16 所示，它可以布置在前墙、前后墙或两侧墙。

2. 直流燃烧器

出口气流为直流射流或直流射流组合的燃烧器为直流燃烧器。直流煤粉燃烧器的出口是由一组圆形、矩形或多边的喷口所组成的。一次风煤粉气流、二次风和中间储仓式制粉系统热风送粉时的乏气（三次风）均分别由不同喷口以直流射流的形式喷入炉膛。燃烧器喷口之间保持一定距离，以满足煤粉

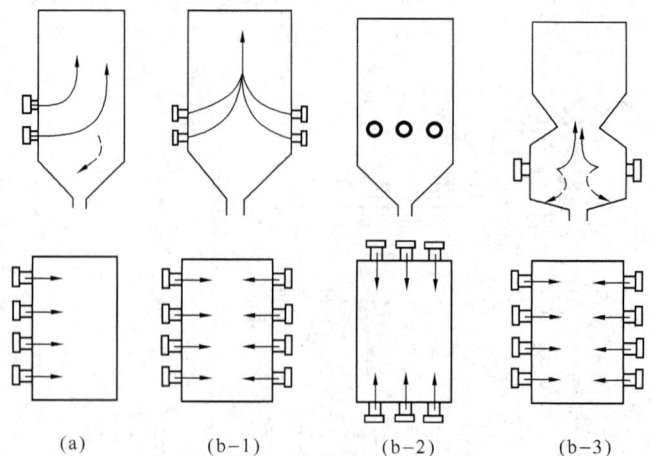

图 7-16　旋流燃烧器的布置方式
(a) 前墙布置；(b-1)、(b-2)、(b-3) 两面墙对冲或交错布置

稳定着火和燃烧的需要，高度方向上整个燃烧器呈狭长形。喷口射出的直流射流多为水平方向，也有的向上或向下倾斜一定角度。在国内，直流燃烧器常采用可摆动式的，锅炉运行时可上、下摆动 $20°\sim25°$ 的角度，主要用于调节再热汽温。

煤粉炉燃用不同煤种，就要求一、二次风的混合时机不同。因此，根据一、二次风喷口的布置情况，直流煤粉燃烧器可分为均等配风和分级配风两种形式：

（1）均等配风直流煤粉燃烧器（如图 7-17 所示）。一、二次风喷口相间布置、间距较近、混合较早的配风方式为均等配风，即在两个一次风喷口之间均等布置一个或两个二次风喷口，或者在每个一次风喷口的背火侧均等布置二次风喷口。

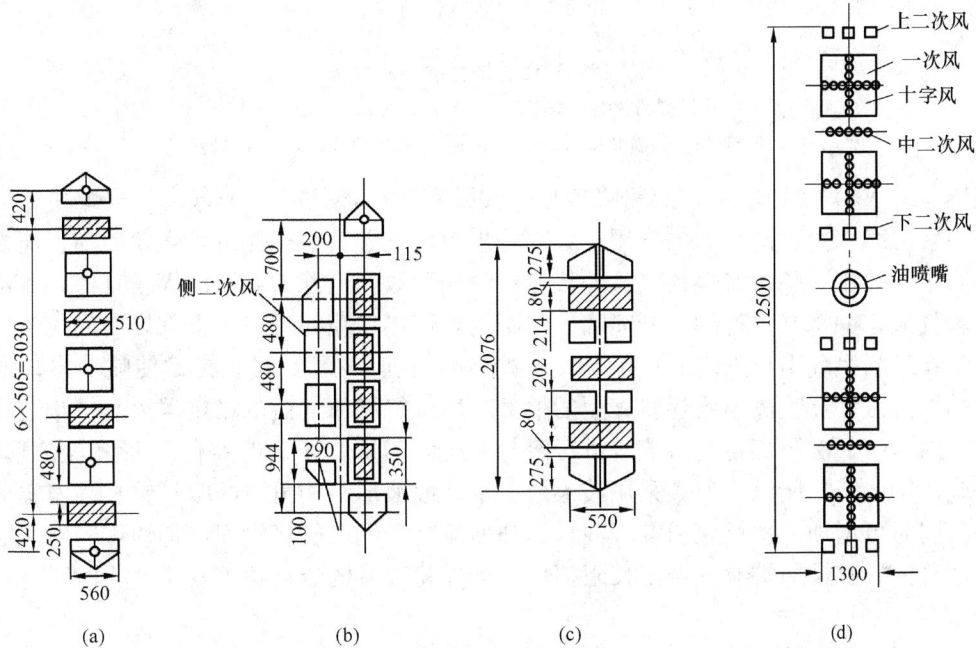

图 7-17　均等配风直流煤粉燃烧器

(a) 适用烟煤；(b) 适用贫煤和烟煤；(c) 适用褐煤；(d) 适用褐煤

在均等配风中，由于一、二次风喷口距离较近，使一、二次风自喷口喷出后能很快得到混合，煤粉气流着火后不至于因空气跟不上而影响燃烧，因此这种配风方式适用于容易着火燃烧的煤种，如烟煤、褐煤。故一般用于燃烧烟煤和褐煤，所以又叫做烟煤—褐煤型直流煤粉燃烧器。

（2）分级配风直流煤粉燃烧器。待一次风煤粉气流着火后，再根据燃烧需要分级分批补充二次风的配风方式称分级配风，即将一次风喷口全部或部分集中布置，以提高着火区温度，而二次风喷口分层布置，且一、二次风喷口保持较大的距离，以便推迟一、二次风的混合，因此，这种配风方式的着火热小、着火条件好，适用于难着火、难燃烧的煤种。燃烧器顶部的喷口一般是三次风喷口。故分级配风直流燃烧器适用于燃烧无烟煤、贫煤和劣质烟煤，所以又叫做无烟煤—贫煤型直流煤粉燃烧器。

美国燃烧工程公司设计的 WR 燃烧器，其全名为直流式宽调节比摆动燃烧器，主要是为提高低挥发分煤的着火稳定性和在低负荷运行时着火、燃烧的稳定性而设计的。这种燃烧器的煤粉喷嘴是一种浓淡分离的高浓度煤粉燃烧器，其结构如图 7-18 所示。

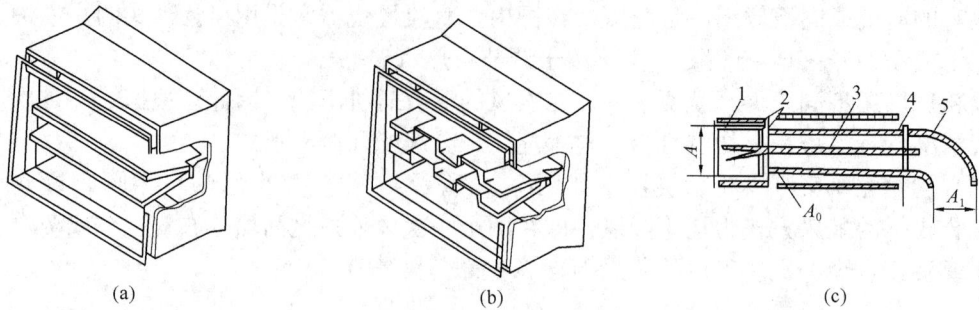

(a)　　　　　　　　　　　(b)　　　　　　　　　　　(c)

图 7-18　WR 燃烧器的煤粉喷嘴

(a) 一次风煤粉喷嘴结构图；(b) V 形扩锥；(c) 波浪形扩锥

1—阻挡块；2—喷嘴头部；3—扩锥；4—水平肋片；5——次风管

从图 7-18（a）可以看出，煤粉喷嘴与一次风道的连接处有一个弯头，当煤粉气流通过这个弯头转弯时，由于离心力的作用，大部分煤粉紧贴着弯头外侧进入煤粉喷嘴，而设置在煤粉喷嘴中间的水平肋片将煤粉气流顺势分成浓淡两股，上部为高浓度煤粉气流，下部为低浓度煤粉气流，并将其保持到离开喷嘴一定距离，使煤粉喷嘴出口处上部煤粉气流中的煤粉浓度大。在煤粉喷嘴出口处装有一个扩锥，扩锥的角度一般为 20°。扩锥使喷嘴出口形成一个稳定的回流区，卷吸高温到煤粉火炬的根部，以维持煤粉气流的稳定着火。扩锥装在煤粉管道内，因为有一次风煤粉气流流过进行冷却，所以不易烧坏。扩锥有 V 形和波浪形两种，如图 7-18（b）、（c）所示，但多采用波浪形扩锥。波浪形结构可以吸收扩锥在高温辐射下的热膨胀，同时可增加一次风煤粉空气混合物和回流高温烟气的接触面，加快煤粉空气混合物的预热和着火。扩锥前端有一个细长阻挡块，当煤粉气流的流动速度发生变化时，有利于回流区的稳定。

实践表明，WR 燃烧器能有效地燃用低挥发分的无烟煤和贫煤，还具有降低 NO_x 排放的作用。

直流燃烧器的布置方式一般为四角布置，如图 7-19 所示。4 个角上的燃烧器的几何轴线与炉膛中央的一个假想圆相切，形成切圆燃烧方式。切圆燃烧的动力特性如图 7-20 所示。从燃烧角度来看，直流燃烧器射出的 4 股气流绕着假想切圆旋转，形成一个高温旋转火球，炉膛中心温度很高，强烈的旋转使炉内温度、氧浓度、可燃物浓度更趋均匀。另外，直流射流射程长，在炉膛烟气中贯穿能力强，从而加强了煤粉气

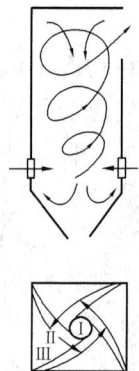

图 7-20　切圆燃烧的动力特性

Ⅰ—无风区；Ⅱ—强风区；Ⅲ—弱风区

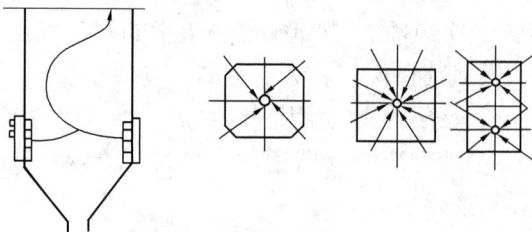

图 7-19　直流燃烧器的布置方式

流、空气、高温烟气三者混合，加速了煤粉气流的燃烧。从燃尽角度来看，由于气流旋转扩散螺旋形上升，改善了火焰在炉内的充满程度，延长了可燃物在炉内停留时间，这对煤粉的燃尽也是有利的。由于切圆燃烧创造了良好的着火、燃烧、燃尽条件，因而对煤种有广泛的适应性，尤其能适应低挥发分煤种的燃烧。

二、点火装置

锅炉点火装置主要是在锅炉机组启动时，用来点燃主燃烧器的煤粉气流。此外，当锅炉低负荷运行或者燃煤质量差、炉膛温度低、危及燃烧稳定，而导致炉内火焰发生脉动甚至有熄火危险时，用来稳定着火和燃烧，因此它同时也是一种辅助燃烧手段。

图 7-21 所示为一个采用电气引燃的高能点火装置，它主要包括高能点火器、点火燃烧器及火焰监测器 3 部分。高能点火器主要由半导体电嘴（火花棒、高铝绝缘陶瓷管、外金属套管组成）、点火变压器、高压电缆线和推进器等组成，点火燃烧器则由油枪、稳焰器、推进器及配风装置组成。

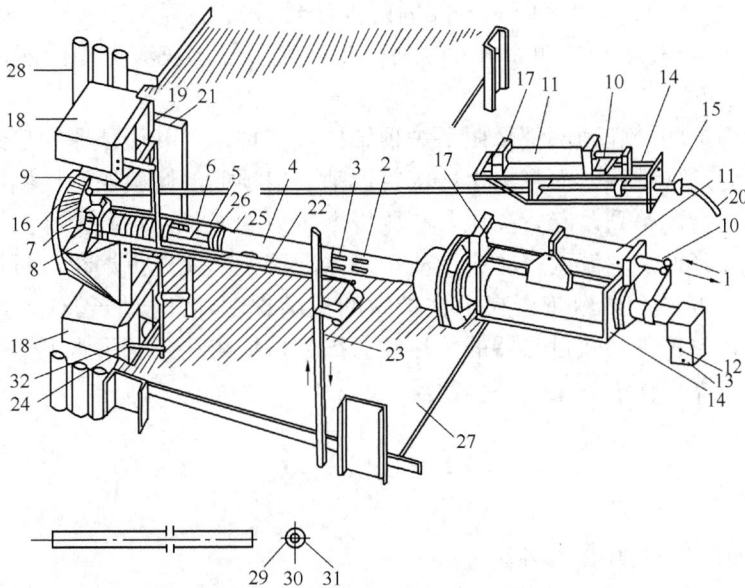

图 7-21　点火装置

1—点火油枪；2—油管；3—蒸汽管；4—油枪导管；5—通油金属软管；6—通蒸汽金属软管；7—油喷嘴；8—点火器；9—配风装置；10—轴；11—气动推进器；12—进气孔；13—进油孔；14—支架；15—高能点火器；16—半导体电嘴头；17—压缩空气孔；18—热风喷嘴；19—热风喷嘴隔板；20—高压电缆线；21—转动连杆；22—摆动连杆；23—传动连杆；24—轴承；25—油枪导管金属软管；26—连杆；27—风箱隔板；28—水冷壁；29—金属管；30—高铝绝缘陶瓷管；31—半导体火花棒；32—固定螺栓

三、燃烧室（炉膛）

炉膛是供煤粉燃烧的空间，也称燃烧室。煤粉的燃烧过程不仅与燃烧器的结构有关，而且在很大程度上也决定于炉膛的结构，决定于燃烧器在炉膛中的布置及所形成的炉内空气动力场的特性。

炉膛既是燃料燃烧的空间，又布置了大量的换热部件。因此炉膛结构应既能保证燃料的完全燃烧，又能使烟气在到达炉膛出口时被冷却到对流受热面不结渣的温度。

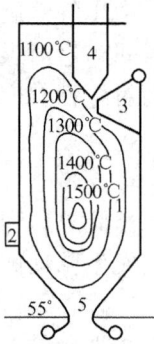

图 7-22　固态排渣
煤粉炉

1—炉膛；2—燃烧器；
3—折焰角；4—屏式过热
器；5—冷灰斗

炉膛的结构和尺寸与煤种、燃烧方式、燃烧器的型式和布置、火焰的形状和行程等很多因素有关。现代煤粉炉的炉壁是一个由炉墙围成的立体空间，其四壁布满水冷壁，常规的煤粉炉炉膛结构示意图如图 7-22 所示。炉膛是由炉墙围成的高大的立方体空间，四周墙上密布水冷壁管。它一般由四层组成：内层为耐火混凝土，中间为保温混凝土，外层为保温板，表层为密封涂料抹面层，其总厚度不超过 200～250mm。

在固态排渣煤粉炉炉膛中煤粉和空气在炉内强烈燃烧，火焰中心温度可达 1500℃ 以上，灰渣处于液态。由于水冷壁的吸热，烟温逐渐降低，炉膛出口处的烟温一般要冷却至 1100℃ 以下，使烟气中的灰渣冷凝成固态，以防止结渣。煤粉燃烧生成的灰渣分为两部分，其中 80%～95% 为飞灰，它们随烟气向上流动，经屏式过热器进入对流烟道；剩下约 5%～20% 的大渣粒或渣块落入冷灰斗。炉底是由前后水冷壁管弯曲而成的倾斜灰斗。为了便于灰渣自动滑落，冷灰斗斜面的水平倾斜角应大于 50°。

现代大容量锅炉的炉膛顶部都采用平炉顶结构，平炉顶可利用顶棚管过热器作骨架，采用敷管炉墙，简化炉顶结构，而且前水冷壁管取消了斜顶棚的倾斜段，使侧墙水冷壁管受热长度相同，水循环情况得到改善。高压及高压以上压力的锅炉，炉膛上部及炉膛出口处还布置屏式过热器，以降低炉内温度，防止结渣。后水冷壁上部变成折焰角，折焰角约为炉膛深度的 20%～30%，折焰角既改善了火焰在炉内的充满程度，又使烟气对屏式过热器的冲刷由斜向改为横向，改善了屏式过热器的传热和磨损。折焰角还延长了水平烟道的长度，便于布置过热器和再热器，使锅炉整体结构紧凑。

思　考　题

1. 详述锅炉在发电厂中的作用。
2. 煤的分类有哪些？煤的成分有哪些？
3. 什么是理论空气量？过量空气系数如何定义？
4. 完全燃烧条件有哪些？
5. 什么是煤粉细度？
6. 简述低速球磨机的结构和工作原理。
7. 比较直吹式与仓储式两类制粉系统的工作特点和运行特点。
8. 制粉系统有哪些主要设备？说明各设备的作用和工作原理。
9. 燃烧设备包括哪些？作用是什么？

第 八 章

锅炉汽水系统及锅炉受热面

第一节 蒸 发 设 备

一、蒸发设备概述

蒸发设备是锅炉本体的重要组成部分。蒸发设备的作用是吸收火焰或烟气的热量，使水蒸发产生饱和蒸汽，并将炉膛出口烟气温度降低到灰熔点以下，防止炉膛出口结渣。自然循环锅炉的蒸发设备包括汽包、下降管、水冷壁、联箱及连接管道等，由它们组成的系统称为蒸发系统，如图8-1所示。

在蒸发设备中，汽包、下降管、联箱等部件都布置在炉外不受热；水冷壁一般布置在炉膛四壁，接受炉膛高温火焰的辐射。蒸发系统的工作流程是：从省煤器来的给水先进入汽包1，经下降管2汇集到下联箱4，分配后送入水冷壁5，水在水冷壁内吸收热量，部分蒸发成饱和蒸汽，形成汽水混合物，再在上联箱6汇合后，经引出管7回到汽包进行汽水分离。分离出来的饱和蒸汽从饱和蒸汽引出管送到过热器继续加热；分离出来的水再进入下降管。这样，由汽包、下降管、水冷壁、联箱及连接管道等所组成的闭合回路称为水循环回路。锅水在水循环回路中的循环流动称为水循环。

二、汽包

汽包是锅炉重要部件之一。现代电厂锅炉只有一个汽包，横置于炉外顶部，不受火焰和烟气的加热，并施以绝热保温。

1. 汽包的作用

(1) 汽包接受省煤器来的给水；汽包与下降管、水冷壁等连接组成蒸发系统，并向过热器输送饱和蒸汽。因此汽包是加热、蒸发、过热3个过程的连接枢纽和大致分界点。

(2) 汽包中存有一定量的汽、水，因而具有一定的储热能力。在负荷变化或热负荷变化时，能起到蓄热器的作用，可以缓解汽压变化的速度，对锅炉运行调节很有利。

所谓储热能力，是指锅炉负荷突变或燃烧工况突变时，锅炉工质、受热面及炉墙所吸收或放出热量，产生附加蒸汽量的能力。例如，外界负荷突然增大时，锅炉汽压降低，汽包中锅水的饱和温度也相应降低，与蒸发系统相连的金属壁、炉墙及锅炉构架的温度也相应降低，它们将放出蓄热加热锅水，产生附加蒸汽，弥补了部分蒸汽的不足，从而减缓了汽压下降的速度。相反，当锅炉负荷降低时，汽压升高，锅水、金属壁、炉墙及构架等会吸收热量，部分蒸汽凝结，使汽压升高速度减慢。

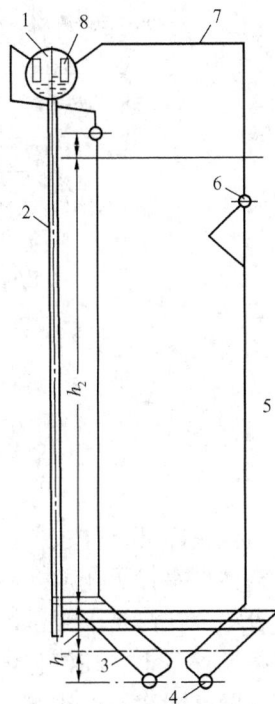

图 8-1 自然循环锅炉
蒸发系统

1—汽包；2—下降管；3—分配水管；4—下联箱；5—上升管；6—上联箱；7—汽水混合物引出管；8—旋风分离器

（3）汽包的各种内部装置可以保证过热蒸汽的品质。汽包内一般都装有汽水分离装置、蒸汽清洗装置、排污装置、锅内加药装置等，用以提高蒸汽品质。

（4）汽包上的压力表、水位计、安全阀、事故放水装置等用来保证锅炉安全运行。

2. 汽包的结构

汽包是一个钢质圆筒形压力容器，由筒身和半球形封头两部分组成。

FWEC2020/18.1-1 型自然循环锅炉汽包内部结构特点如图 8-2 所示。汽包内径为 18.288m，总长 28.273m，其中直段长 25.244m，壁厚为 204mm，封头壁厚为 168mm，材质为 SA-516GR70 碳钢。

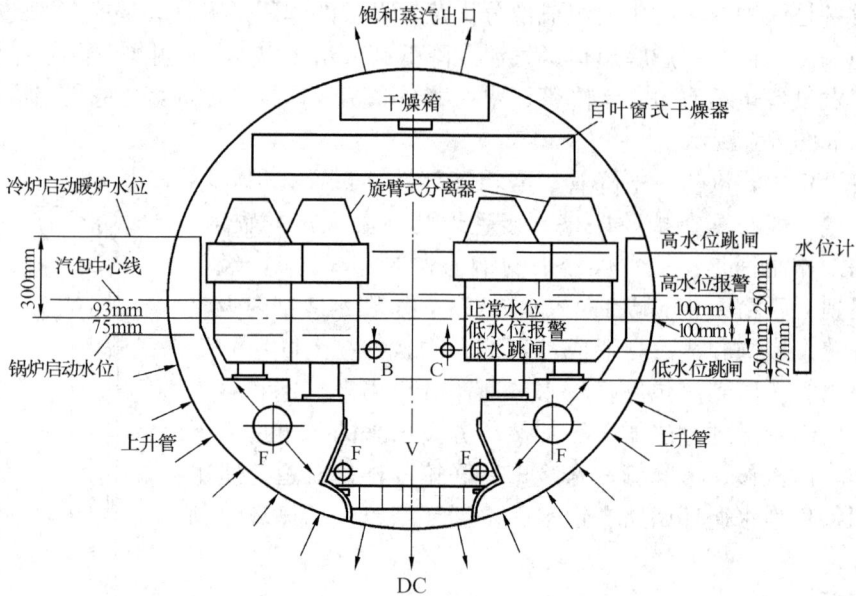

图 8-2　汽包内部结构

汽包内部部件主要有 224 只错列布置的螺旋式蒸汽分离器，每侧 112 只；二次分离元件为整体人字行可排放式百叶窗式干燥器，共 123 只；以及给水分配管、连续排污管、化学加药管等。在汽包下半部沿整个长度布置的环形板形成汽包底部的环形空间，给水管 2 个，汽包两端各一个。在汽包内部分 4 个孔，两个在环行板的下部，即环行空间内，两个在环行板的外面，即汽包的水侧。来自水冷壁上升管的汽水混合物以及部分给水先进入汽包环行空间内，然后进入螺旋臂式蒸汽分离器进行分离。

三、下降管

（1）下降管的作用。下降管的作用是将汽包中的水连续不断地送往下联箱供给水冷壁，以维持正常的水循环。下降管布置在炉外不受热，并加以保温。

（2）下降管的类型和特点。下降管按直径分为小直径分散下降管和大直径集中下降管两种。小直径分散下降管的管径一般为 φ108、φ133、φ159；大直径集中下降管的管径一般为 φ325、φ426、φ508。可见，小直径分散下降管的管径小、管数多（40 根以上），流动阻力较大，对水循环不利；而大直径集中下降管的管径大、管数少（4～6 根），因此流动阻力较小，布置简单，节约钢材。小直径分散下降管一般用在小容量锅炉上，下降管直接与水冷壁下联箱连接。大直径集中下降管广泛用在高压以上锅炉上，它不与下联箱直接连接，而是在下部通过小直径分配支管与下联箱连接，以达到均匀配水的目的。下降管的材料一般采用20号锅炉钢。

四、水冷壁

水冷壁是蒸发设备的受热面。它一般布置在炉膛内壁四周或部分布置在炉膛中间。

1. 水冷壁的作用

(1) 吸收炉膛辐射热量，使水加热并部分蒸发成饱和蒸汽。

(2) 保护炉墙，简化炉墙结构。在炉墙向火表面敷设水冷壁，炉墙温度大大降低，炉墙不会被烧坏，同时还防止了炉墙结渣。采用水冷壁，还减轻了炉墙重量。当采用敷管式炉墙时，水冷壁本身还起着悬吊炉墙的作用。

(3) 节省金属，降低锅炉造价。水冷壁是以辐射传热为主的受热面，辐射传热与烟温的四次方成正比，而对流传热却只与温差的一次方成正比，故吸收同样的热量，用水冷壁比采用对流蒸发受热面节省金属量，因而降低了锅炉造价。

2. 水冷壁的主要结构型式

水冷壁是由许多并列的上升管和联箱构成的组合件。水冷壁的主要型式有光管式、销钉式、膜式和内螺纹管式4种。

(1) 光管式水冷壁。光管式水冷壁是由普通无缝钢管弯制组合而成的。光管式水冷壁的特点是结构简单，制造、安装、检修方便，成本低，因此使用较为广泛。

(2) 销钉式水冷壁。销钉式水冷壁是在光管式水冷壁上焊一些直径为9～12mm、长度为20～25mm的圆钢（销钉）而形成的，用销钉可以固牢耐火材料，形成卫燃带、熔渣池等，使水冷壁吸热减少，提高着火区域或熔渣池的温度，保证稳定着火或顺利流渣。

由于销钉式水冷壁的焊接工作量大，质量要求高，因而只用在卫燃带、旋风炉的旋风筒、液态排渣炉的熔渣池等特殊区域。

(3) 膜式水冷壁。膜式水冷壁就是把许多根轧制的鳍片管或焊接鳍片管沿纵向依次焊接起来，组成一个整体的水冷壁受热面，使整个炉膛周围被一层整块的水冷壁膜严密地包围起来。

膜式水冷壁的优点如下：

1) 保护炉墙最彻底。炉墙只需采用保温材料，而不用耐火材料，其厚度和重量大大减轻。

2) 炉膛严密性好，使炉膛的漏风大大减少，改善了炉膛燃烧工况。

3) 节省金属。在相同的炉壁面积下，膜式水冷壁的辐射受热面面积一般比光管式水冷壁大，可节约金属。

4) 在制造厂焊成组件出厂，使安装快速方便。

膜式水冷壁的缺点是：制造、检修工艺较复杂；相邻边管若温差太大，热应力过大会损坏管子。由于膜式水冷壁优点突出，而广泛地用在现代电厂锅炉上。

(4) 内螺纹管水冷壁。内螺纹管水冷壁是在管子内壁上开出单头或多头螺旋形槽道。采用内螺纹管水冷壁可使工质在内螺纹管内流动时发生强烈的扰动，将水甩向管壁，强迫汽泡脱离壁面并被水带走，以降低管壁温度，防止发生沸腾传热恶化。但因内螺纹管水冷壁加工比较复杂，所以它只在锅炉的高热负荷区域使用。

五、联箱

联箱的作用是汇集、混合、分配工质。联箱一般用无缝钢管两端焊上平封头构成。出厂时联箱上一般都带有管头,在现场根据需要把要连接的管子与管头对焊起来。

联箱一般不受热,材料常用 20 号碳钢。亚临界锅炉出口联箱的材料也有采用低合金钢的。

通常在水冷壁的下联箱底部还装有定期排污装置和监视膨胀用的膨胀指示以及蒸汽加热装置。

第二节　自然水循环原理

一、自然水循环原理

1. 自然水循环的形成

自然水循环的形成可用图 8-3 说明。

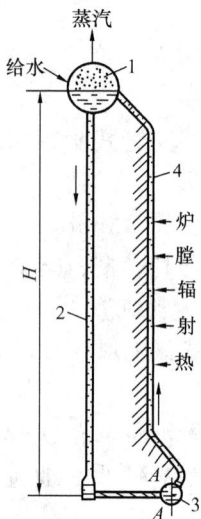

图 8-3　自然水循环
的形成示意图
1—汽包;2—下降管;
3—下联箱;4—水冷壁
（上升管）

当锅炉点火前,由于下降管和水冷壁中都是相同温度的水,故在循环回路中,工质是不流动的。当锅炉点火后,蒸发系统中水冷壁吸收炉膛火焰和烟气的辐射热量,使部分水蒸发产生蒸汽;而下降管不受热,管内是水。因此,下降管中水的密度大于水冷壁中汽水混合物的密度,在下联箱左右两侧由于密度差而产生的压差将推动工质在水冷壁中向上流动,在下降管中向下流动,形成自然水循环。

2. 自然水循环的可靠性指标

反映自然水循环可靠性的指标主要有循环流速和循环倍率。

循环流速是指在循环回路中,上升管入口按工作压力下饱和水密度折算的流速,用 w_0 表示。循环流速的大小直接反映了管内流动的水将管外传入的热量及所产生的汽泡带走的能力。循环流速越大,从管壁带走的热量和汽泡越多,管壁的冷却条件就越好,金属就不会超温。

循环倍率是指在循环回路中,进入上升管的水量 G 与上升管出口产生的蒸汽量 D 之比,用 K 表示。循环倍率 K 的倒数称为上升管出口汽水混合物的质量含汽率(或称干度),用 X 表示。

循环倍率 K 越大,质量含汽率 X 越小,则上升管出口汽水混合物中水的份额越大,汽的份额越小,管壁上的水膜越稳定,管壁越安全。但 K 不能过大,否则不利于水循环安全。

二、自然水循环常见故障

自然水循环由于锅炉在结构设计上的差异和实际运行工况的变化等影响,可能发生一些使水循环不正常或不安全的情况,主要有水循环停滞、循环倒流、汽水分层、下降管含汽和水冷壁的沸腾传热恶化等。

1. 循环停滞和倒流

在水循环回路中,当并列工作的水冷壁管受热不均匀时,受热最弱的管子由于产汽量少,汽水混合物的密度增大,下降管和水冷壁内的工质密度差减小,水循环的推动力就减小,因而管内的工质流速降低。当管子受热弱到一定程度,工质流速接近或等于零时,称为循环停滞。这时管内工质几乎不流动，所产生的少量汽泡在水中缓缓地向上浮动，热量的传递主要依靠导热，虽然管子的热负荷较低，但因热量不能及时带走，管壁仍可能超温。另外，由于停滞管的不断蒸发而使进水量很少，在长期停滞情况下锅水含盐浓度增大，因而会引起管壁结垢和腐蚀。

循环倒流发生在具有上下联箱的并列水冷壁管中受热弱、且上升管引入汽包水空间的管子里，这时原来工质向上流动的水冷壁变成了工质自上而下流动的受热下降管，循环流速为负值，便形成循环倒流。当发生倒流时的水量很少，即流速很低，蒸汽向上的速度与倒流水速相近时，会使汽泡集聚、增大，形成汽塞。汽塞处的管壁可能造成管子过热或疲劳损坏。

由上可见，并列水冷壁管的受热弱是造成水循环停滞和倒流的基本原因。由于炉内温度沿炉膛宽度和深度方向的分布是不均匀的，故水冷壁各部位的吸热也就不同。一般水冷壁中间部位的热负荷比两侧要高，尤其是燃烧器区域附近的热负荷最大，而炉角与炉膛下部受热最弱。

2. 汽水分层

在水平或微倾斜的蒸发管中，当汽水混合物流速较低时，将使水在管子下部流动，汽在管子上部流动，形成汽水分层。

发生汽水分层时，将造成上下部温差热应力和上部管壁的超温和结盐，以及在汽水分界面附近因产生交变热应力而造成疲劳损坏等。

3. 下降管含汽

当下降管中含有蒸汽时，管内工质的平均密度减小，水循环的推动力减小；同时因管内工质的体积流速增大，使下降管内的流动阻力增大，因此可能造成水循环停滞和倒流。

4. 水冷壁沸腾传热恶化

亚临界压力的锅炉在高热负荷区水冷壁可能发生沸腾传热恶化。这时在管内壁上形成汽膜或接触的是蒸汽，从而使管壁的温度急剧升高，可能烧坏管子。

第三节　蒸　汽　净　化

一、蒸汽净化设备

1. 蒸汽含盐的危害

锅炉工作的任务是生产一定数量和质量的蒸汽。蒸汽的质量包括蒸汽的压力和温度以及蒸汽的品质。

蒸汽的品质（即蒸汽的洁净程度）是指1kg蒸汽中含杂质的数量。蒸汽中的杂质主要是各种盐类、碱类及氧化物，而其中绝大部分是盐类，因此通常用蒸汽含盐量来表示蒸汽的洁净程度。

蒸汽含盐将影响锅炉和汽轮机的安全经济运行。当蒸汽中部分盐分沉积在过热器管壁上时，将造成管壁温度升高，管子过热损坏；若沉积在蒸汽管道的阀门处，可能造成阀门的漏汽和卡涩；若沉积在汽轮机的通流部分时，将使轴向推力、叶片应力增大，以及使汽轮机的效率降低等。

2. 蒸汽污染的原因

进入锅炉的给水虽经炉外化学水处理，但总含有一定的盐分。当给水进入锅炉后，经蒸发、浓缩，使锅水含盐浓度增大。当饱和蒸汽携带含盐浓度大的锅水从汽包引出时，蒸汽就会被污染；另外，高压及以上蒸汽还能直接溶解锅水中的某些盐分，使蒸汽被污染。由此可见，给水含盐是蒸汽污染的根源；蒸汽带水和蒸汽溶盐是蒸汽污染的途径。

由于蒸汽带水使蒸汽污染的现象称为蒸汽的机械携带，其携带的盐量决定于蒸汽的湿度和锅水含盐量。

由于饱和蒸汽溶盐而使蒸汽污染的现象称为蒸汽的溶解携带，其溶解的盐量与压力和锅水含盐量有关。

因此，蒸汽污染的原因对中低压蒸汽，只有机械携带；对高压及以上蒸汽，既有机械携带，又有溶解携带。

二、蒸汽净化的措施

从前述蒸汽污染的原因可见，提高蒸汽品质的根本途径在于提高给水品质，而提高给水品质的方法是采用良好的化学水处理设备和系统。在锅炉中进行蒸汽净化的方法主要有采用汽水分离，以减少蒸汽带水量；采用蒸汽清洗，以减少蒸汽溶解携带和机械携带；采用锅炉排污和分段蒸发，以控制锅水含盐量等。

（一）汽水分离

1. 汽水分离的基本原理

汽水分离的基本原理如下：

（1）重力分离——利用汽和水重度不同，在蒸汽向上流动时，一部分重力大的水滴会被分离出来。

（2）离心分离——利用汽水混合物作旋转运动时产生的离心力进行分离，水滴的密度大，离心力也大，这样水滴会脱离汽流而被分离出来。

（3）惯性分离——利用汽水混合物改变流向时产生的惯性力进行分离，密度大的水滴，惯性力大，水滴会脱离汽流被分离出来。

（4）水膜分离——汽水混合物中的水滴能粘附在金属壁面，形成水膜流下而被分离。

汽包内的汽水分离的过程一般分为两个阶段：第一阶段是粗分离阶段（又称为一次分离），其任务是消除进入汽包的汽水混合物的动能，并将蒸汽和水初步分离；第二阶段是细分离阶段（又称为二次分离），其任务是把蒸汽中携带的细小水滴分离，进一步降低蒸汽湿度。

2. 汽水分离装置

在现代电厂锅炉常用的汽水分离装置中，一次分离元件常采用进口挡板、旋风分离器或涡流分离器等；二次分离元件采用波形板分离器、顶部多孔板等。

汽水混合物进入汽包汽空间时以一定速度撞击挡板，并在挡板间转弯时消耗了动能，速度降低，同时利用撞击和转弯及板对水的粘附作用，将汽水初步分离。分离出来的水沿挡板下缘流入汽包锅水中，而分离出来的蒸汽则顺着挡板下行至出口再转向，利用惯性将蒸汽中的水滴甩出，再次分离。

（1）旋风分离器。旋风分离器是现代大型自然水循环锅炉中常用的汽水分离装置。它有两种型式，装置在汽包内部的称为锅内旋风分离器，布置在汽包外部的称为锅外旋风分离器。图8-4所示的是锅内旋风分离器的结构。它的主要部件有筒体、筒底、顶帽、连接罩、溢流环等。

国产锅炉的筒体型式有柱形筒体和导流式筒体两种结构。筒体是用 2～3mm 厚的薄钢板卷制而成的，直径一般为 $\phi260～350$，大型锅炉多采用的直径为 $\phi315$ 和 $\phi350$。图 8-4 所示的是柱形筒体。

筒底是一个导叶盘，盘中心是板，四周布置有导向叶片。其作用是防止蒸汽向下进入汽包水空间，同时减缓水在筒体下部出口处的动能，并使水平稳地进入水空间。

为防止底部排水中的蒸汽进入下降管，在筒体的下部一般还装有托斗。顶帽是由波形板组成的。其作用是使汽流出口速度均匀，消除汽流的旋转，并进一步分离蒸汽中的水分。

连接罩的作用是使汽水混合物切向进入筒体，使其在筒体中产生旋转。

溢流环的作用是保证筒壁上的水膜稳定，防止水膜被撕破而造成蒸汽的二次带水。

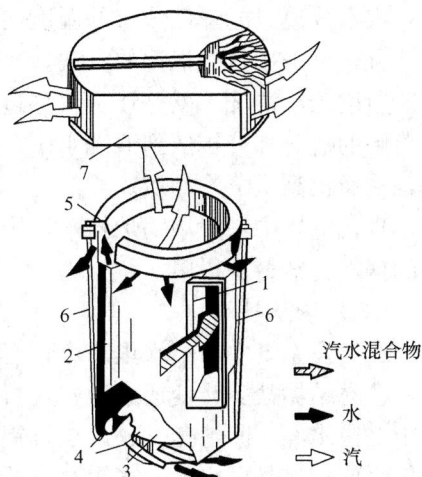

图 8-4　旋风分离器

1—连接罩；2—筒体；3—底板；4—导向叶片；5—溢流环；6—拉杆；7—顶帽

旋风分离器的工作过程如下：具有较大动能的汽水混合物通过连接罩沿切向进入筒体，产生旋转运动，在离心力的作用下，大部分水被甩向筒壁，并沿筒壁流下，经筒底流出，进入汽包水空间；蒸汽则旋转向上经顶帽进一步分离后从径向引入汽空间。

大型锅炉所需的旋风分离器较多，在汽包内一般沿轴线方向分前后两排布置。为了保持汽包水位的稳定，旋风分离器采用交叉反向布置，即相邻的两个旋风分离器内的汽水混合物的旋转方向相反，以消除旋转动能。

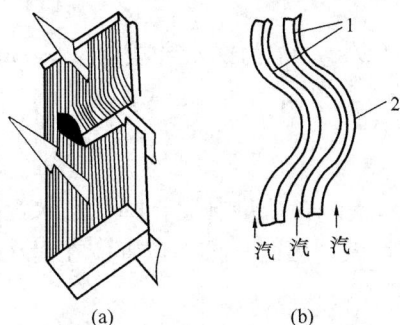

图 8-5　波形板分离器

(a) 分离器结构示意；(b) 波形板

1—波形板；2—水膜

但是，锅内旋风分离器由于装在汽包内，其高度受到限制，因而不能充分发挥它的分离效果，故一般把它用作粗分离设备，与其他分离设备配合使用。同时，因锅内旋风分离器的单只出力受汽水混合物入口流速和蒸汽在筒内上升速度的限制，所以需要的旋风分离器的数量较多，给拆装检修工作带来不便。

（2）波形板分离器。波形板分离器（又称波形百叶窗，或叫波纹板干燥器）是锅炉常用的细分离装置，其结构如图 8-5 所示。

波形板分离器是由许多平行的波形板组装而成的。波形板厚 1～3mm，相邻波形板间的距离为 10mm，边框用 3mm 的钢板制成，以固定波形板。波形板分离器的工作过程是：经粗分离后的湿蒸汽，低速进入波形板分离器，在波形板间作曲折运动。在离心力和惯性力的作用下，水滴被分离出来，并粘附在波形板上形成水膜，而水膜又能粘附细小的水滴。水膜在重力的作用下向下流动，在波形板的下沿集聚成较大的水滴后落到汽包水面，使蒸汽的湿度进一步降低。

（二）蒸汽清洗装置

汽水分离只能降低蒸汽的湿度而不能减少蒸汽中溶解的盐分。因此，为减少蒸汽中溶解的盐分，可采用蒸汽清洗的方法。

所谓蒸汽清洗，就是让蒸汽穿过一层含盐浓度很低的清洗水，在物质扩散的作用下，蒸汽溶解的盐分部分扩散到清洗水中，使蒸汽溶盐量降低；同时，还减少了蒸汽机械携带的盐量，从而提高了蒸汽品质。

现代电厂中一般用锅炉给水作为清洗水。这是因为锅炉给水含盐量要比经不断蒸发浓缩后的锅水含盐量少得多。

（三）锅炉排污

在蒸发系统中，给水里总会含有一定的盐分；另外，在进行了锅内加药处理后，锅水中的一些易结垢盐类转变成水渣；还有，锅水腐蚀金属也会产生一些腐蚀产物。在锅炉运行过程中，锅水经不断地蒸发、浓缩，锅水含盐量逐渐增大，水渣和腐蚀产物也逐渐增多。这样不仅会使蒸汽品质变差，当锅水含盐量超过允许值时，还会造成"汽水共腾"，使蒸汽品质恶化，严重影响锅炉和汽轮机的安全运行。因此在运行过程中采取排除部分锅水，补充清洁的给水，以控制锅水品质。这种从锅炉中排出部分被污染的锅水的方法称为锅炉排污。锅炉排污有连续排污和定期排污两种。

连续排污是指在运行过程中连续不断地排出部分锅水、悬浮物和油脂，以维持一定的锅水含盐量和碱度。连续排污的位置是在锅水含盐浓度最大的汽包蒸发面附近，即汽包正常水位线以下 200～300mm 处。定期排污是指在锅炉运行中，定期地排出锅水里的水渣等沉淀物。排污位置在沉淀物聚集最多的水冷壁下联箱底部。

锅炉排污量一般用排污率 P 表示。排污率是指排污量占锅炉蒸发量的百分数，其计算式为

$$P = \frac{G_{pw}}{D} \times 100\% = \frac{S_{gs} - S_q}{S_{ls} - S_{gs}} \times 100\% \tag{8-1}$$

式中：S_{gs} 为给水含盐量，mg/kg；S_q 为饱和蒸汽含盐量，mg/kg；S_{ls} 为锅水含盐量，mg/kg。

一般饱和蒸汽的含盐量 S_q 很小，可忽略不计，则可得

$$P = \frac{S_{gs}}{S_{ls} - S_{gs}} \times 100\% \tag{8-2}$$

由式 8-2 可知：锅炉排污率的大小主要与给水含盐量和锅水含盐量有关。降低给水含盐量或提高排污水含盐量，可减少排污率，反之，则排污率增大。因此，排污位置应在锅水含盐量最大的地方，效果最好。

给水品质、蒸汽品质与排污率之间存在以下关系。

（1）在给水含盐量一定时，增大排污率，可以减少锅水含盐量，从而获得洁净的蒸汽品质，但锅炉的工质和热量损失增大，电厂热效率降低；相反，减少排污，则蒸汽品质恶化。因此，要保证一定的排污率。我国规定的锅炉最大允许排污率如表 8-1 所示。

表 8-1　　　　　　　　电厂锅炉最大允许排污率 P　　　　　　　　%

补给水类别	凝汽式电厂	热　电　厂
除盐水或蒸馏水	1	2
软化水	2	5

　　为了防止锅内聚集水渣等杂质，排污率 P 应不小于 0.3%。运行中应根据水质分析结果确定所需的排污率。

　　（2）在锅水含盐量一定时，减少给水含盐量，可以减少锅炉排污，因而减少了锅炉的工质和热量损失；若保持排污率不变，减少给水含盐量，则锅水含盐量降低，蒸汽品质得以提高。由此可见，提高蒸汽品质的根本途径在于提高给水品质，但这会增大锅外水处理的费用。

　　（四）锅内水处理

　　虽然经过化学水处理，使给水的总硬度值很小。但对于现代大容量锅炉，在受热面蒸发强度很高的情况下，锅水中的钙、镁离子的浓度仍可以达到很大的数值，从而引起水冷壁管内结垢。为了防止水垢的形成，广泛采用对锅水进行锅内水处理。方法是在锅水中加入磷酸三钠 Na_3PO_4，使锅水中的钙、镁离子与磷酸根化合，生成难溶的磷酸钙和磷酸镁的沉淀物，其化学反应式为

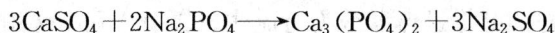

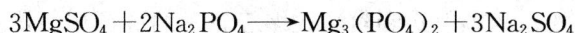

$$3CaSO_4 + 2Na_2PO_4 \longrightarrow Ca_3(PO_4)_2 + 3Na_2SO_4$$
$$3MgSO_4 + 2Na_2PO_4 \longrightarrow Mg_3(PO_4)_2 + 3Na_2SO_4$$

　　上述锅内水处理是先将磷酸三钠制成溶液，然后用活塞泵直接送至汽包加药管。加药管装在汽包水体积的下部。

第四节　过热器、再热器及调温设备

一、过热器和再热器概述

　　在火力发电厂中，过热器是锅炉的高温受热面，再热机组锅炉（再热锅炉）的高温受热面还包括再热器，它们是锅炉本体的重要组成部分。随着电厂锅炉容量的增大和蒸汽参数的提高，过热器和再热器的结构及系统也越来越复杂，它们对锅炉的安全和经济运行具有决定性影响。了解过热器和再热器的结构及其特性，对于锅炉的安装、检修及运行都具有非常重要的意义。

　　（一）过热器和再热器的作用

　　过热器的作用是把锅炉所产生的饱和蒸汽过热成具有一定过热度的过热蒸汽，并且在锅炉允许的负荷波动范围内以及工况变化时维持过热蒸汽温度的正常。电厂锅炉对蒸汽温度的要求非常严格，一般规定蒸汽温度的正常波动范围是额定值$-10 \sim +5℃$，短时间可在额定值$\pm 10℃$的范围内波动。再热器的作用是把在汽轮机高压缸中做了部分功的排汽再加热成一定温度（一般与过热蒸汽温度相同，也可以不同）的再热蒸汽，然后引入汽轮机中、低压缸继续做功。

　　由热工学理论基础知道，提高蒸汽的初参数（温度、压力），可以提高蒸汽动力循环的热效率，提高电厂的经济性。但是，进一步提高蒸汽温度必然使管壁温度相应升高，这又受到受热面钢材的限制。因为如果受热面壁温超过其允许温度，管子的机械强度将迅速下降，易产生爆管事故，严重影响锅炉运行的可靠性和经济性。目前，国内外大多数电厂锅炉的蒸汽温度都保持在 $535 \sim 555℃$ 的范围内。如果只提高蒸汽压力而不相应提高蒸汽温度，就会导致汽轮机末几级蒸汽湿度过大，对动叶片产生冲蚀，影响汽轮机的安全运行。采用再热循环后，可有效地减小汽轮机的排汽湿度，减轻湿蒸汽对动叶片的冲蚀。如果再热压力选择合

适，还可提高循环热效率 5% 左右。

（二）过热器和再热器的工作特点

过热器和再热器在锅炉所有受热面中温度最高，如何使管子金属不超温而能长期安全工作是过热器和再热器设计、制造、安装及运行中的重要问题。

过热器管内流动的是高温蒸汽，对管壁的冷却能力较差，管外是高温火焰或高温烟气，这就决定了过热器的管壁温度很高、工作条件很差。再热器管内流动的是中压蒸汽，蒸汽的比体积大、比热容小、流速低（以减小流动阻力），对管壁的冷却能力更差。而且为了保证再热后的温度，减少再热器受热面数量，再热器也常常布置在烟气温度较高的区域，这使得再热器工作条件最差，管壁更容易超温。因此，过热器和再热器工作时的温度很高，工作条件都很差，必须采用优质的耐热合金钢作管材。

二、过热器和再热器的结构及汽温特性

（一）过热器的型式、结构及特点

根据传热方式的不同，可将过热器分为对流式、辐射式和半辐射式 3 种型式。高压以上的大型锅炉常采用辐射式、半辐射式和对流式多级布置的混合型过热器。

1. 对流式过热器

对流式过热器是指布置在锅炉水平烟道和垂直烟道内，主要吸收烟气对流热的过热器。

对流式过热器由进、出口联箱和许多并列蛇形管组成。蛇形管与联箱之间采用焊接连接，蛇形管是受热面，布置在烟道内，联箱起汇集、混合和分配蒸汽的作用，一般布置在炉墙外面，并进行保温以减少散热损失。烟气在管外横向冲刷蛇形管，而蒸汽在蛇形管内纵向流动，吸收管壁传进来的热量。过热器蛇形管一般由外径为 32~57mm、壁厚为 3~10mm 的无缝钢管弯制而成。

蛇形管的排列方式有顺列和错列两种，如图 8-6 所示。管束的排列特性用横向相对节距 s_1/d 和纵向相对节距 s_2/d 表示。垂直于烟气流向的方向为横向，平行于烟气流向的方向为纵向。在管束的排列特性和烟气流速相同时，错列管束的传热系数比顺列时大，但错列管束的吹灰通道较小，吹灰器的吹灰管不能进入管束内侧，使管束的积灰不易吹扫，若通过增大节距来增大吹灰通道，就降低了烟道空间的利用程度。相反，顺列管束的积灰就比较容易吹扫。大多数国产锅炉的过热器在水平烟道内采用立式顺列布置，$s_1/d=2~3.5$，$s_2/d=2.5~4$，

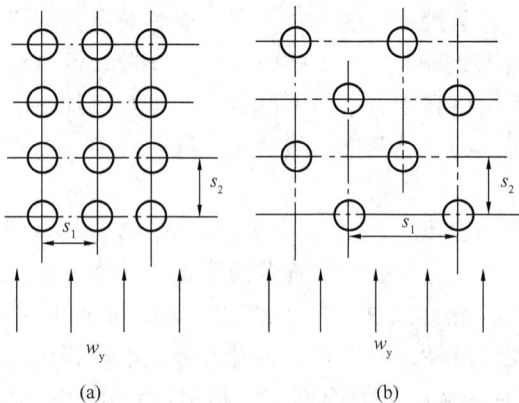

图 8-6 蛇形管的排列方式
（a）顺列；（b）错列

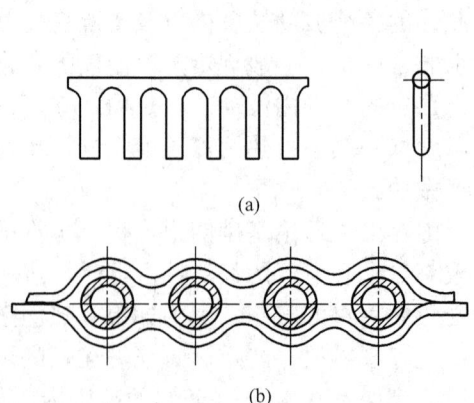

图 8-7 梳形板和定距夹板
（a）梳形板；（b）定位夹板

前者决定于烟气流速，后者决定于管子的弯曲半径，为防止结渣，靠近炉膛的前几排管子的节距还要适当增大；垂直烟道内的过热器有的采用卧式错列布置，有的则采用卧式顺列布置。为保持过热器蛇形管纵向节距和横向节距的固定，现代锅炉采用了梳形板、定距夹板、汽冷定位管等蛇形管固定装置。图 8-7 为梳形板和定距夹板示意图。

根据烟气与管内蒸汽的相对流动方向，对流式过热器可分为顺流、逆流、双逆流和混流 4 种方式，如图 8-8 所示。顺流式过热器的高温蒸汽在烟气的低温区引出，管壁温度较低，安全性好，但传热温差小，需要的受热面积最多，常应用于布置在高温烟气区的受热面或过热器的最后一级。逆流式过热

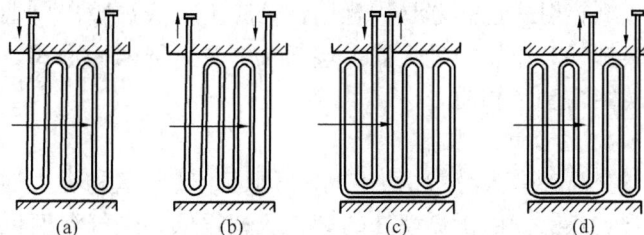

图 8-8　对流式过热器按烟气与蒸汽相对流向划分的型式
（a）顺流式；（b）逆流式；（c）双逆流式；（d）混流式

器的蒸汽从烟气的高温区引出，传热温差大、效果好，受热面面积小，节省钢材，但管壁温度高，安全性差，多应用在低温烟气区。双逆流式和混流式过热器则集中了顺流式过热器和逆流式过热器的优点，安全性和经济性都较好，因此得到了广泛应用。

根据蛇形管的放置方式，对流式过热器又可分为立式和卧式两种。立式过热器悬吊在水平烟道内，卧式过热器支吊在垂直烟道内，其特点各不相同。立式过热器支吊方便，能自由膨胀，不易积灰，但停炉后的积水不易排出。卧式过热器内的积水排出方便，但容易积灰，支吊结构复杂，支架易被烧坏，现在常用有水冷却的省煤器管或省煤器的引出管为它的悬吊管。

2. 辐射式过热器

辐射式过热器是指布置在炉膛内，以吸收炉膛内火焰辐射热为主的过热器。根据布置方式，辐射式过热器一般包括炉膛墙式过热器、前屏过热器和顶棚过热器。

炉膛墙式过热器布置在炉膛内侧的垂直壁面处，有的与水冷壁交错布置在整个炉膛高度上，有的只布置在炉膛上部的部分高度上，主要吸收炉膛内火焰的辐射热。但由于炉膛墙式过热器的热负荷太高或影响自然水循环工作，国产锅炉已很少采用。

前屏过热器悬吊在炉膛上部靠近前墙处，烟气冲刷不充分，对流吸热量少，主要吸收炉膛火焰的辐射热。前屏过热器除了能改善过热器系统的汽温特性外，还可有效降低炉内温度，防止炉内结渣。前屏过热器有进、出口联箱和管屏组成，如图 8-9 所示。为避免结渣和便于烟气流过，屏的数量少、距离（横向节距）大，而相对纵向节距很小。一般地，横向节距 $s_1=600\sim1500mm$，相对纵向节距 $s_2/d=1.1\sim1.2$。为保持屏片在同一平面内，每片屏抽出一根管子用作包扎管，将其余管子扎紧。相邻两屏还各抽出一根管子作为连接管，连接管扎紧后以保持屏间距离 s_1。

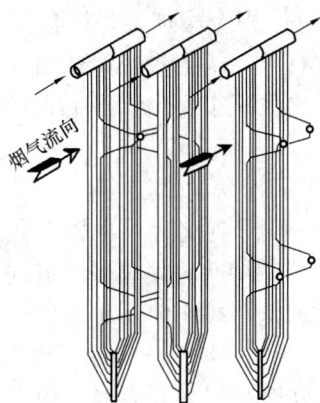

图 8-9　屏式过热器

顶棚过热器布置在炉膛的顶部，一般采用膜式受热面结构。由于它处于炉膛顶部，热负荷较小，故吸热量较少。采

用顶棚过热器的目的是形成轻型平炉顶,即在受热面的外侧直接敷上保温材料便构成炉顶,使炉顶结构简化、重量减轻,并可减少炉膛漏风。此外,还使各水冷壁管的高度趋于一致,有利于水循环。

　　3. 半辐射式过热器

　　半辐射式过热器是指悬挂在炉膛上部或炉膛出口烟窗处,既接受炉膛火焰的辐射热,又吸收烟气对流热的过热器,包括大屏和后屏两种形式。半辐射式过热器的结构与辐射式过热器的结构基本相同。

　　4. 包敷管过热器

　　在高参数大容量锅炉的水平烟道、转向室和垂直烟道的各面墙上,一般都布置有膜式包敷管过热器。由于靠墙处的烟气流速很低,烟气温度也较低,故包敷管过热器的对流吸热量和辐射吸热量都很少。布置包敷管过热器的主要作用是:简化烟道炉墙,便于采用悬吊结构,并提高炉墙的严密性,减少烟道漏风。

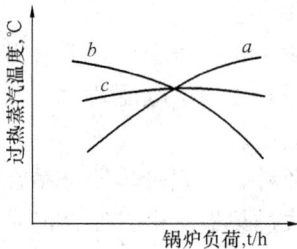

图 8-10　过热器的汽温特性
a—对流式过热器;b—辐射式过热
器;c—半辐射式过热器

　　(二) 过热器的汽温特性

　　汽温特性是指过热器出口蒸汽温度与锅炉负荷之间的变化关系,即 $t = f(D)$。过热器和再热器的型式不同,其汽温特性也不同,如图 8-10 所示。

　　1. 对流式过热器的汽温特性

　　当锅炉负荷增大时,对流式过热器中的蒸汽流量相应增大。燃料消耗量和空气量均增加,炉膛内的温度有所升高,燃料燃烧生成的烟气量也相应增加,使炉膛出口的烟气流速和烟气温度均升高,对流式过热器的传热温差和传热系数都增大,对流传热量增加。由于对流传热量的增加幅度大于蒸汽流量的增加幅度,单位质量过热蒸汽的吸热量增加,因此过热蒸汽的焓增增大、温度升高,故对流式过热器的出口蒸汽温度随锅炉负荷的增大而升高,如图 8-10 曲线 a 所示。反之,锅炉负荷减小时,过热器出口汽温就降低。

　　2. 辐射式过热器的汽温特性

　　辐射式过热器的汽温特性与对流式过热器的汽温特性相反,即锅炉负荷增大时,过热器出口温度降低,如图 8-10 中曲线 b 所示;反之,锅炉负荷减小时,过热器出口温度就升高。当锅炉负荷增大时,过热器中的蒸汽流量增加,燃料量和空气量也相应增加,炉膛温度升高,使辐射式过热器的吸热量增加。但由于炉膛内温度升高幅度有限,辐射吸热量的增加跟不上蒸汽流量的增加,使单位质量的蒸汽在辐射式过热器中的吸热量减小、焓增降低、温度下降。故随锅炉负荷的增大,辐射式过热器的出口汽温下降。

　　3. 半辐射式过热器

　　半辐射式过热器的汽温特性如图 8-10 的曲线 c 所示,当锅炉负荷变化时,半辐射式过热器的出口汽温变化比较平稳。但实践证明,半辐射式过热器的汽温特性更接近于对流式过热器,即当锅炉负荷增加时,过热器出口蒸汽温度略有升高;锅炉负荷减小时,半辐射式过热器出口汽温略有降低。

　　现代大型锅炉都同时采用对流式、辐射式和半辐射式过热器联合的过热器系统,以获得比较平稳的汽温特性。但由于过热器系统中对流式过热器所占比例较大,其汽温特性就接近于对流式过热器，即锅炉负荷增大时汽温升高，锅炉负荷减小时汽温降低。

再热器的汽温特性与所对应的过热器的汽温特性相同。

三、蒸汽温度调节

（一）蒸汽温度调节的意义

蒸汽温度是锅炉运行中监视和控制的主要参数之一，它包括过热蒸汽温度和再热蒸汽温度。蒸汽温度过高、过低或大幅度波动都会严重影响锅炉运行的安全性和经济性。当蒸汽温度过高时，将使过热器、再热器、蒸汽管道、汽轮机等设备的寿命缩短，严重超温时，会造成过热器或再热器的超温爆管。当蒸汽温度过低时，电厂的循环热效率降低，一般蒸汽压力在 12～25MPa 范围内时，主蒸汽温度每降低 1℃，可使循环热效率下降 0.5‰。再热蒸汽温度的降低还可能使汽轮机的排汽湿度增大，造成汽轮机末几级动叶的冲蚀，影响汽轮机的安全运行。蒸汽温度的大幅度波动，会使金属部件产生疲劳破坏，甚至使汽轮机发生剧烈的振动。因此，维持稳定的过热蒸汽温度和再热蒸汽温度，是锅炉设计和运行的重要任务。现代锅炉的汽温允许波动范围一般是额定汽温－10～＋5℃。

（二）对蒸汽温度调节的要求

为满足过热蒸汽和再热蒸汽温度的要求，锅炉必须有可靠的汽温调节方法及装置。

蒸汽温度调节可分为蒸汽侧调节和烟气侧调节两大类。蒸汽侧调温的原理是利用其他介质直接改变蒸汽的焓值来调节蒸汽的温度。蒸汽侧调温装置有表面式减温器、混合式减温器、事故喷水减温器等。烟气侧调温的原理是通过改变烟气对蒸汽的传热量来改变蒸汽的温度。烟气侧的调温装置有烟气挡板、摆动式燃烧器、烟气再循环装置等。下面就各种调温装置及其调温原理分别予以介绍。

（三）蒸汽侧调温方法

1. 表面式减温器

图 8-11 为一种表面式减温器的结构简图。它是管—壳式的表面热交换器，主要由冷却水（或称减温水）进、出口联箱，U 形管，外壳，蒸汽进、出口管座等组成。过热蒸汽在外壳内的管外空间横向流动，冷却水在 U 形管管内纵向流动，冷却水通过 U 形管壁面吸收过热蒸汽的热量，使蒸汽的温度降低。冷却水一般采用给水。

表面式减温器的优点是冷却水与过热蒸汽不接触，水中的杂质不会进入蒸汽，故对冷却水的水质要求较低。但是，它也存在着结构复杂、笨重，钢材消耗多，渗漏时影响蒸汽品质，调温幅度小（约 40～50℃），调节灵敏度低等缺点。因此，表面式减温器常用于中小型锅炉过热蒸汽的温度调节。

2. 混合式减温器

混合式减温器又称喷水减温器，它广泛应用于国产高压以上锅炉过热蒸汽的调温。混合式减温器的工作原理是直接将减温水喷入过热蒸汽中，减温水被过热蒸汽加热、蒸发并过热成过热蒸汽，而过热蒸汽因加热冷却水放出热量而温度降低，从而达到降低过热蒸汽温度的目的。喷入的减温水越多，过热蒸汽的温度降幅越大，即通过增加或减少减温水的数量来降低或升高过热蒸汽的温度。

喷水减温器具有结构简单、操作方便、调温灵敏、调温范围大等优点，成为电厂锅炉过热蒸汽的主要调温手段。但由于减温水直接与蒸汽混合，为防止蒸汽污染，对减温水的品质要求很高。

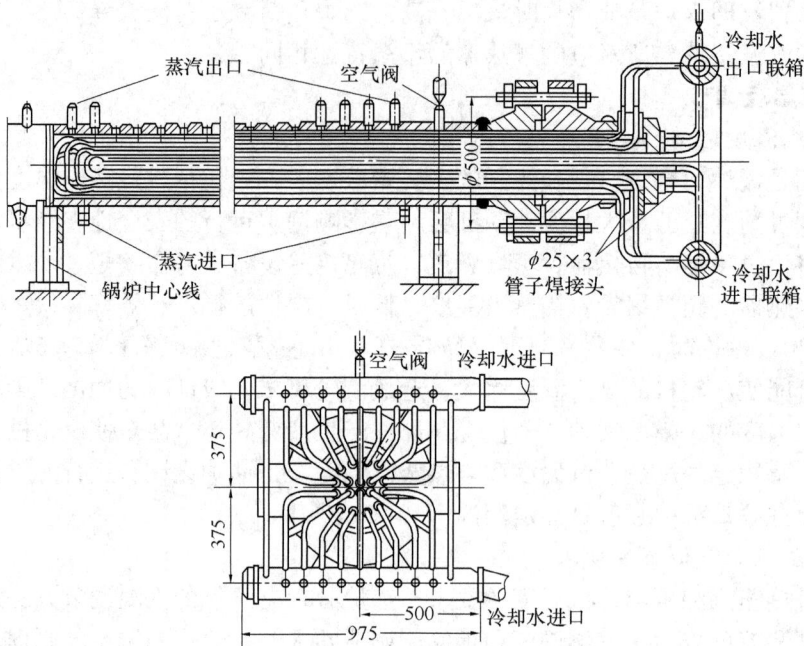

图 8-11 表面式减温器

3. 辅助喷水减温器

再热蒸汽温度一般不宜采用喷水减温作为其主要调温手段。因为喷入再热器的减温水增加了再热蒸汽的流量，使汽轮机中、低压缸的做功量增加，如果外界负荷保持不变，就必须减少进入汽轮机高压缸的过热蒸汽、降低汽轮机高压缸的做功量，以维持汽轮机功率与外界负荷的平衡。这样再热蒸汽的中压蒸汽动力循环就部分替代了过热蒸汽的高压蒸汽动力循环，降低了电厂的循环热效率。一般地，在再热器中每喷入 1% 的给水，循环热效率就降低 0.1%～0.2%。因此再热汽温的调节主要采用烟气侧调温方法。辅助喷水减温器常布置在高温再热器前的连接管管道上。

4. 事故喷水减温器

由于再热器的工作条件很差，特别是在事故情况下，再热器受热面很可能产生超温破坏，因此，在再热器的进口管道上还设置了事故喷水减温器。当锅炉产生烟道二次燃烧、再热器前受热面严重积灰或结焦等事故时，便投入事故喷水减温器，降低再热蒸汽的温度，对再热器进行保护。事故喷水减温器的结构与辅助喷水减温器一样，有喷嘴式和多孔喷管式等。

（四）烟气侧调温方法

1. 分隔烟道挡板调温

分割烟道挡板调温装置是用来调节再热蒸汽温度的。分隔烟道内可以并列布置再热器和省煤器或再热器和过热器，而电厂锅炉常采用再热器和过热器并列的分隔烟道挡板调温装置，如图 8-12 所示。它是将烟道用隔墙分开，把低温再热器和低温过热器分别布置在相互隔开的两个并列烟道内，其后布置并列的省煤

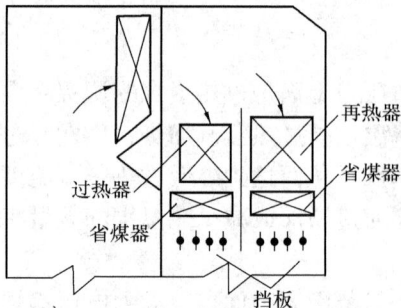

图 8-12 分隔烟道挡板调温的
受热面布置方式

器管组，在省煤器后面装设可调节的烟道挡板。

分隔烟道挡板调节汽温的原理是通过烟道挡板开度的变化，改变流过两个并列烟道的烟气量，从而改变受热面烟气侧的放热系数和传热量，达到调节汽温的目的。

锅炉在额定负荷下工作时，烟道挡板是全开的，流经每一分隔烟道的烟气量约占总烟气量的50％。由于再热器系统具有对流式过热器的汽温特性，即锅炉负荷降低时，再热汽温降低，因此，当锅炉负荷降低时，应开大再热器侧的烟道挡板、关小过热器侧的烟道挡板，使再热器侧的烟气流量增大、过热器侧的烟气流量减小，从而使再热汽温升高，达到调节再热汽温的目的。反之，当锅炉负荷升高时，则调节方向相反，如图8-13所示。在调节再热汽温

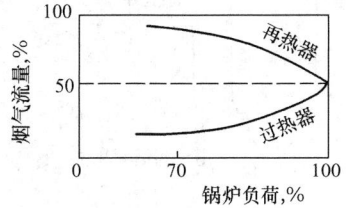

图8-13　烟道挡板调温时
烟气流量的变化

时，也改变了低温过热器一侧的烟气量以及过热蒸汽温度，因此，还应通过调节过热器系统的减温水量来维持过热汽温的稳定。

分隔烟道挡板主要用于调节再热汽温，其结构简单、操作方便，但不能布置在烟温高于400℃的区域，否则挡板易烧损变形，使调节失灵。

2. 摆动式燃烧器调温

锅炉在运行时，摆动式燃烧器喷口的倾角可上下调节。通过调节摆动式燃烧器的倾角，改变炉膛火焰中心的高度，改变炉膛内的辐射吸热量，使炉膛出口烟气温度发生变化，进而达到调节汽温的目的，但主要用于调节再热汽温。在调节再热汽温时，会对过热汽温产生影响，则还要通过改变喷水减温器的减温水量来调整过热汽温。

国产大型锅炉常采用摆动式直流燃烧器作为再热蒸汽的主要调温手段，摆动角度一般为±20°～30°。当锅炉低负荷运行时，再热汽温低，燃烧器就向上摆动一定角度，使炉膛内火焰中心位置上移，炉内辐射换热量减少，炉膛出口的烟气温度升高，则再热器吸热量增加、再热汽温升高。当锅炉高负荷运行时，调节与上述相反。一般地，燃烧器摆动±20°～30°时，炉膛出口烟温变化约110～140℃，调温幅度在40～60℃之间。这种调温方式是通过改变炉膛出口烟气温度实现的，调温幅度主要决定于受热面的布置位置，受热面距离炉膛出口越近，其调温效果就越好。因此，为了达到良好的汽温调节效果，再热器的主受热面应尽可能地离炉膛出口近些。

摆动燃烧器的倾角过大时，会影响到炉内的燃烧工况。燃烧器向上摆动角度过大时，缩短了煤粉在炉内的停留时间，固体不完全燃烧热损失增大，还可能使炉膛出口处产生结渣；燃烧器向下摆动角度过大时，又会造成冷灰斗处的结渣。因此，运行中应根据试验来确定燃烧器倾角的上限值和下限值。此外，燃油锅炉的火焰较短，用摆动式燃烧器调节汽温的效果不理想，故不宜采用。

这种调温方式的优点是设备简单，调节方便，灵敏度高，调温幅度大；缺点是影响锅炉运行的经济性和煤粉燃烧的稳定性，炉膛出口或冷灰斗处可能产生结渣等。

3. 烟气再循环调温

烟气再循环系统主要用于调节再热汽温，如图8-14所示。它是利用再循环风机把省煤器后的部分低温烟气（约250～350℃）抽出，再由冷灰斗附近送入炉膛来改变锅炉辐射受热面与对流受热面吸热量的比例，从而达到调节汽温的目的。再循环烟气量的大小用烟气再

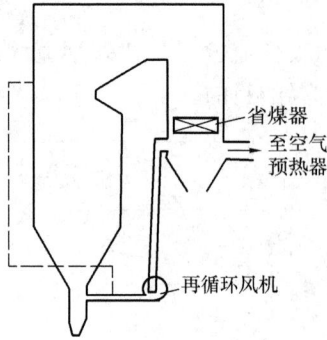

图 8-14　烟气再循环系统

循环率表示，它是指再循环烟气量占抽烟点后烟气量的百分数。再循环烟气送入炉内的地点应距离燃烧中心远一些，以免影响燃料的燃烧及燃烧的稳定。

通过再循环风机增加再循环烟气量时，冷烟气量的增加使炉内火焰温度降低，炉内辐射换热量减少，而炉膛出口温度接近不变。但是对于对流受热面，由于烟气流量增大，烟气侧的放热系数增大，对流传热量增大，而且沿烟气流程越往后，传热量增加幅度越大。所以，当锅炉负荷减小、再热汽温降低时，应增大再循环率，使再热蒸汽温度升高；反之，就减小烟气再循环率。一般地，再循环率每增加 1%，再热汽温就升高约 2℃，当再循环率为 20%～25% 时，再热汽温可升高 40～50℃，且再循环烟气温度越高，调温的幅度越大，效果越好。但是，再循环烟气温度提高后，会使再循环风机的可靠性降低，电耗增加。

实际上，锅炉的汽温调节不只使用一种方法，而是同时采用几种方法，以求调温的灵敏性、可靠性和锅炉运行的经济性。

第五节　省煤器和空气预热器

省煤器和空气预热器是利用锅炉尾部烟气分别加热锅炉给水和冷空气的换热设备，为现代电厂锅炉的低温受热面，是锅炉本体不可或缺的组成部分，因布置在锅炉的尾部，故又称尾部受热面。尾部受热面的积灰、磨损和低温腐蚀是运行中的突出问题。尾部受热面中的给水和空气均由下往上流动，而烟气流动则是自上而下，为逆流传热、传热温差大、效果好，同时也有利于防止省煤器的氧化腐蚀。

一、省煤器

（一）省煤器的作用和类型

1. 省煤器的作用

省煤器是利用锅炉尾部烟气加热给水的低温受热面。其主要作用是：①提高锅炉给水温度，降低排烟温度，从而降低排烟损失，提高锅炉热效率，节约燃料；②减小汽包壁与进水之间温差引起的冲击和热应力，改善汽包的工作条件，延长汽包的寿命；③用价格低廉的省煤器管部分替代造价较高的水冷壁，降低了锅炉的造价。

2. 省煤器的类型

省煤器按使用材料可分为铸铁式和钢管式（如图 8-15 所示）两类。铸铁省煤器的耐磨性、抗腐蚀性好，但笨重、强度低、不能承受较大的冲击，故多用于中低压锅炉。钢管式省煤器的优点是强度高，能承受较大的冲击，工作可靠，体积小，质量轻，价格低，传热性能好。其缺点是耐腐蚀性差，但水处理技术的发展已使该

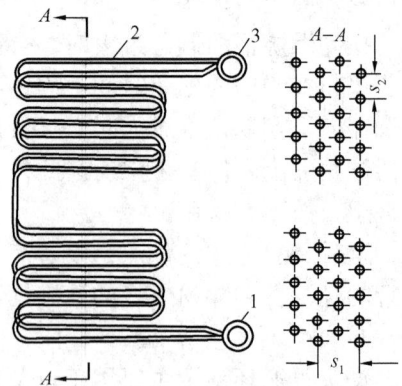

图 8-15　钢管式省煤器的结构

1—进口联箱；2—出口联箱；3—蛇形管

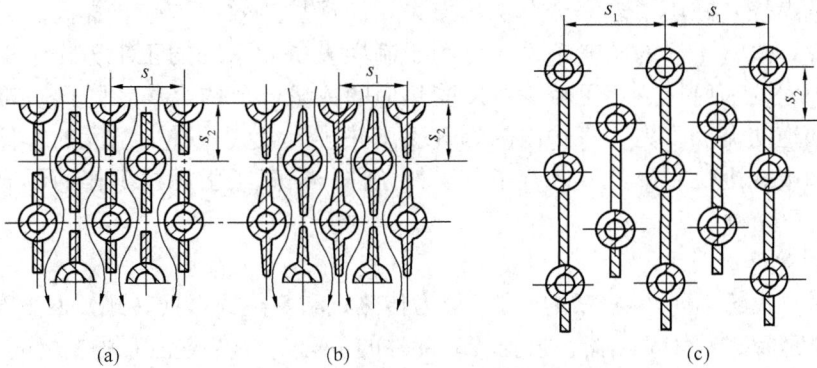

图 8-16　鳍片管式省煤器和膜式省煤器
（a）焊接鳍片管省煤器；（b）轧制鳍片管省煤器；（c）膜式省煤器

问题得到很好解决。所以，电厂锅炉广泛采用钢管式省煤器。钢管式省煤器又可分为光管式、鳍片管式和膜式省煤器等形式（如图 8-16 所示）。

省煤器按出口工质状态可分为沸腾式和非沸腾式两类。省煤器出口水温已达到饱和温度并部分汽化时，称为沸腾式省煤器。省煤器出口处汽化水量占给水量的质量百分数称沸腾率（或沸腾度）。沸腾率一般为 $10\%\sim15\%$，最大不超过 20%，以免省煤器管内流动阻力过大或产生汽水分层。当省煤器出口水温低于其压力所对应的饱和温度时，称非沸腾式省煤器，一般出口水温低于饱和温度 $20\sim25℃$。

中低压锅炉宜采用沸腾式省煤器，而高压以上压力的锅炉多采用非沸腾式省煤器。

（二）省煤器的布置

省煤器按蛇形管的排列方式分为顺列和错列两种布置。错列布置的优点是传热效果好、结构紧凑、积灰少，但不便于吹灰器的吹灰。现代电厂锅炉仍多采用错列布置的省煤器，如图 8-17 所示。

省煤器按蛇形管放置方向可分为纵向布置和横向布置两种。蛇形管垂直于前墙布置时称纵向布置，蛇形管平行于前墙布置时称横向布置，如图 8-17 所示。

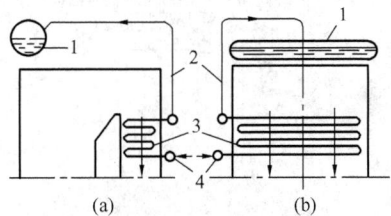

图 8-17　省煤器蛇形管的布置形式
（a）纵向布置；（b）横向布置
1—汽包；2—连接导管；3—省煤器；
4—进口联箱

二、空气预热器

1. 空气预热器的作用

空气预热器是利用锅炉尾部的烟气加热空气的低温受热面。其主要作用是：①利用空气吸收烟气的热量，降低排烟温度，提高锅炉效率，节约燃料，并有利于引风机的工作；②空气温度的提高，有利于燃料的着火和燃烧，减小了不完全燃烧热损失，进一步提高了锅炉热效率；③节约金属，降低造价；④利用热风作干燥剂，有利于制煤设备和制煤系统的正常工作。

省煤器虽然能降低烟气温度，但由于电厂都采用回热加热来提高给水温度，使给水温度较高，就不可能将烟气温度降得很低，如直接排入大气，仍将会造成较大的排烟热损失。布置空气预热器后，利用冷空气吸收烟气的热量，就进一步降低了排烟温度，减小了排烟热损失，提高了锅炉热效率，从而节约燃料。而空气温度提高后，进入炉内的是热空气，有利于燃料的着火及燃烧，减小了未完全燃烧热损失，使锅炉热效率进一步提高。此外，热空气的干燥作用好，改善了煤的干燥条件，有利于制煤设备和系统的正常工作。炉内温度的提高，强化了炉内的辐射换热，可减少蒸发受热面的数量，节约金属，降低造价。引风机的作用是克服烟道的流动阻力，将炉内的烟气引出并排入大气，排烟温度的降低也使引风机的工作温度和电耗进一步降低，改善了其工作条件，提高了引风机工作的可靠性和运行的经济性。

2. 空气预热器的类型

根据传热方式的不同，空气预热器可分为传热式和蓄热式（回转式）两大类。传热式空气预热器主要是管式空气预热器。根据转动部件的不同，蓄热式空气预热器可分为受热面回转式和风罩回转式两种。前者主要应用在中小型锅炉中，后者主要用于大型锅炉，如图8-18～图8-20所示。

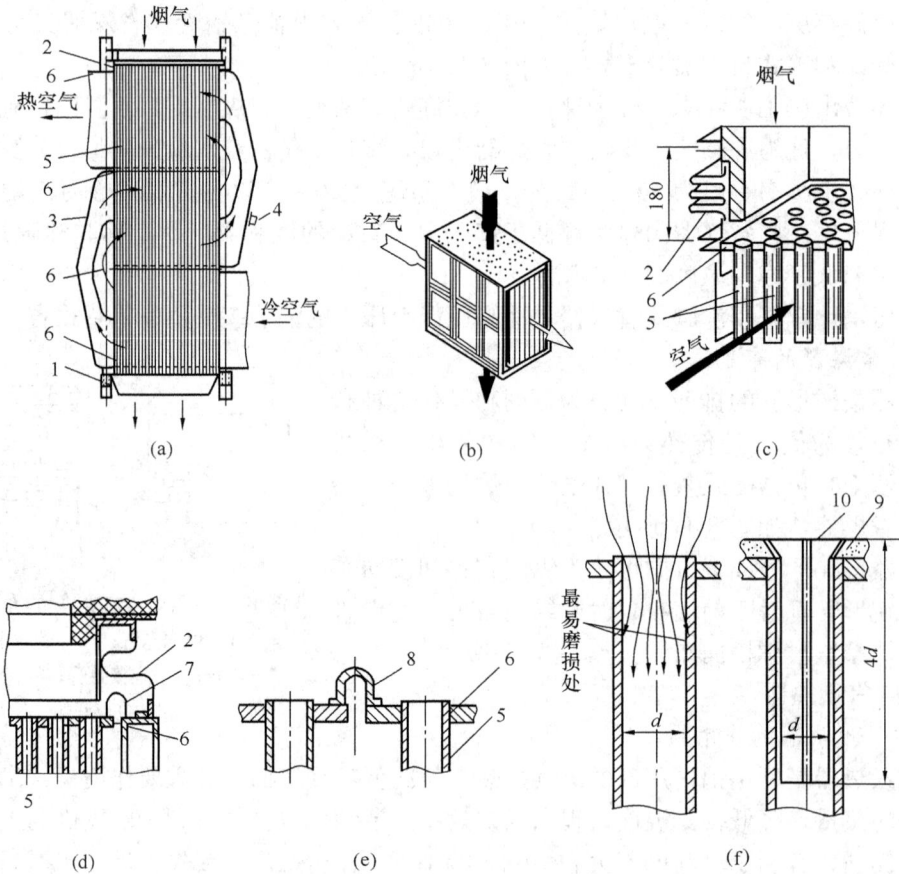

图 8-18　立式钢管空气预热器

（a）纵剖面图；（b）管箱；（c）上管板的连接；（d）管箱间密封膨胀节；
（e）防磨装置；（f）防磨装置

1—支持梁；2—钢架与外壳间的膨胀节；3—空气连通罩；4—人孔；5—管子；
6—管板；7—管箱与外壳间的膨胀节；8—管箱间膨胀节；9—绝热保温层；
10—防磨套

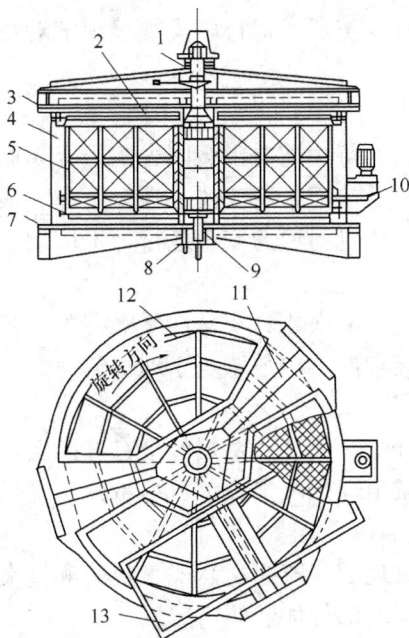

图 8-19　受热面回转式空气预热器

1—上轴承；2—径向密封；3—上端板；4—外壳；
5—转子；6—环向密封；7—下端板；8—下轴承；
9—轴；10—传动装置；11—三叉梁；12—空气出
口；13—烟气进口

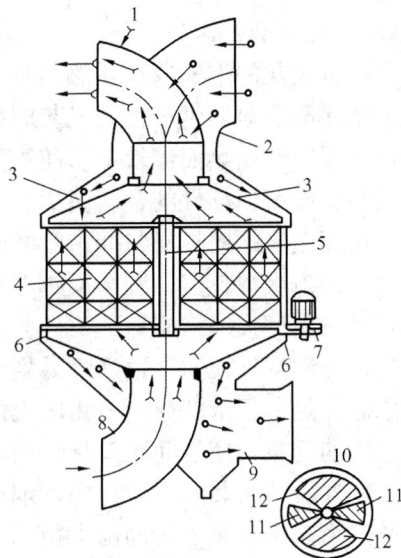

图 8-20　风罩回转式空气预热器

1—上风道；2—上烟道；3—上风罩；4—静
子；5—主轴；6—齿条；7—齿轮；8—下风
道；9—下烟道；10—过渡区；11—烟气通流
区；12—空气通流区；13—过渡区

在传热式空气预热器中，空气和烟气分别在受热面的两侧流动，烟气通过受热面将热量传递给空气。在蓄热式空气预热器中，烟气和空气交替地流过传热元件，当烟气流过时，传热元件吸收烟气的热量并将热量蓄积起来，当空气流经受热面时，传热元件就将蓄积的热量传递给空气。受热面或风罩连续转动，烟气就连续不断地将热量传递给空气。

三、尾部受热面的积灰、磨损及低温腐蚀

（一）尾部受热面的积灰

当携带飞灰颗粒的烟气流过锅炉尾部受热面时，部分飞灰将沉积在受热面上，形成积灰。由于灰的传热系数很小，一旦积灰，将增大受热面传热热阻，使传热恶化，造成排烟温度升高，排烟热损失增加，锅炉热效率降低。此外，积灰还会增加烟道阻力，增大风机的电耗，降低锅炉出力，严重时会堵塞烟气通道，被迫停机清灰。

锅炉尾部受热面的积灰可分为松散性积灰和低温粘结性积灰两种类型。在烟气温度低于600～700℃的尾部烟道中，由于烟气中碱金属氧化物的蒸汽已经凝结，因此不会发生高温烧结性积灰。除了在空气预热器区域可能发生低温粘结性积灰外，大多为松散性积灰。

为防止和减轻受热面积灰，在结构、布置及运行上可采取以下措施。

（1）受热面管束采用合理的结构。如减小管径、采用错列布置、减小节距等，以增强烟气气流的冲刷和扰动，减轻积灰。

（2）控制烟气流速。一般将烟气流速控制在 8～10m/s，烟气流速过大，则磨损严重。

（3）定期吹灰。在锅炉的尾部受热面区域都装有吹灰器。运行中应规程规定对受热面进行定期吹灰。

（二）尾部受热面的磨损

当携带飞灰的烟气流经受热面时，灰粒对受热面的每次撞击都会削去微小金属屑，使受热面管壁逐渐变薄的过程称为飞灰磨损。飞灰磨损使受热面管壁变薄、强度下降，很容易造成受热面爆管。受热面爆管不仅使受热面产生泄漏，危机锅炉的安全运行，也增加了检修的工作量和更换磨损部件的金属消耗。

受热面金属的磨损量与冲击管壁的灰粒的动能、冲击次数、灰粒性质等有关。灰粒的动能越大，冲击次数越多，则磨损越严重。灰粒的动能和冲击次数取决于烟气流速。

减轻飞灰磨损的措施如下：

（1）控制烟气流速。适当降低烟气流速是烟减轻受热面飞灰磨损的最有效措施，但应综合考虑对传热和积灰的影响。为防止烟道中局部区域出现烟气走廊，可尽量减小受热面管与炉墙之间的间隙，使管间距离尽量均匀等。

（2）加装防磨装置。运行中，烟道的局部区域出现烟气流速过高或飞灰浓度过大是不可避免的。为防止受热面管局部磨损严重，在易受磨损的部位加装防磨装置。

（三）低温受热面的低温腐蚀

1. 低温腐蚀及其危害

低温腐蚀是指烟气中的硫酸蒸汽凝结在低温受热面上产生的腐蚀，又称硫酸腐蚀。它主要发生在温度较低的空气预热器冷空气进口端。

受热面发生低温腐蚀时，会造成以下危害。

（1）传热元件腐蚀损坏严重时，需更换大量受热面，增加金属消耗量。

（2）导致管式空气预热器穿孔，增大漏风量，不仅影响燃料的燃烧，还使风机的负荷增大，电耗增加。

（3）低温腐蚀常伴随着低温粘结性积灰，不仅影响传热，使排烟温度升高，而且积灰严重时会堵塞烟气通道，烟气的流动阻力增大，风机过载，使锅炉出力下降甚至被迫停炉清灰。产生低温腐蚀时，烟气中的飞灰易粘附在潮湿的受热面上，形成低温粘结性积灰，此外，腐蚀使受热面表面粗糙不平也易产生积灰。

2. 低温腐蚀的机理

燃料中的硫分在燃烧过程中生成 SO_2，其中一小部分 SO_2（约 $0.5\%\sim5\%$）会进一步氧化成 SO_3，SO_3 与烟气中的水蒸气形成硫酸蒸汽。当受热面壁温低于硫酸蒸汽露点（即烟气露点）时，硫酸蒸汽便会凝结在受热面上，对金属产生强烈的腐蚀。

烟气中 SO_3 的形成主要有以下两种方式。

（1）在燃烧中心区，部分氧分子会离解成游离态的氧原子，部分 SO_2 与氧原子反应生成 SO_3，且过量空气系数越大、炉温越高，生成的 SO_3 越多，其反应方程式为

$$SO_2 + [O] \longrightarrow SO_3 \tag{8-3}$$

（2）SO_2 在流经高温受热面时，若遇到氧化铁（Fe_2O_3）、氧化钒（V_2O_5）等催化剂时，便会和烟气中的氧发生反应生成 SO_3。其化学反应为

$$2SO_2 + O_2 \longrightarrow 2SO_3 \tag{8-4}$$

催化剂的催化能力与温度有关，大约在 $500\sim600℃$ 的环境中其催化能力最强。因此在过热

器区域生成的 SO_3 最多。

烟气中的 SO_3 与水蒸气结合形成硫酸蒸汽，即

$$SO_3 + H_2O = H_2SO_4 \tag{8-5}$$

虽然烟气中 SO_3 的含量很少，但其硫酸蒸汽的凝结温度（烟气露点）却较高。如烟气中硫酸蒸汽的含量为 0.005% 时，烟气露点为 130～150℃。

3. 影响低温腐蚀的因素

尾部受热面的低温腐蚀与受热面壁温和烟气露点有关。烟气露点越低，受热面壁温越高，硫酸蒸汽越不易凝结，则受热面金属越不易发生腐蚀。

烟气露点主要取决于烟气中硫酸蒸汽的含量。随烟气中硫酸蒸汽含量的增加，烟气露点急剧升高，但硫酸蒸汽含量达 0.01% 以上时，烟气露点就基本不再提高。但此时由于烟气中的硫酸蒸汽含量较高，对受热面金属的腐蚀仍较严重。

4. 防止和减轻尾部受热面低温腐蚀的措施

由以上分析知，防止和减轻尾部受热面低温腐蚀的措施主要有：一是尽量减少烟气中 SO_3 的生成量（添加白云石或石灰石等添加剂脱硫），这样既可以降低烟气露点，还会减少烟气中硫酸蒸汽的凝结量，从而减轻受热面金属的腐蚀；二是提高空气预热器冷端金属壁温，使之高于烟气露点，以减少硫酸蒸汽的凝结量；三是采用抗腐蚀材料。

思　考　题

1. 蒸发设备主要包括哪些部件？它们的作用是什么？
2. 水冷壁有几种型式？大型锅炉的水冷壁主要采用什么型式？
3. 自然水循环是怎样形成的？
4. 蒸汽净化的方法有哪些？最根本的方法是什么？
5. 影响蒸汽清洗效果的主要因素有哪些？为何不宜用全部给水作为清洗水？
6. 说明锅炉连续排污和定期排污的目的和位置，排污率的大小与哪些因素有关？
7. 过热器的作用和类型有哪些？
8. 什么是汽温特性？什么是热偏差？
9. 省煤器和空气预热器各自的作用是什么？
10. 减少尾部磨损和尾部腐蚀应采取哪些措施？

第三篇　汽轮机设备

第九章　汽轮机的工作原理

第一节　汽轮机在火力发电厂中的任务

汽轮机是以水蒸气为工质，将蒸汽的热能转化为转子旋转的机械能的动力机械。它具有单机功率大、转速高、效率高、运转平稳和使用寿命长等优点，因而在现代工业中得到了广泛的应用。

汽轮机的主要用途是在热力发电厂中做驱动发电机的原动机。在以煤、石油和天然气为燃料的火力发电厂、核电站和地热电厂中，大多采用汽轮机做原动机，其发电量占总发电量的80%左右。在热电厂中，还可以用汽轮机的排汽或中间抽汽来满足生产和生活的供热需要，这种既供热又发电的热电合供汽轮机在热能的综合利用方面具有较高的经济性。此外，汽轮机还能应用于其他工业部门，例如直接驱动各种泵、风机、压缩机和船舶螺旋桨等。在生产过程中有余热、余能的各种工厂企业中，可以利用各种类型的工业汽轮机，使不同品味的热能得到合理有效的利用，从而提高企业的节能和经济效益。

自1883年瑞典工程师拉瓦尔制造成第一台汽轮机以来，汽轮机已有100余年的历史。近几十年来，汽轮机发展尤为迅速。其发展的主要特点如下所述。

（1）单机功率增大。增大单机功率不仅能迅速地发展电力生产，而且还具有下列优点。

1）降低机组单位功率的成本。单机功率越大，单位功率的成本越低。例如，国产20万kW机组的单位功率成本比600kW机组的单位功率成本降低了约27%。

2）提高机组的热经济性。单机功率越大，机组的热经济性越高。20万kW汽轮机的热耗率仅为1.2万kW汽轮机的68%，降低了约32%。

3）加快电站的建设速度。例如，安装5台25万kW的机组，工期约为66个月；安装两台60万kW的机组，工期约为45个月，后者明显比前者缩短工期约32%。

此外增大单机功率，还可以减少电站的占地面积、减少运行及检修人员、降低运行费用等。

（2）蒸汽初参数提高。增大单机功率后适宜采用较高的蒸汽参数，当今世界上300MW及以上容量的机组均采用亚临界（16～18MPa）或超临界压力（23～26MPa）机组，甚至采用超超临界压力（32MPa）机组。蒸汽初温度通常采用535～565℃。

（3）普遍采用一次中间再热。采用中间再热后，可以降低排汽湿度，提高机组的内效率、热效率和运行的可靠性。

（4）采用燃气—蒸汽联合循环，以提高电厂的效率。

（5）采用机、炉、电集控和程控提高电站的自动化水平。

（6）发展原子能电站汽轮机。原子能电站投资较高，但是运行费用较低，而且功率越大，相对的投资和运行费用越小。发展核电将是解决能源不足的主要途径之一。

我国是一个发展中国家，解放前没有自己的汽轮机制造工业，电厂的运行、检修水平很低。新中国建立后，汽轮机制造工业才得到发展，从1955年制成第一台6000kW凝汽式汽轮机起，在短短的几十年中，已经生产了1.2万、2.5万、5万、10万、12.5万、20万、30万及60万kW以上的各种类型的汽轮机。除建立了哈尔滨、上海和东方汽轮机制造厂外，还建有南京、北京、武汉、杭州及青岛等一批中小型汽轮机制造厂，这些工厂正在为发展我国的汽轮机制造工业做出贡献。在电厂中，由于技术水平不断提高，技术管理不断加强，规章制度逐步完善，使汽轮机设备的检修质量和运行水平都得到了提高，充分发挥了设备的潜力，因而大大提高了设备运行的可靠性、降低了发电成本。

汽轮机设备包括以下部分：

（1）汽轮机本体——包括汽轮机的静止部分、转动部分、配汽机构。

（2）调节保安系统——包括调节系统、保安设备及润滑油系统。

（3）回热加热系统——包括高低压加热器、除氧器及有关汽水管道。

（4）凝汽设备及其空气抽出系统——包括凝汽器、抽汽器、循环水泵、循环水的冷却设备等。

图9-1所示为国产25MW凝汽式汽轮机的热力系统。由锅炉来的新蒸汽经电动主汽门、自动主汽门、调节汽门进入汽轮机中做功。乏汽排入凝汽器中并凝结成水，称为凝结水。用凝结水泵将凝结水由凝汽器的热井中抽出，经由抽汽器的冷却器、低压加热器送至除氧器中，除氧后的水再用给水泵经高压加热器将给水加热后送回到锅炉中去。

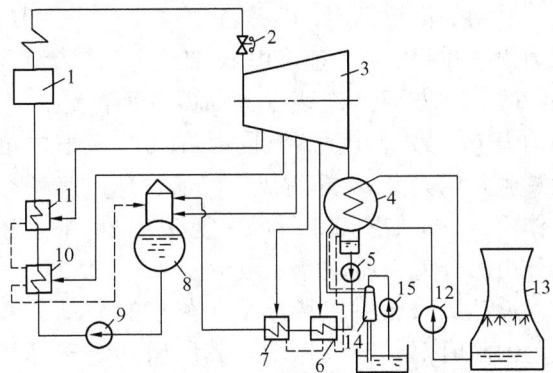

图9-1　25MW汽轮机简化热力系统
1—锅炉；2—调节阀；3—汽轮机；4—凝汽器；5—凝结水泵；6、7—低压加热器；8—除氧器；9—给水泵；10、11—高压加热器；12—循环水泵；13—冷水塔；14—抽汽器；15—射水泵

为使进入凝汽器的乏汽凝结成水，采用了一套循环水装置，用循环水泵将冷却水送入凝汽器，它在凝汽器的铜管内流过时，吸收乏汽的热量使之凝结，而冷却水本身的温度升高了，温度升高后的冷却水送至冷却塔中，水在冷却塔中被冷却后又可供凝汽器使用，故这种循环使用的冷却水又称循环水。

第二节　汽轮机的基本工作原理

来自锅炉的过热蒸汽进入汽轮机后，依次经过一系列环形配置的喷嘴和动叶，将蒸汽的热能转化为汽轮机转子旋转的机械能。蒸汽在汽轮机中以不同方式进行能量转换，便构成了不同工作原理的汽轮机。

一、冲动作用原理

由力学可知，当一个运动物体碰到另一个静止的或运动速度较低的物体时，就会受到阻碍而改变其速度，同时给阻碍它运动的物体一个作用力，这个作用力称为冲动力。冲动力的大小取决于运动物体的质量和速度变化：质量越大，冲动力越大；速度变化越大，冲动力也越大。若阻碍运动的物体在此力作用下产生了速度变化，则运动物体就做了机械功。

在汽轮机中（如图9-2所示），蒸汽在喷嘴中产生膨胀，压力降低，速度增加，蒸汽的

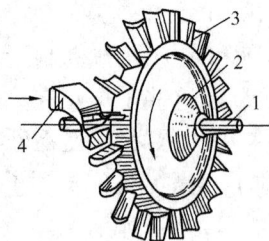

图 9-2 单级冲动式汽轮机

热能转化成动能。高速汽流冲击叶片，由于汽流运动方向改变，产生了对叶片的冲动力，推动叶片旋转做功，将蒸汽的动能转变成轴旋转的机械能。这种利用冲动力做功的原理称为冲动作用原理。

二、反动作用原理

由牛顿第三定律可知，一个物体对另一个物体施加一个作用力时，这个物体上必然要受到与其作用力大小相等、方向相反的反作用力。例如，火箭就是利用燃料燃烧时产生的大量高压气体从尾部高速喷出，对火箭产生反作用力使其高速飞行的。这个反动作用力称为反动力，利用反动力做功的原理称为反动作用原理。

反动式汽轮机中，蒸汽在喷嘴中产生膨胀，压力由 p_0 降至 p_1，速度由 c_0 增至 c_1。汽流流经动叶时，一方面由于速度方向改变而产生一个冲动力 F_i，另一方面蒸汽同时在动叶汽道内继续膨胀，压力由 p_1 降到 p_2，汽流加速产生一个反作用力 F_r，如图 9-3 所示。蒸汽对动叶的上述两种力的合力 F 推动叶片做功。

反动式汽轮机的特点是，蒸汽的冲动力和反动力同时对动叶片做功，其所做功等于热能转化为汽轮机转子的机械能的数量。显然，反动式汽轮机是同时利用冲动和反动作用原理工作的。

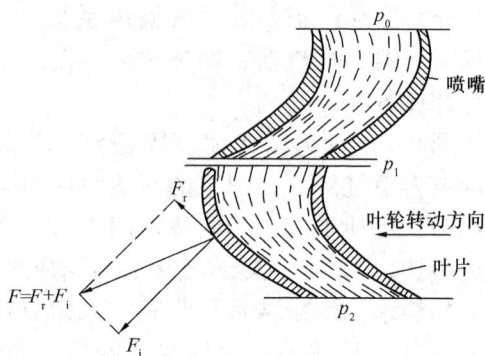

图 9-3 蒸汽对反动式汽轮机叶片的作用力

三、基本概念

1. 级

在汽轮机中，一列喷嘴（静叶栅）和其后的动叶片组成将蒸汽的热能转换成机械能的基本工作单元，称为汽轮机的级。

汽轮机的级在结构上有单列级和速度级之分，单列级由一列喷嘴（静叶）和其后相配套的一列动叶组成，如图 9-2 所示。速度级则是由一列喷嘴和其后装在同一个叶轮上的两列或3 列动叶以及装在汽缸上的一列或两列导向叶片组成的，如图 9-4 所示。由于速度级只有一列喷嘴，在实质上仍属于单列级。

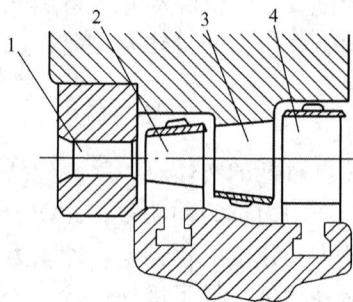

图 9-4 速度级结构图

喷嘴和动叶的流道都是由弯曲壁面构成的。由于蒸汽在这些流道中的实际流动情况比较复杂，为了讨论方便，假设蒸汽在喷嘴和动叶流道中的流动如下：

（1）稳定流动：蒸汽在流道中任一点的参数不随时间变化。

（2）一元流动：蒸汽在流道中的参数只沿流动方向变化，而在垂直于流道的方向是相同的。

（3）绝热流动：认为蒸汽在流道中流动速度很高，因而流经流道的时间极短，来不及与壁面产生热量交换。

2. 反动度

级的反动度表示水蒸气在动叶汽道内的膨胀程度。显然蒸汽在动叶汽道内的膨胀程度越大，反动力就越大，反动力做功也就越多，这个级的反动度就越大。如果蒸汽在动叶汽道内不膨胀，则不产生反动力，也就谈不上反动力做功了，这种级的反动度等于零。

按照不同的反动度，汽轮机的级可分为下列几种类型。

（1）纯冲动级。当级的反动度 $\Omega_m = 0$ 时，称为纯冲动级。级热力学能量的转换特点是：蒸汽只在喷嘴中发生膨胀，在动叶中不膨胀，只改变运动方向。喷嘴出口的压力等于动叶出口的压力，即 $p_1 = p_2$。纯冲动级的结构特点是：动叶的进口和出口的截面接近相等，叶型对称弯曲。

（2）反动级。级的反动度 $\Omega_m = 0.5$ 时，称为反动级。级热力学能量转化特点是：蒸汽在喷嘴和动叶中的膨胀程度相等，$p_1 > p_2$。反动级的结构特点是：喷嘴和动叶的形状相同，流道均为收缩型。由这种级组成的汽轮机称为反动式汽轮机。

（3）带有反动度的冲动级。当级的反动度 $\Omega_m = 0.20$ 左右时，称带有反动度的冲动级，简称冲动级。级热力学能量转换特点是：蒸汽在动叶中有一定的膨胀，但小于在喷嘴中的膨胀量，蒸汽对动叶的作用力以冲动力为主，因此有 $p_1 > p_2$。动叶的结构介于纯冲动级和反动级之间。由这种级构成的汽轮机称为冲动式汽轮机，高压级反动度较小，低压级反动度较大。

第三节 汽轮机的分类及型号

一、分类

汽轮机的类型很多，为便于使用，常按汽轮机的级数、热力过程特性、工作原理、新蒸汽参数、蒸汽流动方向及用途等对汽轮机进行分类。

（一）按汽轮机的级数分

（1）单级汽轮机。只有一个级的汽轮机称为单级汽轮机。图 9-5 所示是单级冲动式汽轮机工作原理简图。蒸汽在喷嘴中产生膨胀，压力由 p_0 降至 p_1，流速则从 c_0 增至 c_1，将热能转换为动能；在动叶片中，蒸汽按冲动作用原理给动叶片以冲动力，推动叶轮旋转做功，将蒸汽的动能转变成转子的机械能，蒸汽离开动叶后速度降至 c_2，此速度称为余速，它所携带的动能称为余速动能损失。

图 9-6 所示为速度级汽轮机的示意图。在单级汽轮机中，当喷嘴中焓降较大时，喷嘴出口的蒸汽速度很高，则蒸汽离开动叶的速度也很大，将产生较大的余速损失，降低了汽轮机的经济性。为了减少这部分损失，可像图 9-6 所示那样，在第一列动叶后安装一列导向叶片，使蒸汽在导向叶片内改变运动方向后再进入装在同一叶轮上的第二列动叶中继续做功。这样，从第一列动叶流出

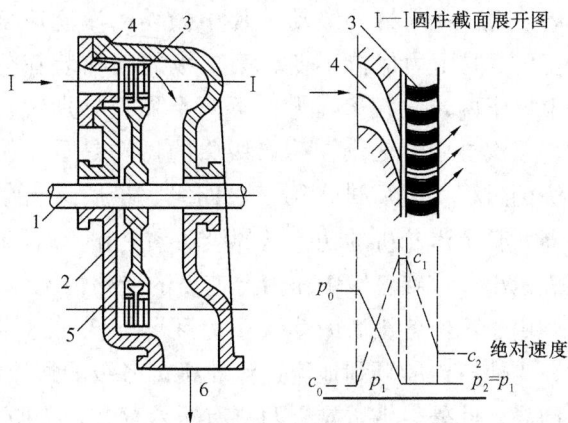

图 9-5　单级冲动式汽轮机示意图

1—轴；2—叶轮；3—动叶片；4—喷嘴；5—汽缸；6—排汽口

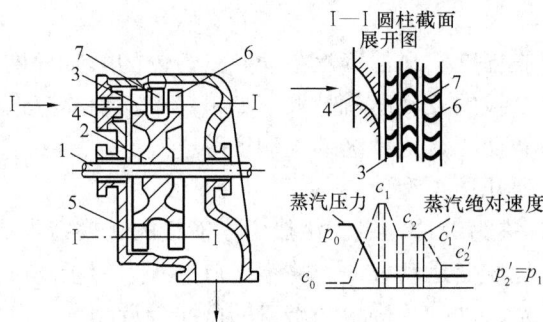

图 9-6　速度级汽轮机工作原理简图
1—轴；2—叶片；3—第一列动叶；4—喷嘴；5—汽缸；
6—第二列动叶；7—导向叶片

的汽流所具有的动能又在第二列动叶中加以利用，使动能损失减少。这种将蒸汽在喷嘴中膨胀产生的动能，分次在动叶中利用的级，称为速度级。由速度级构成的汽轮机称为速度级汽轮机。图 9-6 还表示出蒸汽在速度级中压力和速度的变化规律，蒸汽在动叶和导向叶片中均不产生膨胀，因此第二列动叶后的压力等于喷嘴后的压力。

单级汽轮机由于功率较小，在火力发电厂中一般不用来驱动发电机，通常用来带动某些功率不大的辅机，如汽动油泵和汽动给水泵等。

（2）多级冲动式汽轮机。随着汽轮机向高参数、大功率和高效率方向发展，单级汽轮机已不能适应需要，产生了多级汽轮机。由若干个冲动级依次迭置而成的多级汽轮机称为多级冲动式汽轮机。

图 9-7 所示为一台多级冲动式汽轮机结构示意图，它由四级组成，第一级为调节级，其余三级称为非调节级。所谓调节级和非调节级是按照级的通流面积是否随负荷大小变化来区分的。通流面积能随负荷改变而改变的级称为调节级。这种级由于运行时可以改变通流面积来控制进汽量，从而达到调节汽轮机负荷的目的，所以称为调节级。非调节级是通流面积不随负荷改变而改变的级。新蒸汽由汽室 6 进入装在汽缸上的第一级喷嘴并在其中膨胀，压力由 p_0 降至 p_1，速度由 c_0 增至 c_1。此后进入第一级动叶片中做功，汽流速度降至 c_2，但压力保持不变。第二级的喷嘴装在分为上、下两半隔板上，上、下两半隔板分别装在上、下汽缸中。蒸汽在第二级中的做功是重复第一级的过程。此后进入第三、四级，最后进入凝汽器。整个汽轮机的功率是各级功率之和，所以，多级汽轮机的功率可以做得很大。图 9-7 还表示出蒸汽在各级中压力及速度的变化情况。

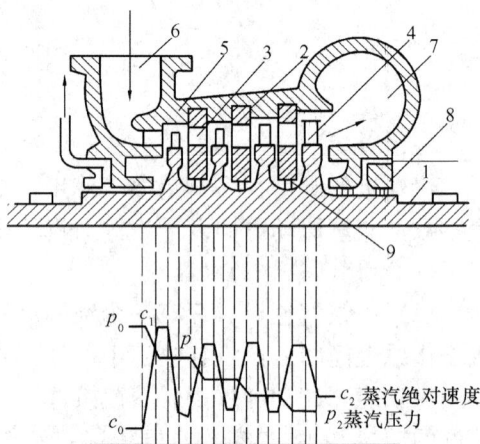

图 9-7　冲动式多级汽轮机通流部分示意图
1—转子；2—隔板；3—喷嘴；4—动叶片；5—汽缸；
6—蒸汽室；7—排汽管；8—轴封；9—隔板汽封

由于流经各级后的蒸汽压力逐渐降低，比体积逐渐增大，故蒸汽的体积流量也逐渐增大，为使蒸汽能顺利地流过汽轮机，各级的通流面积应逐级增大，因此喷嘴和动叶的高度逐级增高。此外，由于隔板两侧有压差存在，为防止隔板与轴之间的间隙漏汽，隔板上装有隔板汽封，同时为防止高压端汽缸与轴之间的间隙向外漏蒸汽和通过低压缸与轴之间的间隙向里漏空气，还分别装有轴封。

多级冲动式汽轮机总体结构特点是汽缸内装有隔板和轮式转子。

图 9-8 所示为一台具有 4 级的反动式汽轮机。它的动叶片直接装在转鼓上，在每列动叶前装有静叶片。动叶片和静叶片的断面形状基本相同，压力为 p_0 的新蒸汽从蒸汽室进入汽轮机后，在第一级静叶栅中膨胀，压力降低、速度增加，然后进入第一级动叶栅，改变流动方向，产生冲动力，在动叶栅中蒸汽继续膨胀，压力下降，汽流在动叶栅中的速度增加，对动叶产生反动力，转子在冲动力和反动力的共同作用下旋转做功。从第一级流出的蒸汽一次进入以后各级重复上述过程，直到经过最后一级动叶栅离开汽轮机。由于反动式汽轮机的叶片前后存在压力差，这个压力差作用在动叶片上会产生一个从高压指向低压的轴向推力。为了

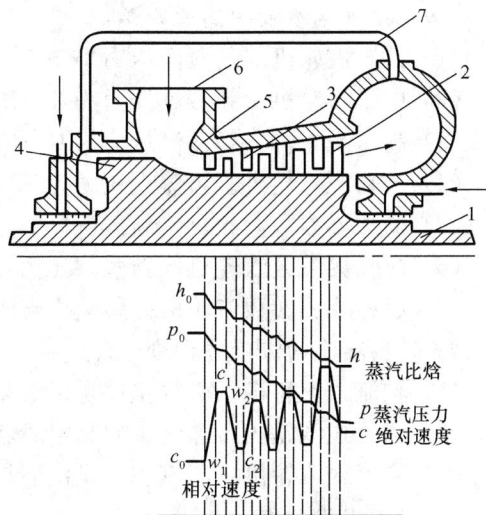

图 9-8　反动式汽轮机通流部分示意图
1—鼓型转子；2—动叶片；3—静叶片；4—平衡活塞；5—汽缸；6—蒸汽室；7—连接管

减少这个轴向推力，反动式汽轮机不能像冲动式汽轮机那样采用叶轮结构。其总体结构特点是，汽缸内无隔板或装有无隔板体隔板，并采用了鼓式转子，动叶栅直接嵌装在鼓式转子的外缘上；另外，高压端轴封还设有平衡活塞，用蒸汽连接管与凝汽器相通，使平衡活塞上产生一个与汽流的轴向力方向相反的平衡力。

（二）按热力过程特性分

（1）凝汽式汽轮机。进入汽轮机做功的蒸汽除很少一部分漏汽外，全部排入凝汽器，这种汽轮机称为纯凝汽式汽轮机。为提高效率，近代汽轮机都采用回热抽汽，即进入汽轮机的蒸汽除大部分排入凝汽器外，有少部分蒸汽从汽轮机中分批抽出，用来加热锅炉给水，这种汽轮机称为有回热抽汽的凝汽式汽轮机，简称为凝汽式汽轮机。

（2）背压式汽轮机。进入汽轮机做功后的蒸汽在高于大气压力下排出，供工业或生活使用，这种汽轮机称为背压式汽轮机。若排汽供给其他中、低压汽轮机使用时，则称为前置式汽轮机，这种汽轮机常在改造旧电厂时使用。

（3）调节抽汽式汽轮机。在汽轮机中，部分蒸汽在一种或两种给定压力下抽出，供给工业或生活使用，其余蒸汽在汽轮机内做功后仍排入凝汽器。一般用于工业生产的抽汽压力为 0.5～1.5MPa，用于生活采暖的抽汽压力为 0.05～0.25MPa。

（4）中间再热式汽轮机。新蒸汽在汽轮机前面若干级做功后，全部引至锅炉内再次加热到某一温度，然后回到汽轮机中继续做功，这种汽轮机称为中间再热式汽轮机。

（三）按工作原理分

（1）冲动式汽轮机。由冲动级构成的汽轮机称为冲动式汽轮机。近代的冲动式汽轮机，蒸汽在动叶内部有一定程度的膨胀（在有一些级中甚至相当大），但是大部分的膨胀是在喷嘴中完成的，但习惯上仍称为冲动式汽轮机。

（2）反动式汽轮机。由反动级构成的汽轮机称为反动式汽轮机，蒸汽在喷嘴和动叶中的膨胀程度近似相等。

（四）按进汽参数的高低分类

（1）低压汽轮机。新蒸汽压力小于 1.5MPa。

（2）中压汽轮机。新蒸汽压力为 2～4MPa。

（3）高压汽轮机。新蒸汽压力为 6～10MPa。

（4）超高压汽轮机。新蒸汽压力为 12～14MPa。

（5）亚临界参数汽轮机。新蒸汽压力为 16～18MPa。

（6）超临界参数汽轮机。新蒸汽压力超过 22.16MPa。

（7）超超临界参数汽轮机。新蒸汽压力超过 27MPa。

（五）按蒸汽的流动方向分

（1）轴流式汽轮机。蒸汽主要是沿着轴向流动的汽轮机。

（2）辐流式汽轮机。蒸汽主要是沿着辐向（半径方向）流动的汽轮机。

（3）周流式汽轮机。蒸汽主要是沿着周向流动的汽轮机。

（六）按用途分类

（1）电站汽轮机。在火力发电厂中用以驱动发电机的汽轮机。

（2）工业汽轮机。用于工业企业中的固定式汽轮机统称为工业汽轮机，包括自备动力站发电用汽轮机（一般是等转速）、驱动水泵和风机等的汽轮机（一般是变转速）。

（3）船用汽轮机。用于船舶驱动螺旋桨的汽轮机。

除以上分类外，汽轮机还有一些分类方法，例如可以按汽缸的数目分为单缸、双缸和多缸的汽轮机；按汽轮机的轴数分为单轴、双轴和多轴汽轮机等。

二、型号

汽轮机种类很多，为了便于使用，通常用一些特定的符号来表示汽轮机的基本特性（热力特性、功率和蒸汽参数等），这些符号称为汽轮机的型号。

目前国产汽轮机采用的型号分为 3 组，即

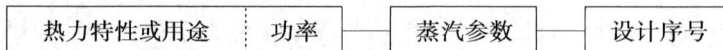

热力特性或用途	功率	蒸汽参数	设计序号

第一组用汉语拼音符号表示汽轮机的热力特性或用途，其意义如表 9-1 所示，汉语拼音符号后面的数字表示汽轮机的额定功率，单位为 MW。

表 9-1　　　　　　　　　　汽轮机热力特性或用途的代号表

代　号	N	B	C	CC	CB	H	Y
类型	凝汽式	背压式	一次调节抽汽式	二次调节抽汽式	抽汽背压式	船用	移动式

第二组的数字又分为几组，其间用斜线分开，各组数字所表示的意义如表 9-2 所示。表中所用单位：汽压—MPa；汽温—摄氏温度（℃）。

第三组的数字表示设计序号，若为按原型制造的汽轮机，型号默认为 1，可以省略。

表 9-2　　　　　　　　　　蒸汽参数的表示方法

汽轮机类型	蒸汽参数表示方法	汽轮机类型	蒸汽参数表示方法
凝汽式	新蒸汽压力/新蒸汽温度	一次调节抽汽式	新蒸汽压力/调节抽汽压力
中间再热式	新蒸汽压力/新蒸汽温度/中间再热温度	二次调节抽汽式	新蒸汽压力/高压抽汽压力/低压抽汽压力
背压式	新蒸汽压力/背压	抽汽背压式	新蒸汽压力/抽汽压力/背压

范例：

（1）N100-8.82/535：表示凝汽式，额定功率为 100MW，新蒸汽压力为 8.82MPa，新蒸汽温度为 535℃。

（2）N300-16.7/537/537：表示带有中间再热的凝汽式，额定功率为 300MW，新蒸汽压力为 16.7MPa，新蒸汽的温度为 537℃，中间再热蒸汽温度为 537℃。

（3）B50-8.82/0.98：表示背压式，额定功率为 50MW，新蒸汽压力为 8.82MPa，背压为 0.98MPa。

（4）C50-8.82/0.118：表示一次调节抽汽式，额定功率为 50MW，新蒸汽压力为 8.82MPa，调节抽汽压力为 0.118MPa。

（5）CC12-3.43/0.98/0.118：表示二次调节抽汽式，额定功率为 12MW，新蒸汽压力为 3.43MPa，高压抽汽压力为 0.98MPa，低压抽汽压力为 0.118MPa。

（6）CB25-8.82/1.47/0.49：表示抽汽背压式，额定功率为 25MW，新蒸汽压力为 8.82MPa，抽汽压力为 1.47MPa，背压为 0.49MPa。

第四节　多级汽轮机的特性

由于级的圆周速度受到材料的限制，使得一个单级所能利用的焓降受到限制，即使采用速度级，它所能利用的焓降也是有限的，而且效率还比单列级低。现代发电用的汽轮机，要求功率大、效率高，为此采用了高的蒸汽参数和低的排汽压力，汽轮机的理想焓降很大。例如，300MW 的汽轮机初参数为 16.7MPa、537℃，排汽压力为 4.9kPa，其理想焓降约为 1482kJ/kg。显然任何形式的单级汽轮机都不能有效地利用这样大的焓降。但我们可以采用由许多个单级组成的多级汽轮机，蒸汽依次在各级中膨胀做功，这样，既能利用很大的焓降，又能保持较高的效率。所以，功率稍大的汽轮机都采用多级汽轮机。例如，300MW 汽轮机是由一个冲动式调节级和 35 个反动式压力级组成的。

一、多级汽轮机损失

对一台多级汽轮机来说，在蒸汽将热能转换成机械能的过程中，会产生各种各样的损失。多级汽轮机的损失分为两大类，一类是影响蒸汽状态的损失，称为内部损失；另一类是不影响蒸汽状态的损失，称为外部损失。

（一）内部损失

多级汽轮机的内部损失包括各种级内损失，还有进汽机构的节流损失和排汽管的压力损失。这两种损失对蒸汽的状态都有影响，因此也都属于内部损失。同时又因为这两种损失分别发生在进汽端和排汽端，因而又叫端部损失。

1. 进汽机构的节流损失

新蒸汽进入汽轮机的第一级之前，首先要经过主汽门和调节汽门，由于阀门的节流作用，使蒸汽压力下降，但焓值保持不变。一般情况下，这项损失引起的压力降 Δp 为

$$\Delta p = (0.03 \sim 0.05)p_0$$

式中：p_0 为新蒸汽（主汽门前）的压力。

图 9-9 所示为新蒸汽流经主汽门、调节汽门时，产生节流损失的热力过程。由图可见，在没有节流损失时，汽轮机的理想焓降为 ΔH_t，有节流损失后，其焓降为 $\Delta H_t'$，ΔH_t 与

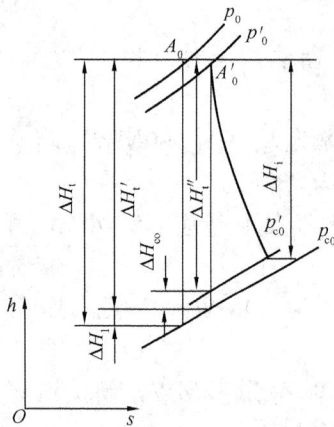

图 9-9　节流损失及排汽管的压力

$\Delta H_t'$ 之差称为进汽机构的节流损失。

进汽机构的节流损失与蒸汽的流速、阀门的型线、流道的粗糙程度有关。限制蒸汽流经阀门和管道的流速，选用流动特性好的阀门是减小进汽机构节流损失的主要措施。一般应使蒸汽流过阀门和管道的流速小于等于 $40\sim60\text{m/s}$，压力降控制在 $(0.03\sim0.05)p_0$ 的范围内。

2. 排汽管的压力损失

汽轮机末级叶片排出的乏汽由排汽管转向引至凝汽器，乏汽在排汽管中流动时，由于汽流在汽缸内外壁压力分布不同而产生一个横向压力梯度，产生摩擦、涡流等，造成压力降低，即汽轮机末级动叶后压力 p_{c0}' 高于凝汽器压力 p_{c0}，$\Delta p_{c0} = p_{c0}' - p_{c0}$，这个压降 Δp_{c0} 并未用于做功，而是用于克服流动阻力，故称为排汽管压力损失。

由图 9-9 可以看出，由于排汽管压力损失的存在，使蒸汽在汽轮机中的做功能力减小，ΔH_{c0} 即为排汽管压力损失所引起的焓降损失。排汽管压力损失的大小取决于排汽缸中的蒸汽速度和排汽缸的结构型式，为了减少这项损失，通常利用排汽本身的动能来补偿排汽管中的压力损失，为此排汽缸都设计成既有较好的扩压效果，流动阻力又较小的扩压型排汽通道。

3. 级内损失

级内损失包括喷嘴损失、动叶损失、余速损失、扇形损失、摩擦损失、部分进汽损失、漏汽损失和湿汽损失等。这些损失均使级效率降低，影响汽轮机运行的经济性，因此必须研究产生这些损失的原因，以便采取措施减小其数值从而提高效率。

（1）喷嘴损失和动叶损失。喷嘴损失和动叶损失统称为叶栅损失，是由于汽流在叶栅流道中流动时产生的损失。该项损失的大小主要与叶片的高度、表面的光滑度、汽道的形状和流速等因素有关。

（2）扇形损失。动叶平均直径 d_b 与叶片高度 l_b 之比称为径高比 θ，即

$$\theta = \frac{d_b}{l_b}$$

$\theta > 8\sim12$ 时称为短叶片，该叶片多为等截面叶片。$\theta < 8\sim12$ 的叶片称为长叶片。

前面讨论蒸汽在级内的流动规律时，一直认为蒸汽的状态参数和流动参数沿叶高方向不变，叶型沿叶高也不变，因而可以用平均直径处的参数代替整个叶高上各处的参数。这种代替只有在平均直径 d_b 较大、叶高 l_b 较小时，计算误差才较小，多级汽轮机的高压级就属于这种情况。但对多级汽轮机的低压级，由于其体积流量 G_v 很大，要求叶片高度较高，致使叶片顶部和根部的圆周速度、节距差别很大，并且因离心力的作用使得喷嘴与动叶间隙中蒸汽的压力沿叶高方向变化也很大。这时再用平均直径处的参数来代替整个叶高上各处的参数，叶型仍沿叶高不变，将产生附加损失，使级效率降低。

为了保持较高的级效率，此时应将叶片作成沿叶高变化的变截面叶片，以适应圆周速度和汽流参数沿叶高变化的规律，这种叶片称为扭曲叶片。

（3）摩擦损失。叶轮的两侧面和围带的表面并不是绝对光滑的，而且蒸汽具有黏性，会附着在这些地方，当叶轮旋转时，紧贴在叶轮和轮缘两侧表面上的蒸汽质点随着运动，其

速度接近叶轮和轮缘的圆周速度，而紧贴在隔板（或汽缸）壁面上的蒸汽质点速度接近为零，这就使得叶轮与隔板（或汽缸）之间以及蒸汽质点之间的摩擦消耗了一部分有用功，造成损失，如图 9-10 所示。另外，由于靠近叶轮表面的蒸汽质点具有较大速度，其本身的离心力较大，而靠近隔板（或汽缸）表面的蒸汽质点速度较小，其离心力也较小，这就使得靠近叶轮表面的蒸汽产生向外的径向流动，形成涡流，从而消耗掉一部分有用功，造成损失。

（4）部分进汽损失。部分进汽损失是由于采用部分进汽时所引起的附加能量损失，它由鼓风损失和斥汽损失组成。斥汽损失因其数值较小，可以忽略不计。

在部分进汽的级中，喷嘴只安装在一部分弧段上，其余部分没有喷嘴。装有喷嘴弧段的长度与整个圆周长之比称为部分进汽度，用 e 表示。当 $e<1$ 时，称为部分进汽；当 $e=1$ 时，称为全周进汽。当叶轮转动时，动叶汽道某一瞬间进入装有喷嘴的工作区域，另一瞬间又离开工作区域而进入没有喷嘴的非工作区域。动叶在非工作区域内转动时，两侧和围带表面将与非工作区域内的蒸汽产生摩擦，造成摩擦损失。此外，当动叶进口结构角与出口结构角不相等时，动叶就像鼓风机的叶片一样，将非工作区域的蒸汽从叶轮一侧鼓向另一侧，从而消耗一部分有用功，造成损失。

鼓风损失与部分进汽度 e 有关，e 越大则损失越小，当 $e=1$ 时，鼓风损失为零。为了减少鼓风损失，常采用护罩装置（如图 9-11 所示），将没有装喷嘴的弧段内的动叶用护罩罩起来，这样动叶只是在护罩内的少量蒸汽中转动，鼓风损失大为减少。

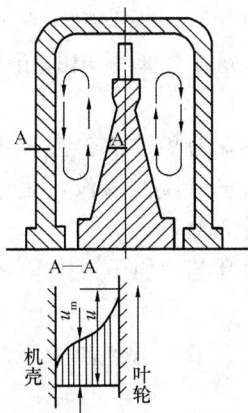

图 9-10　叶轮两侧汽流速度分布图

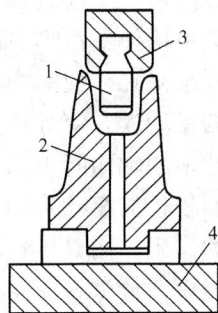

图 9-11　部分进汽级护罩装置示意图
1—叶片；2—护罩；3—叶轮；4—汽缸

（5）级内漏汽损失。由于汽轮机级的动静部分之间存在着间隙和压力差，因而总有部分蒸汽从间隙中漏过，这部分蒸汽不仅不能参与主汽流做功，而且还干扰主汽流，造成损失，这种损失称为漏汽损失。冲动级的隔板前后有较大的压差，级前有一部分蒸汽 ΔG_p 不经过喷嘴而从隔板与主轴之间的间隙中漏到隔板之后，这部分蒸汽不参与主汽流做功形成隔板漏汽损失。此外，当叶轮上没有平衡孔时，这部分隔板漏汽重又被主汽流从叶根处吸入动叶，由于它们不是从喷嘴中膨胀加速喷出，不但不能产生有效功，而且还会干扰主汽流的流动，引起附加损失。在级的反动度较大时，还会有部分蒸汽 ΔG_t 从动叶围带与汽缸之间的间隙中漏过，形成围带漏汽损失。若级的反动度很小或为零时，由于喷嘴出口高速流动汽流的吸汽作用，则可能有部分蒸汽从动叶后经围带与汽缸之间间隙被吸入动叶进口也会造成损失，如图 9-12（a）所示。

反动级的静叶与转轴之间、叶顶与汽缸之间同样存在间隙，而且与冲动级相比，动叶前后的压差更大，所以漏汽量会更大一些，如图 9-12（b）所示。

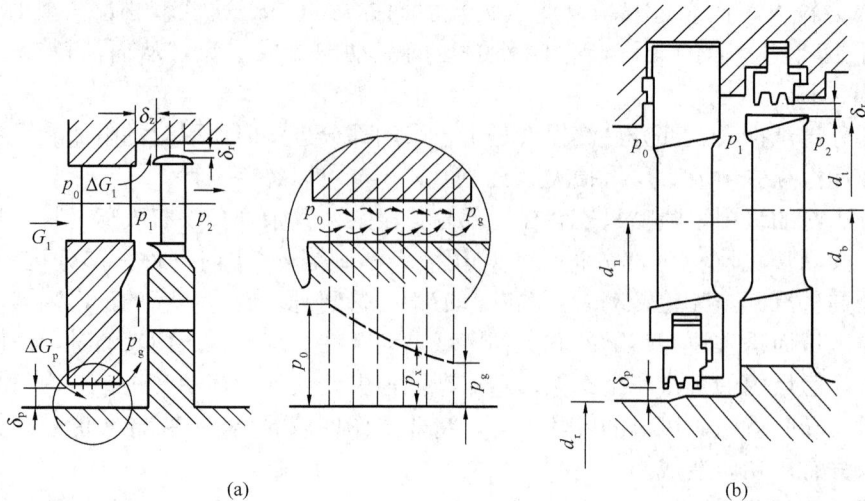

图 9-12　级内漏汽示意图

（a）冲动级的漏汽；（b）反动级的漏汽

减少漏汽损失的措施如下：

在动静部分的间隙处安装汽封，如在隔板与主轴之间安装隔板汽封，在叶顶处安装围带汽封等。汽流每经过一个齿就被节流一次，故齿数越多，每个齿所承担的压差就越小，漏汽面积和压差的减小均使漏汽损失减少。

在叶轮上开平衡孔，使隔板漏汽从平衡孔中流到级后，避免这部分漏汽干扰主汽流。

选择适当的反动度，使叶根处既不漏汽也不吸汽。这里所说的漏汽，是指在级的反动度过大时，经过叶根的轴向间隙从叶轮的平衡孔中漏向级后的蒸汽。

对无围带的较长的扭叶片，也可将顶部削薄，减小动叶与汽缸（或与隔板套）之间的间隙，起到汽封的作用，同时尽量减小扭叶片顶部的反动度。

（6）湿汽损失。凝汽式汽轮机的最末几级常在湿汽区工作，蒸汽中含水造成湿汽损失，具体原因如下：

湿蒸汽中存在一部分水珠，此外，湿蒸汽在膨胀过程中还要凝结出一部分水珠。这些水珠不能在喷嘴中膨胀加速，因而减少了做功的蒸汽量，引起损失。

由于水珠不能在喷嘴中膨胀加速，必须靠汽流带动加速，因而要消耗汽流的一部分动能，引起损失。

水珠虽然被汽流带动得到加速，但是其速度 c_{1x} 仍将小于汽流速度 c_1（一般 $c_{1x} \approx 10\% \sim 13\% c_1$），水珠进入动叶的方向角大于动叶的进汽角，即水珠将冲击动叶进口边的背弧，产生阻止叶轮旋转的制动作用，减少了叶轮的有用功，造成损失。同理，在动叶出口，由于水珠离开动叶的方向角 α_{2x} 远远大于水蒸气离开动叶的方向角 α_2，水珠撞击下级喷嘴背弧，干扰主汽流做功，造成附加损失。

湿蒸汽膨胀时，汽态变化很快，一部分蒸汽来不及凝结（即不能释放汽化潜热），而形成过饱和，造成蒸汽做功焓降减少，形成"过冷"损失。

蒸汽中含水除了造成湿汽损失外，还对动叶金属有冲蚀作用，尤其在动叶进汽侧背弧顶部，被冲蚀成密集细毛孔，叶片缺损，威胁着汽轮机的安全运行。焊有硬质合金的动叶如图9-13所示。为此，要求凝汽式汽轮机最终可见湿度不得超过12%～15%，并装设去湿装置，如图9-14所示。其原理是在离心力作用下，水珠被甩到外缘，通过捕水口、捕水室和疏水通道流走（去低压加热器或凝汽器），达到去湿效果。

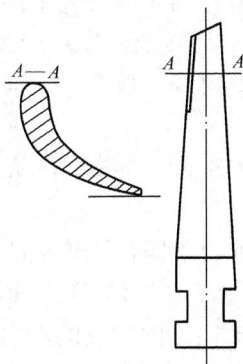

图9-13　焊有硬质合金的动叶

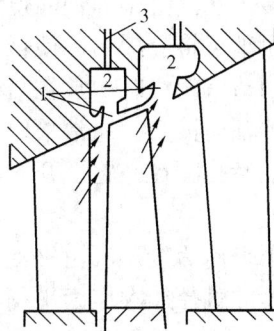

图9-14　去湿装置示意图
1—捕水口槽道；2—捕水室；3—疏水通道

（7）余速动能损失。余速损失 Δh_{c2} 是蒸汽离开动叶后仍具有的动能 $\frac{1}{2}c_2^2$，对单级汽轮机来说其余速动能全部都成为损失，但在多级汽轮机中，这部分动能可在下一级中部分或全部地被利用。要使下一级能利用上一级的余速动能，在结构上应当满足的条件是：两个级的平均直径接近相等；下一级的喷嘴进汽方向应与上一级的动叶排汽方向一致；两级之间的距离应尽可能小，而且在此间隙内汽流不发生扰动。

在多级汽轮机中，一些级的余速不能被利用，例如：调节级、级后有抽汽口的级、部分进汽度和平均直径突然变化的级、最末一级。

（二）外部损失

汽轮机外部损失包括两种：机械损失和轴端漏汽损失。

1. 机械损失

汽轮机运行时，要克服支持轴承和推力轴承的摩擦阻力，以及带动主油泵等，都将消耗一部分有用功而造成损失，这部分损失称为机械损失。大功率机组中约占0.5%～1%。带有减速装置的小功率机组则还要大一些。

2. 轴端漏汽损失

汽轮机的主轴在穿出汽缸两端时，为了防止动静部分的摩擦，总要留有一定的间隙。虽然装上端部汽封后这个间隙很小，但由于压差的存在，在高压端总有部分蒸汽向外漏出，这部分蒸汽不做功，因而造成能量损失；在处于真空状态下的低压端就会有一部分空气从外向里漏而破坏真空。为了解决这种往凝汽器内漏空气的问题和利用向外漏出的蒸汽，所有多级汽轮机都设置有一套汽封系统。

二、多级汽轮机的轴向推力及其平衡

（一）多级汽轮机的轴向推力

蒸汽在汽轮机级内流动时，除了产生推动叶轮旋转做功的周向力外，还产生与轴线平行的轴向推力，其方向与汽流在汽轮机内的流动方向相同，使转子产生由高压向低压移动的趋势。为此，必须对转子轴向推力进行计算，确保汽轮机安全地运行。

整个转子上的轴向推力主要是各级轴向推力的总和。每一级的轴向推力通常包括蒸汽作用在动叶上的轴向推力、叶轮轮面上的轴向推力和汽封凸肩上的轴向推力三部分。

（二）多级汽轮机轴向推力的平衡

汽轮机转子在汽缸中的轴向位置是由推力轴承来固定的，若轴向推力大于推力轴承的承载能力，推力轴承将会损坏，使转子产生轴向移动，引起转子与静子碰撞，产生重大事故。因此在设计制造汽轮机时，常在结构上采取措施，使大部分轴向推力被平衡，推力轴承只用来承担剩余的轴向推力。通常采取的措施如下：

（1）开平衡孔。在叶轮上开 5～7 个平衡孔，使叶轮前后的压力差减小，从而减小汽轮机的轴向推力。

（2）采用平衡活塞。汽轮机常采用平衡活塞来平衡轴向推力，即在汽轮机的高压端，将第一个轴封套的直径加大作为平衡活塞，如图 9-15 所示。平衡活塞两端环形面积上作用着不同的蒸汽压力（$p_x > p$），在这个压差作用下产生了与汽流流动方向相反的轴向推力。

（3）多缸汽轮机采用反向流动布置。采用汽缸对置，使不同汽缸中的汽流流动方向相反，抵消一部分轴向推力。这在大容量机组中得到普遍采用。图 9-16 为三缸汽轮机布置的一种方案，高中压缸对头布置，抵消大部分轴向推力；同时低压缸又采用了分流布置，从而使汽轮机的轴向推力大大减少。

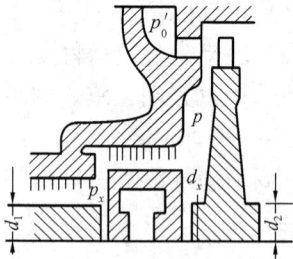

图 9-15 平衡活塞示意图

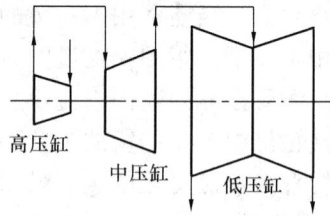

图 9-16 汽轮机各汽缸对置排列

思 考 题

1. 解释冲动作用原理和反动作用原理。
2. 按热力特性可将汽轮机分为哪几类？
3. 多级冲动式汽轮机和多级反动式汽轮机在结构上有什么区别？
4. 说明下列汽轮机型号的含义：N300-16.7/537/537、CC12-3.43/0.98/0.118。
5. 什么是汽轮机的级？级有哪几类？各自的特点是什么？
6. 什么是汽轮机的反动度？根据反动度的大小级可分为哪几类？
7. 汽轮机的整机损失有哪些？产生这些损失的原因是什么？
8. 轴向推力产生的原因是什么？平衡轴向推力的方法有哪些？

第 十 章

汽 轮 机 本 体 结 构

汽轮机本体由转动部分(转子)和静止部分(静体或静子)两部分组成。转动部分包括动叶片、叶轮(反动式汽轮机为转鼓)、主轴和联轴器及紧固件等旋转部件;静止部分包括汽缸、蒸汽室、喷嘴室、喷嘴、隔板、隔板套(反动式汽轮机为静叶持环)、汽封、轴承、轴承座、机座、滑销系统,以及有关紧固零件等。转子的作用是汇集各级动叶片上的旋转机械能,并将其传递给发电机。

第一节 汽 缸 的 结 构

汽缸是汽轮机的外壳,其作用是将汽轮机的通流部分与大气隔开,形成封闭的汽室,保证蒸汽在汽轮机内部完成能量转换过程。汽缸内安装着喷嘴室、隔板、隔板套等零部件;汽缸外连接着进汽、排汽、抽汽等管道。

为了加工制造及安装检修方便、汽缸多做成水平对分形式,即分为上、下汽缸,水平结合面用法兰螺栓连接,且上、下汽缸的水平中分面都经过精加工,以防止结合面漏汽。同时为了合理利用材料,还常以一个或两个垂直结合面而分为高压、中压、低压等几段。和水平结合面一样,垂直结合面亦通过法兰、螺栓连接,所不同的是垂直结合面通常在制造厂一次装配完毕就不再拆卸了,有的还在垂直结合面的内圆加以密封焊。

汽缸自高压端向低压端看,大体上呈圆筒形或近似圆锥形。图 10-1 所示为高压单缸凝

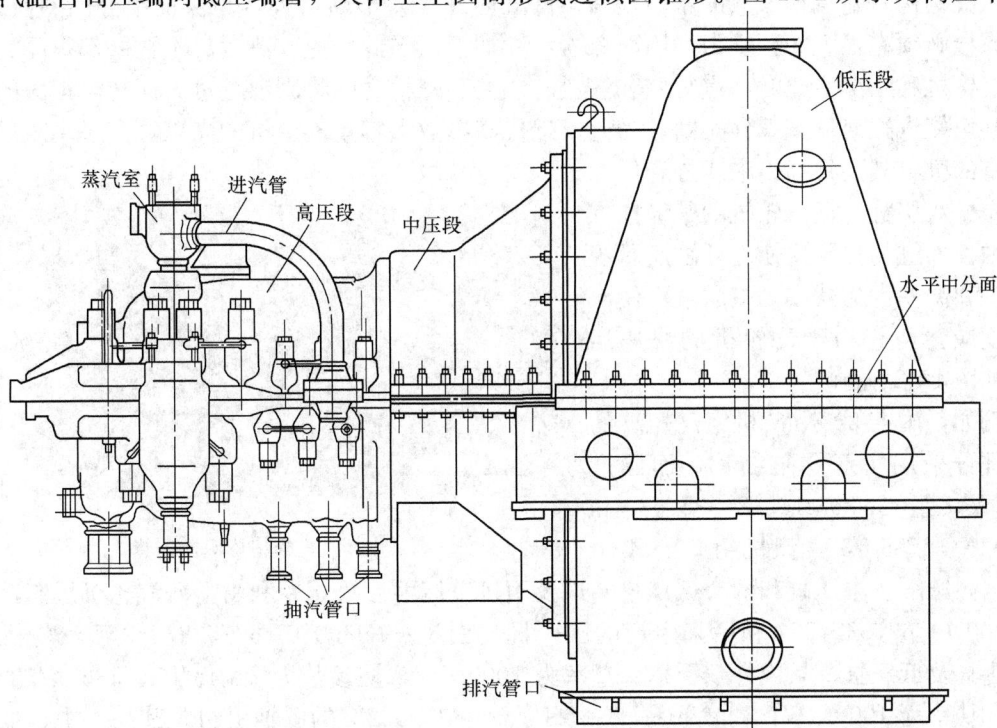

图 10-1 高压单缸凝汽式汽轮机汽缸外形

汽式汽轮机汽缸外形图。该汽缸除有水平中分面外，还有两个垂直结合面，将汽缸分为高、中、低压 3 段。前部有 4 个和汽缸焊在一起的蒸汽室，分别与 4 根进汽管相连，下部留有各级抽汽管口，尾部则是与凝汽器相连接的排汽管口。

图 10-2 汽缸法兰螺栓及蒸汽加热槽

汽缸的高、中压段一般采用合金钢或碳钢铸造结构，低压段可根据容量和结构要求，采用铸造结构或由简单铸件、型钢及钢板焊接的焊接结构。

一般汽轮机的汽缸数目是随机组容量的增大而增加的，国产汽轮机容量在 100MW 以下的都是单缸，100MW、125MW、135MW 基本上采用双缸，200MW 采用 3 个缸，300MW 采用 4 个汽缸或两个汽缸（高中压合缸和一个低压缸），600MW 采用 4 个汽缸或 3 个汽缸。但在一般情况下，单轴机组很少采用 5 个以上的汽缸，因为汽缸数目过多，机组总长度就太长，安装、检修工艺要求高，造价增加，而且对于远离推力轴承的汽缸，其转子和汽缸的相对膨胀差值太大，对机组运行的经济性和安全性不利。

通常初参数不超过 8.83MPa、535℃，容量在 100MW 以下的中、小功率汽轮机都采用单层汽缸结构。随着初参数的不断提高，汽缸内外压差不断增大，为保证中分面的汽密性，连接螺栓必须有很大的预紧力，因而螺栓尺寸加大。与此相应，法兰、汽缸壁都很厚，导致启动、停机和工况变化时，汽缸壁和法兰、法兰和螺栓之间将因温差过大而产生很大的热应力，甚至使汽缸变形、螺栓拉断。为此，近代高参数大容量汽轮机的高压缸多采用双层缸结构。有的机组甚至将高、中压缸和低压缸全做成双层缸。把汽轮机的某级抽汽通入内、外缸的夹层，使内外缸所承受的压差和温差大为减小，多层缸可使汽缸厚度减薄，有利于汽轮机的快速启动，如图 10-2 所示。

例如，国产 200MW 机组高压缸的高温部分采用了双层缸结构，而国产 300MW 机组（N300-16.18/535/535 和 N300-16.18/550/550 型机组）的 4 个

图 10-3 高压内缸示意图

汽缸（高压缸、中压缸和两个低压缸）以及引进美国西屋公司专利由上海汽轮机厂制造生产的 N300-16.67/537/537 和后来生产的国产优化引进型 N300-16.67/538/538 型汽轮机的高中压合缸及低压缸都是内外双层缸。功率为 1000MW，初参数为 24.4MPa、535℃/535℃ 的机组和功率为 1300MW，初参数为 23.3MPa、538℃/538℃ 的双轴机组，其高、中、低压缸亦均采用了双层缸结构，如图 10-3 所示。

第二节　隔　　板

隔板的作用是固定静叶片（喷嘴叶片），并将汽缸内间隔成若干个汽室。为了拆装方便，隔板做成对分形式，在对分结合面中间设有密封槽，以减少隔板漏汽损失。中间有中心孔，以穿过主轴。中心孔内缘装有汽封片，以防轴向漏汽。

隔板的具体结构是根据它的工作温度和作用在隔板两侧的蒸汽压差来决定的，主要有以下两种形式。

1. 焊接隔板

如图 10-4 所示，先将铣制（或冷拉、模压、精密浇铸）的静叶片 1 焊接在内、外围带 2 和 3 之间，组成喷嘴组，然后再将其焊在隔板体 5 及隔板外缘 4 之间，组成焊接隔板。焊接隔板具有较高的强度和刚度，较好的汽密性，加工较方便，因此广为中、高参数汽轮机的高中压部分采用。

2. 铸造隔板

铸造隔板是将已成型好的静叶片在浇铸隔板体的同时放入其中，一体铸出而成，如图 10-5 所示。它的静叶片可用铣制、冷拉、模压以及爆炸成型等方法制成。

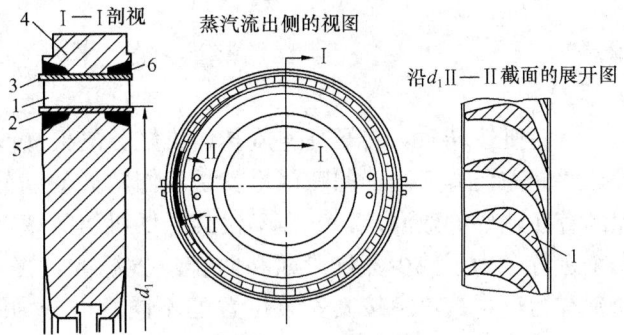

图 10-4　焊接隔板
1—静叶片；2—内围带；3—外围带；4—隔板外缘；5—隔板体；6—焊缝

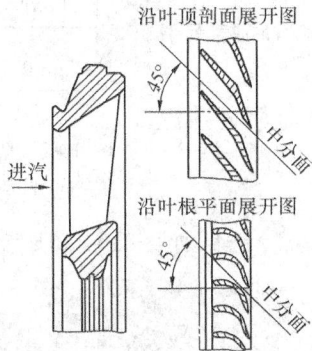

图 10-5　铸造隔板

大功率汽轮机的末一、二级常用空心静叶片，这些叶片的顶部常设置均压用的小孔，以避免运行中由于空心静叶外部处于真空状态而内部压力升高使静叶片在内外压差作用下变形。此外，还在根部钻有疏水小孔。

铸造隔板加工制造比较容易，成本低，但是静叶片的表面光洁度较差，使用温度也不能太高，一般应小于 300℃，因此都用在汽轮机的低压部分。

在高参数汽轮机中还普遍采用隔板套结构，如图 10-6 所示，即把相邻几级隔板装在隔板套内，再将隔板套装在汽缸中，上、下隔板套之间采用螺栓连接。因此在上汽起吊

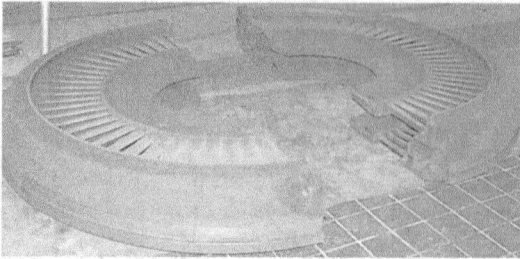

图 10-6　带有两级焊接隔板的隔板套示意图

时，上隔板套并不随之一起升起，隔板套的采用可以简化汽缸结构，便于抽汽口的布置，使汽缸轴向尺寸减小，并且为不同种汽轮机汽缸通用化创造了条件。但是隔板套的采用会增大汽缸的径向尺寸，同时也增加了水平中分面法兰的厚度，延长汽轮机启动时间。

第三节　汽　　　封

汽轮机运转时，转子高速旋转，汽缸、隔板（或静叶环）等静体固定不动，因此转子和静体之间需留有适当的间隙（也就是我们常说的动静间隙），从而保证不相互碰磨。然而间隙的存在就要导致漏汽，这样不仅会降低机组效率，还会影响机组安全运行。为了减少蒸汽泄漏和防止空气漏入，需要有密封装置，通常称为汽封。汽封按其安装位置的不同，可分为通流部分汽封、隔板（或静叶环）汽封、轴端汽封。反动式汽轮机还装有高、中压平衡活塞汽封和低压平衡活塞汽封。

转子穿过汽缸两端处的汽封，简称轴封。高压轴封的作用是防止蒸汽漏出汽缸，造成工质损失，恶化运行环境，导致轴颈受热或冲进轴承使润滑油质劣化；低压轴封则用来防止空气漏入汽缸，破坏凝汽器的正常工作，影响凝汽器真空。

隔板内圆处的汽封叫做隔板汽封，用来阻碍蒸汽绕过喷嘴而引起能量损失并使叶轮上的轴向推力增大。

动叶栅顶部和根部处的汽封叫做通流部分汽封，用来阻碍蒸汽从动叶栅两端逸散致使作功能力降低。

隔板汽封和通流部分汽封的位置可参看图 10-7。

汽轮机汽封装置形式很多，但应用最广的要算梳齿式汽封，如图 10-8 和图 10-9 所示。例

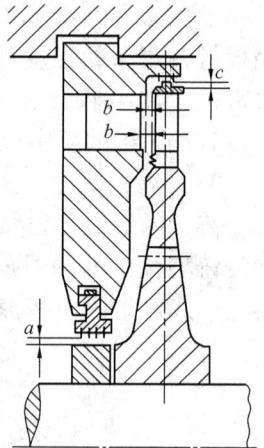

图 10-7　隔板汽封和
通流部分汽封

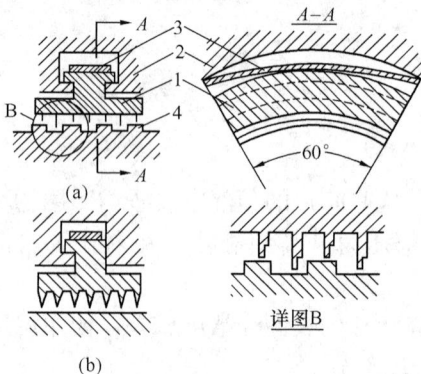

图 10-8　梳齿形汽封
1—汽封环；2—汽封体；3—弹簧片；4—汽封套

图 10-9　轴端汽封示意图

如，国产引进型 300MW 机组汽轮机汽封全部采用梳齿形汽封。

通常，汽轮机的高压轴封和高压隔板汽封采用高低齿型汽封，汽封环材料为不锈钢；低压轴封和低压隔板汽封采用平齿型汽封，汽封环材料为青铜。

第四节 轴 承

轴承是汽轮机的一个重要组成部件，分为径向支持轴承和推力轴承两种类型，它们用来承受转子的全部重量并且确定转子在汽缸中的正确位置。径向支持轴承用来承担转子的重量和旋转的不平衡力，并确定转子的径向位置，以保持转子旋转中心与汽缸中心一致，从而保证转子与汽缸、汽封、隔板等静止部分的径向间隙正确。推力轴承承受蒸汽作用在转子上的轴向推力，并确定转子的轴向位置，以保证通流部分动静间正确的轴向间隙。所以推力轴承被看成转子的定位点，或称汽轮机转子对静子的相对死点。支持轴承位于汽轮发电机组各转子的端部。推力轴承位于汽轮机高、中压或中、低压转子之间的轴承座内或前轴承座内。

由于每个轴承都要承受较高的载荷，而且工作转速很高，所以汽轮机的轴承都采用以液体摩擦为理论基础的滑动式轴承，借助具有一定压力的润滑油在轴颈与轴瓦之间形成油膜，建立液体摩擦，使汽轮机安全稳定地工作。

一、滑动轴承的基本工作原理

支持轴承中，轴颈直径总是比轴瓦内径小一些，转子在静止状态时，轴颈处于轴瓦底部，轴颈和轴瓦两者之间形成楔形间隙，如图 10-10（a）所示（以圆筒形轴承为例）。当连续向轴承供给一定压力和黏度的润滑油时，转子旋转时，粘附在轴颈上的油层便随之一起转动，并带动以后各层油旋转，从而把润滑油从楔形间隙的宽口带向窄口。由于间隙进口油量大于出口油量，润滑油便聚积在狭窄的楔形间隙中而产生油压。当这个油压超过轴颈上的载荷时，就把它抬起。轴颈被抬起后，间隙增大，产生的油压又降低一些，直到楔形间隙中的油压与轴颈上的载荷平衡时，轴颈便稳定在一定的位置上旋转。此时，轴颈与轴瓦完全由油膜隔开，

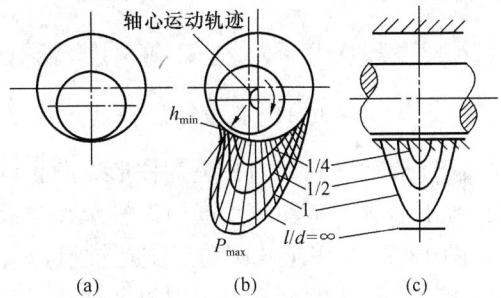

图 10-10 轴承中液体摩擦的建立
(a) 轴在轴承中构成楔形间隙；(b) 轴心运动
轨迹及油楔中的压力分布（周向）；
(c) 油楔中的压力分布（轴向）

建立了液体摩擦。显然，轴颈转速越高，润滑油粘性越大，则油膜内压力越大，将轴颈抬得越高，轴颈中心就处在较高的偏心位置。当转速为无穷大时，理论上轴颈中心便与轴承中心重合。也就是说，随着转速的升高，轴颈中心的偏心位置亦不相同，其轨迹近似一个半圆曲线，如图 10-10（b）所示。

综上所述，可得到如下结论：要想使得有负载作用的两表面间建立稳定的油膜，就必须满足以下条件：①两滑动面之间构成楔形间隙；②两滑动面之间必须充满具有一定油性和粘性的润滑油；③两滑动面之间必须具有相对运动，而且其运动方向是使润滑油由楔形间隙的宽口移向窄口。

油楔中的压力分布如图 10-10（b）所示。在径向，楔形间隙进口处润滑油压力最低，然后逐

渐增大，经过最大值 P_{max} 后逐渐减小，在楔形间隙后（即最小间隙后）下降为零。在轴向，因为轴承有一定宽度，润滑油要从两端流出，使得润滑油压在轴承宽度方向上从中间往两端逐渐降低，到端部为零，如图 10-10（c）所示。由此可以看出，轴承宽度（也可称长度）亦影响它的承载能力。当载荷、转速、轴瓦内径、轴颈直径以及润滑油等条件都相同时，轴承越宽，产生的油压越大，承载能力越大，轴颈抬得越高。轴承越窄（越短），承载能力越小。但是，轴承太宽将不利于轴承的冷却，并增加汽轮机的轴向长度，因此必须合理选择轴承尺寸。

二、轴承的结构

1. 支持轴承

支持轴承又称径向轴承或主轴承，主要形式有圆筒形轴承、椭圆形轴承、多油楔轴承及可倾瓦轴承等。圆筒形轴承主要由内圆镀有乌金的上、下轴瓦、垫块、垫片、连接螺栓等组成。图 10-11 和图 10-12 为支持轴承的示意图。

图 10-11　就位的支持轴承　　　　图 10-12　支持轴承下瓦和顶轴油孔

圆筒形轴承轴瓦内孔呈圆柱形，静止状态下，轴承顶部间隙约为侧面间隙的两倍，工作时轴颈下形成一个油膜。圆筒形轴承按支持方式可分为固定式和自位式（又称球面式）两种。图 10-13 为固定式圆筒形支持轴承，它用在 50MW、100MW 等汽轮机上。轴瓦 1 是由上、下两半组成的，它们用螺栓 8 和止口连接起来。下瓦支持在 3 块垫块 2 上，垫块 2 用螺钉与轴瓦固定在一起，中间的垫片 3 是用来为轴瓦找中心用的，增减它的厚度就可以调整轴瓦的径向位置。上瓦顶部的垫块 2 和垫片 3 则用来调整轴瓦与轴承盖之间的紧力。

润滑油从轴瓦侧下方垫块 2 的中心孔引入，经过下瓦内的油路，由轴瓦水平结合面处流进。由于轴的旋转，使油先经过轴瓦顶部间隙，再经过轴和下瓦之间的间隙，然后从轴瓦两端泄出，由轴承座油室返回油箱。下瓦进油口处的节流孔板 4 用来调整进油量。水平结合面处的锁饼 7 是用来防止轴瓦转动的，轴承在其面向汽缸的一侧装有油档 5，以防止油从轴承座中甩出。

轴瓦一般用优质铸铁铸造，在轴瓦内部车出燕尾槽，其上浇以 ChSnSb11-6 锡基轴承合金（巴氏合金）。

2. 推力轴承

推力轴承分为独立式和联合式两种，推力轴承有活动的推力瓦，安装推力瓦的推力环在转子推力盘的两侧各一个，每一个推力环分为两半，靠近推力盘侧的推力瓦上浇铸乌金，如图 10-13 所示。

推力轴承的作用是确定转子的轴向位置和承受作用在转子上的轴向推力。通常应用最广泛的

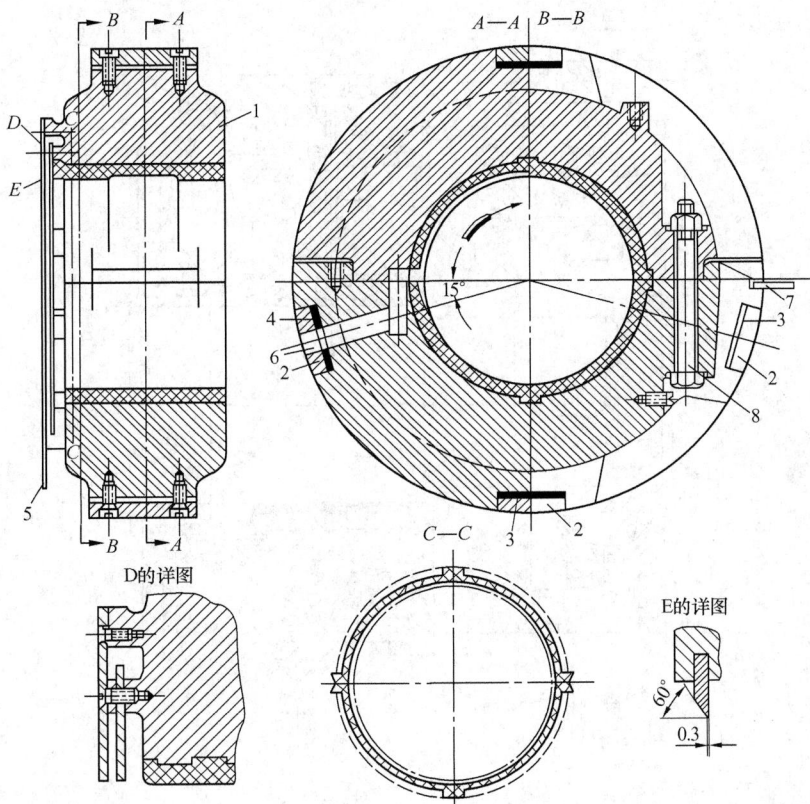

图 10-13 固定式圆筒形支持轴承

1—轴瓦；2—调整垫块；3—垫片；4—节流孔板；5—油档；6—进油口；7—锁饼；8—连接螺栓

推力轴承是密切尔式推力轴承，它是借助于轴承上的若干片瓦片与推力盘之间构成楔形间隙建立液体摩擦的。其工作原理可用图 10-15 解释。当转子的轴向推力经过油层传给瓦片时，其油压合力 Q 并不作用在瓦片的支承点 O 上，而是偏在进油口的一侧，如图 10-15（a）所示。因此合力 Q 便与瓦片支点的支反力 R 形成一个力偶，使瓦块略微偏转形成油楔，随着瓦块的偏转，油压合力 Q 逐渐向出油口一侧偏移，当 Q 与 R 作用在一条直线上时，油楔中的压力便与轴向推力保持平衡状态，如图 10-15（b）所示，在推力盘与瓦片之间建立液体摩擦。

图 10-14 推力轴承的一半轴瓦

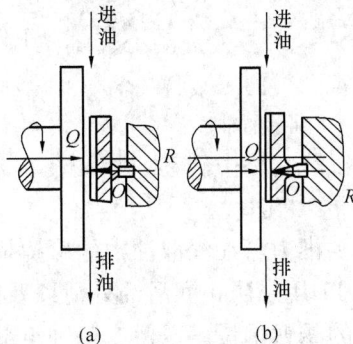

图 10-15 推力瓦片与推力盘间油楔的形成

（a）Q 与 R 不在一条直线上；（b）Q 与 A 在一条直线上

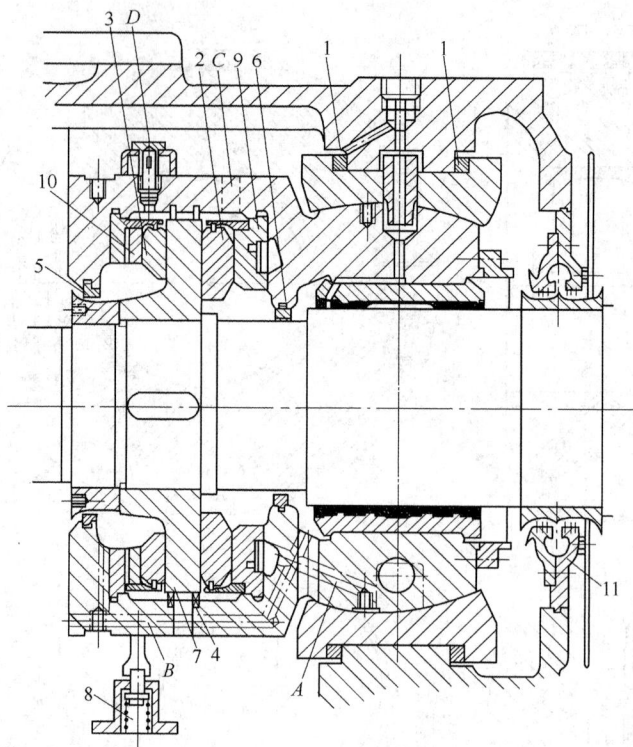

图 10-16　推力—支持联合轴承

图 10-17　推力、支持联合
轴承的轴瓦

推力轴承经常与支持轴承合为一体称为推力—支持联合轴承。图 10-16 表示的是一种联合轴承结构图，它广泛应用在国产汽轮机组中，图 10-17 为实物图。为保证较均匀地将轴向推力分配到各个瓦片上，选用球面形支持轴瓦。轴承的径向位置靠沿轴瓦圆周分布的 3 块垫块及垫片来调整，轴向位置靠调整圆环 1 来调整。轴承的推力瓦片分为工作瓦片 2 和非工作瓦片（又叫定位瓦片）3，各有 10 片左右。工作瓦片承受转子的正向推力，非工作瓦片承受转子的反向推力。这些瓦片利用销子挂在它们后面的两半对分的安装环 9 和 10 上，销子松宽地插在瓦片背面的销孔中，由于瓦片背面有一条突起的肋，使瓦片可以绕它略微转动，从而在瓦片工作面和推力盘之间形成楔形间隙，建立液体摩擦（图 10-15 推力瓦片）。

为减少推力盘在润滑油中的摩擦损失，用青铜油封 4 来阻止润滑油进入推力盘外缘腔室中，油挡 11 用来防止润滑油外泄以及防止蒸汽漏入。推力轴承前下部的支撑弹簧 8 支持着推力轴承的悬臂重量，以使支持轴承部分在轴颈全长上均匀受力。

润滑油从支持轴承下瓦调整垫片的中心孔引入，经过轴瓦上的环形腔室，一路顺中分面进入支持轴承，另一路经过油孔 A、B 流向推力盘两侧去润滑工作瓦片和非工作瓦片。最后两路油分别经过泄油孔 C、D 流回油箱，在泄油孔 D 上装有针型阀以调节润滑油量。

第五节 动 叶 片

动叶片安装在转子叶轮（冲动式汽轮机）或（转鼓）上，接受喷嘴叶栅射出的高速汽流，把蒸汽的动能转换成机械能，使转子旋转。

动叶片的工作条件很复杂，除因高速旋转和汽流作用承受较高的静应力和动应力以外，还因其分别处于过热蒸汽区、两相过渡区（指从过热蒸汽区过渡到湿蒸汽区）和湿蒸汽区内工作而承受高温、高压、腐蚀和冲蚀作用，因此其结构不但应保证有良好的流动特性，而且还要保证有足够的强度。

叶片一般由叶型、叶根和叶顶 3 部分组成，如图 10-18 所示。

一、叶形部分

叶形部分是叶片的工作部分，相邻叶片的叶形部分之间构成汽流通道，蒸汽流过时将动能转换成机械能。为了提高能量转换的效率，叶片断面型线及其沿叶高的变化规律应符合气体动力学要求，同时还要满足结构强度和加工工艺的要求。

按叶形部分横截面的变化规律，叶片可分为等截面直叶片（如图 10-18 所示）和变截面扭曲叶片（如图 10-19 所示）。等截面直叶片的断面型线和面积沿叶高是相同的，具有加工方便、制造成本低、有利于在部分级实现叶形通用等优点，但其气动特性较差，主要用于短叶片。变截面扭曲叶片的截面形线及截面积沿叶高变化，各截面形心的连线连续发生扭转，具有较好的气动特性及强度，但制造工艺较复杂，主要用于长叶片。随着加工工艺的不断进步，变截面扭曲叶片正逐步用于短叶片。

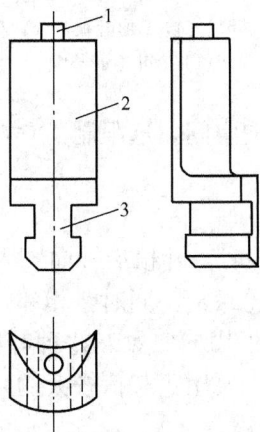

图 10-18 动叶片的结构

1—叶顶；2—叶型；3—叶根

图 10-19 变截面扭曲叶片

在湿蒸汽区工作的叶片，为了提高其抗冲蚀能力，通常在叶片进口的背弧上采用强化措施，如镀铬、电火花强化、表面淬硬及贴焊硬质合金等。

二、叶根

叶根是将动叶片固定在叶轮（或转鼓）上的连接部分，它应保证在任何运行条件下连接

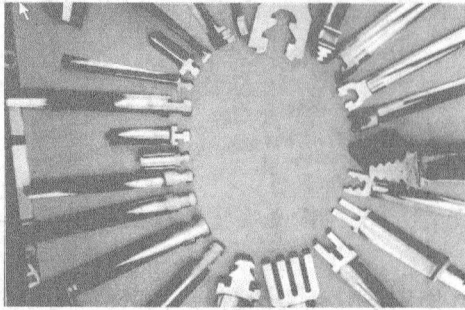

图 10-20　叶根的实图

牢固，同时力求制造简单、装配方便。叶根的形式较多，常用的有 T 形、枞树形和叉形等。图 10-20 为叶根的实图。

1. T 形叶根

T 形叶根如图 10-21（a）所示，它结构简单，加工、装配方便，被普遍使用在较短叶片上，如国产引进型 300MW 汽轮机的高压级采用的就是这种形式的叶根，但这种叶根在离心力的作用下会对轮缘两侧产生弯曲应力，使轮缘有张开的趋势。为此，有的 T 形叶根的两侧做出凸肩［如图 10-21（b）所示］，将轮缘包住，阻止轮缘张开。国产 300MW 汽轮机的高压部分就采用了这种形式的叶根。图 10-21（c）所示为双 T 形叶根，这种形式增大了叶根的受力面积，进一步提高了叶根的承载能力，多用于中长叶片。

T 形叶根在轮缘上的装配采用周向埋入，如图 10-21（d）所示。安装时，将叶片从轮缘上的一个或两个锁口处逐个插入，并沿周向移至相应位置，最后锁口处的叶片用铆钉固定在轮缘上。这种装配方法较简单，但在更换叶片时拆装工作量较大。

2. 叉形叶根

叉形叶根结构如图 10-22 所示，其叶根制成叉形，安装时从径向插入轮缘上的叉槽中，并用铆钉固定。叉形叶根加工简单，强度高，适应性好，更换叶片方便，较多用于中、长叶片。

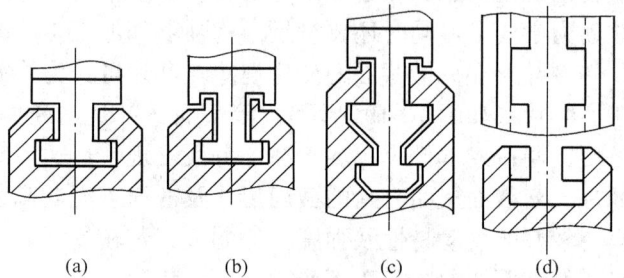

图 10-21　T 形叶根
(a) T 形叶根；(b) 外包 T 形叶根；(c) 双 T 形叶根；
(d) T 形叶根的装配

但这种叶根装配时工作量大，且钻铆钉孔需要较大的轴向空间，这限制了它在整锻和焊接转子上的应用。

3. 枞树形叶根

图 10-23 所示为枞树形叶根，它的形状呈楔形，安装时，叶根沿轴向装入轮缘上枞树形槽中，底部打入楔形垫片（填隙条）将叶片向外胀紧在轮缘上，同时，相邻叶根的接缝处有一圆槽，用两根斜劈的半圆销对插入圆槽内，将整圈叶根周向胀紧。这种叶根承载能力大、强度适应性好，拆装方便，但加工复杂，精度要求高，主要用于载荷较大的叶片，主要应用在大功率汽轮机的调节级和末级叶片。

三、叶顶部分

汽轮机的短叶片和中长叶片通常在叶顶用围带连在一起，构成叶片组。长叶片则在叶身中部用拉筋连接成组，或者围带、拉筋都不装，而成为自由叶片。围带和拉金的实物如图 10-24 所示。

1. 围带

围带的主要作用是：①增加叶片刚性，改变叶片的自振频率，以避开共振，从而提高了叶片的振动安全性；②减小汽流产生的弯应力；③可使叶片构成封闭通道，并可装置围带汽封，减小叶片顶部的漏汽损失。

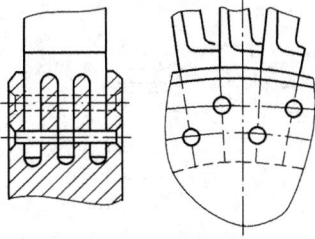

图 10-22 叉形叶根

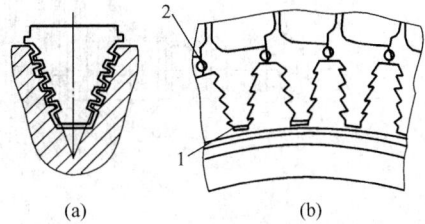

图 10-23 枞树形叶根
1—楔形垫片；2—装销子的圆槽

2. 拉筋

拉筋的作用是增加叶片的刚性，以改善其振动特性。拉金为 6～12mm 的实心或空心金属圆杆，穿在叶形部分的拉筋孔中。拉筋与叶片间可以采用焊接结构（焊接拉筋），也可以采用松装结构（松装拉筋或阻尼拉筋）。通常，每级叶片上穿 1～2 圈拉筋，最多不超过 3 圈。

由于拉筋处于汽流通道之中，增加了蒸汽流动损失，同时拉筋孔还会削弱叶片的强度，因此在满足了叶片振动要求的情况下，应尽量避免采用拉筋，有的长叶片就设计成自由叶片。

图 10-24 围带和拉金的实图

第六节 转　　子

一、转子的结构

汽轮机转子可分为轮式转子和鼓式转子两种基本类型。轮式转子装有安装动叶片的叶轮，鼓式转子则没有叶轮（或有叶轮但其径向尺寸很小），动叶片直接装在转鼓上。通常冲动式汽轮机采用轮式转子；反动式汽轮机为了减小转子上的轴向推力，采用鼓式转子。

（一）轮式转子

按制造工艺，轮式转子可分为套装式、整锻式、组合式和焊接式 4 种形式。一台机组采用何种类型转子，由转子所处的温度条件及各国的锻冶技术来确定。

1. 套装转子

套装转子的结构如图 10-25 所示，套装转子的叶轮、轴封套、联轴节等部件是分别加工后，热套在阶梯形主轴上。各部件与主轴之间采用过盈配合，以防止叶轮等因离心力及温差作用引起松动，并用键传递力矩。中、低压汽轮机的转子和高压汽轮机的低压转子常采用套装结构。

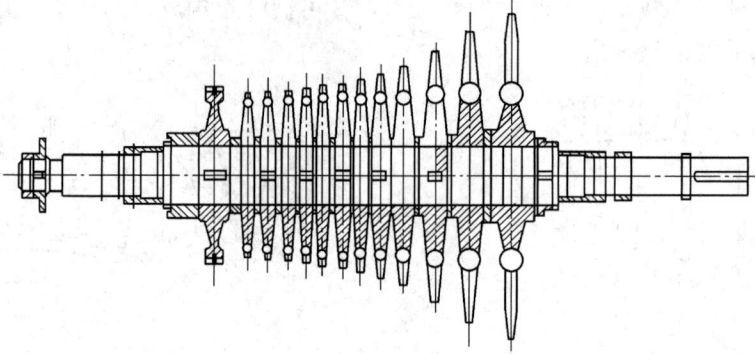

图 10-25　套装转子

在高温条件下，套装转子的叶轮内孔直径将因材料的蠕变而逐渐增大，最后导致装配过盈量消失，使叶轮与主轴之间产生松动，从而使叶轮中心偏离轴的中心，造成转子质量不平衡，产生剧烈振动，且快速启动适应性差。因此，套装转子不宜作为高温高压汽轮机的高压转子。

2. 整锻转子

整锻转子的叶轮、轴封套和联轴节等部件与主轴是由一整锻件车削而成，无热套部件，

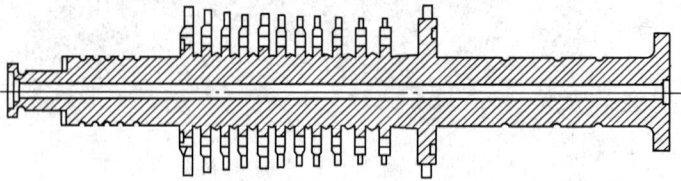

图 10-26　整锻转子

这解决了高温下叶轮与主轴连接可能松动的问题，因此整锻转子常用作大型汽轮机的高、中压转子，如图 10-26 所示。

整锻转子的优点是：①结构紧凑，装配零件少，可缩短汽轮机轴向尺寸；②没有套装的零件，对启动和变工况的适应性较强，适于在高温条件下运行；③转子刚性较好。缺点是锻件大，工艺要求高，加工周期长，大锻件质量难以保证，且检验比较复杂，又不利于材料的合理使用。

现代大型汽轮机由于末级叶片长度的增加，套装叶轮的强度已不能满足要求，所以某些机组的低压转子也开始采用整锻结构。美国西屋公司系列的机组（包括国产引进型 300MW 和 600MW 机组，日本三菱公司生产的 350MW 机组），BBC 公司系列的机组，法国阿尔斯通和大西洋公司生产的 300MW、330MW、360MW 机组，美国 GE 公司（包括日本日立生产的 250MW 机组和安莎多公司生产的 320MW 机组）350MW 机组和英国 GEC 公司生产的 350MW 机组的高、中、低压转子全都采用整锻转子。

整锻转子通常钻有一个直径为 $\phi100mm$ 左右的中心孔，目的是去掉锻件中心的杂质及疏松部分，以防止缺陷扩展，同时也便于借助潜望镜等仪器检查转子内部缺陷。随着金属冶炼和锻造水平的提高，国外已有一些大的整锻转子不再打中心孔，我国日照电厂引进西门子 350MW 机组采用的就是实心转子。

3. 组合转子

组合转子由整锻结构和套装结构组合而成，如图 10-27 所示。它兼有前面两种转子的优

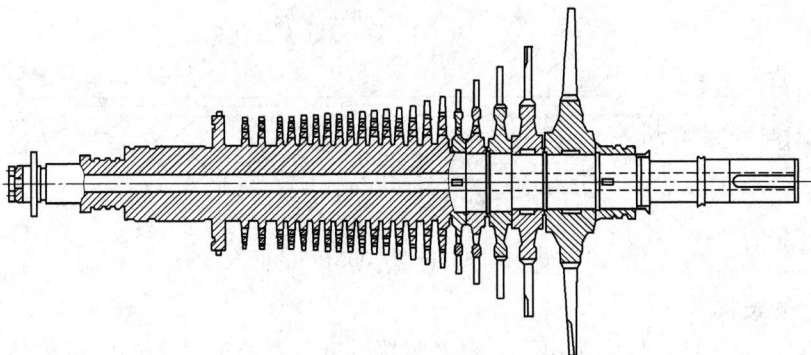

图 10-27 组合转子

点，国产高参数大容量汽轮机的中压转子多采用这种结构。

4. 焊接转子

汽轮机的低压转子直径大，特别是大功率汽轮机的低压转子质量大，叶轮承受很大的离心力。当采用套装结构时，叶轮内孔在运行中将发生较大的弹性形变，因而需要设计较大的装配过盈量，但这样又引起很大的装配应力。若采用整锻转子，则因锻件尺寸太大，质量难以保证。为此采用分段锻造，焊接组合的焊接转子。它主要由若干个叶轮与端轴拼合焊接而成，如图 10-28 所示。

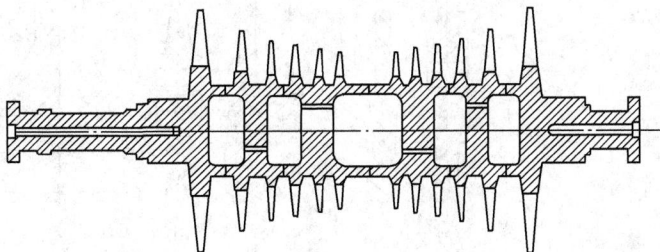

焊接转子重量轻，锻件小，结构紧凑，承载能力高。与尺寸相同、带有中心孔的整锻转子相比，焊接转子强度高，刚性好，

图 10-28 焊接转子

重量减轻 20%～25%。由于焊接转子工作可靠性取决于焊接质量，故要求焊接工艺高，材料焊接性能好。因此这种转子的应用受到焊接工艺及检验方法和材料种类的限制，随着焊接技术的不断发展，它的应用将日益广泛。我国生产的 125MW 和 300MW 汽轮机以及引进的法国 300MW 汽轮机的低压转子采用焊接结构。此外，反动式汽轮机因为没有叶轮也常用此类转子。例如，瑞士制造的 1300MW 双轴反动式汽轮机的高、中、低压转子均为焊接转子。

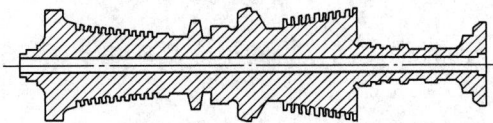

图 10-29 鼓式转子（国产引进型 300MW 的高中压转子

（二）鼓式转子

国产引进型 300MW 和 600MW 汽轮机为反动式汽轮机，其转子采用的是鼓式转子。图 10-29 所示为高、中压转子，由 30Cr1Mo1V 合金钢整锻而成，各反动级动叶片直接装在转子上开出的叶片槽中。其高中压压力级反向布置，同时转子上还设有高、中、低压 3 个平衡活塞，以平衡轴向推力。低压转子由 30Cr2Ni4MoV 合金钢整锻而成，中部为转鼓形结构，末级和次末级为整锻叶轮结构，转子开有 $\phi190.5mm$ 的中心孔，如图 10-30 所示。

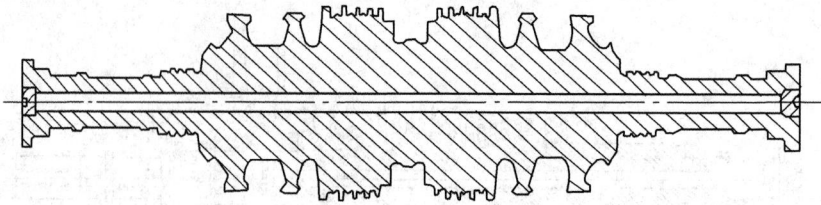

图 10-30　国产引进型 300MW 的低压转子

二、叶轮的结构

冲动式汽轮机的转子上都有叶轮，用来装置动叶片并将叶片上的转矩传递到主轴上。

叶轮由轮缘和轮面组成，套装式叶轮还有轮毂。轮缘是安装叶片的部位，其结构取决叶根型式，轮毂是为了减小内孔应力的加厚部分；轮面将轮缘与轮毂连成一体，高、中压级叶轮上通常开有 5～7 个平衡孔，以疏通隔板漏汽和平衡轴向推力。

根据轮面的型线，叶轮可分为等厚度叶轮、锥形叶轮、双曲线叶轮和等强度叶轮等，如图 10-31 所示。

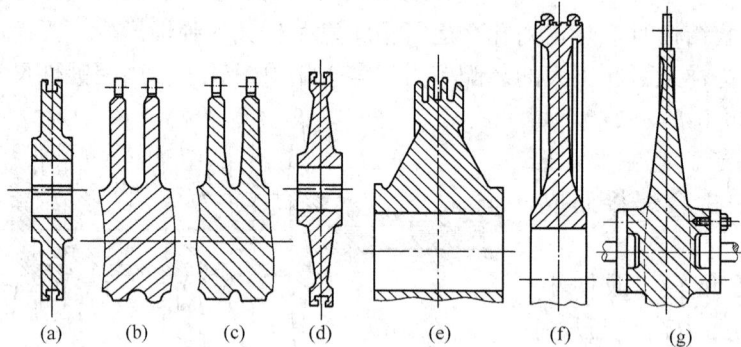

图 10-31　叶轮的结构形式

(a)、(b)、(c) 等厚度叶轮；(d)、(e) 锥形叶轮；(f) 双曲线叶轮；(g) 等强度叶轮

图 10-31 中（a）和（b）为等厚度叶轮，这种叶轮加工方便，轴向尺寸小，但强度较低，多用于叶轮直径较小的高压部分。其中，图 10-31（b）为整锻转子的高压级叶轮，没有轮毂。对于直径较大的叶轮，常采用将内径处适当加厚的方法来提高承载能力，如图 10-31（c）所示。

图 10-31（d）和（e）为锥形叶轮，加工方便，而且强度高，得到了广泛应用。套装式叶轮几乎全是采用这种结构型式。

双曲线叶轮如图 10-31（f）所示，与锥形叶轮相比，它的重量较轻，但强度并不一定比锥形叶轮高，而且加工复杂，故仅用在某些汽轮机的调节级中。

等强度叶轮如图 10-31（g）所示，强度最高，但对加工要求高，多用于轮式焊接转子。

三、转子的临界转速

在汽轮发电机组的启动升速过程中，当转速升高到某一值时，机组便发生强烈振动，而越过这一转速后，振动便迅速减弱；当转速升到另一个更高转速时，又可能出现同样的现象。通常将这些机组发生强烈振动时的转速称为临界转速。

临界转速下的强烈振动是共振现象。在汽轮机转动时，由于制造、装配的误差及材质不均匀造成转子质量偏心所引起的离心力作用在转子上，相当于一个频率等于转子角速度的周期性激振力，转子在其作用下作强迫振动。当激振力频率即转子的角速度等于转子的自振频率时，便发生共振，振幅急剧增大，此时的转速就是临界转速。

临界转速值与转子的刚度、质量和跨距有关。刚度大、质量轻、跨距小的转子，临界转速值高；反之，临界转速值就低。理论上讲，同一转子的临界转速有无穷多个，数值最小的叫做一阶临界转速，随着转速升高依次称为二阶、三阶……临界转速。

在汽轮发电机组中，每一根转子两端都有轴承支承，称为单跨转子。各单跨转子用联轴器连接起来，就构成了多支点的转子系统，称为轴系。轴系的临界转速由组成该轴系的单跨转子的临界转速汇集而成，但又不是它们的简单集合。用联轴器连接后，各转子的刚度增大，使轴系的各阶临界转速比单跨转子相应的各阶临界转速有所提高，且联轴器刚性越好，临界转速提高得越多。此外，临界转速的大小还受到转子工作温度和支承刚度的影响。工作温度升高和支承刚度降低，将使临界转速值降低。

按一阶临界转速与工作转速间的关系，转子可分为刚性转子和挠性转子。工作转速低于一阶临界转速的转子称为刚性转子，工作转速高于一阶临界转速的转子称为挠性（柔性）转子。为了保证安全，转子的工作转速应与其临近临界转速避开一定的范围。对于刚性转子，通常要求其一阶临界转速 n_{cl} 比工作转速 n_0 高 20%～25%，即 $n_{cl} > (20\%～25\%) n_0$，但不允许在 $2n_0$ 附近。对于挠性转子，其工作转速在两阶临界转速之间，应比其中低的一个临界转速 n_{cn} 高出 40% 左右，比另一较高的临界转速 $n_{c(n+1)}$ 低 30% 左右，即 $1.4n_{cn} < n_0 < 0.7n_{c(n+1)}$。对于做过高速动平衡的转子，平衡精度大大提高，质量偏心引起的离心力大为减小，因此临界转速与工作转速间的避开裕量可以减小很多。国外有的制造厂只采取了 5% 的避开裕量。

机组经过转子临界转速时，是汽轮机在启动和停机过程中产生振动最大的时候。过大的振动会造成局部的轴、叶片或围带和汽封齿尖的碰擦，使转子局部温度升高，造成转子受热不均，导致转子产生暂时性弯曲，振动加剧，动静碰擦加剧；所以运行中当汽轮机转子经过临界转速时，一定要加强对机组振动的监视，启动时应特别注意在升速过程中应迅速平稳地通过临界转速，如果机组振动超标，应打闸停机。

第七节　联轴器和盘车装置

一、联轴器

联轴器又叫做靠背轮，用来连接汽轮机的各个转子以及发电机转子，并将汽轮机的扭矩传给发电机。在多缸汽轮机中，如果几个转子合用一个推力轴承，则联轴器还将传递轴向推力；如果每个转子都有自己的推力轴承，则联轴器应保证各转子的轴向位移互不干扰，即不允许传递轴向推力。

现代汽轮发电机组用的联轴器通常有 3 种型式，即刚性联轴器、半挠性联轴器和挠性联轴器。

（一）刚性联轴器

刚性联轴器的结构如图 10-32 所示。其中，图 10-32（a）为装配式，两半联轴器（也叫

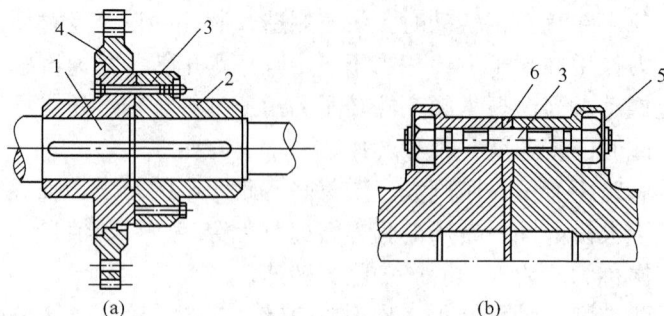

图 10-32　刚性联轴器
(a) 装配式；(b) 整锻式或焊接式
1、2—联轴器；3—螺栓；4—盘车齿轮

对轮）1 和 2 用热套加双键分别套装在相对的轴端上，对准中心后再一起铰孔，并用配合螺栓 3 紧固，以保证两个转子同心，螺栓和螺孔分别打有相应的编号，不能互换。扭矩就是通过这些螺栓以及联轴器端面间的摩擦力由一个转子传给另一个转子的。联轴器法兰的圆周上常套装着盘车齿轮 4，以备盘车装置驱动转子之用。有些联轴器在端面之间做出止口或加对心垫片，以便于两个转子对准中心。

高参数大容量汽轮机常采用整锻式或焊接式转子，它的联轴器则与主轴成一整体，如图 10-32 (b) 所示。这种联轴器的强度和刚度均较装配式高，也没有松动的危险。联轴器端面间设有垫片，安装时根据具体尺寸配制，以容许转子轴向位置作少量调整。

刚性联轴器结构简单，尺寸小；工作时不需润滑，没有噪音；用在多缸汽轮机上时还可以节省主轴承，以缩短机组长度。例如，125MW 汽轮机的高中压转子和低压转子以及 200MW 汽轮机的高压转子和中压转子采用刚性联轴器后都只用了 3 个主轴承。它的缺点是传递振动和轴向位移；找中心要求高，制造和安装的少许偏差都可能引起机组较大的振动。

（二）半挠性联轴器

半挠性联轴器的结构如图 10-33 所示，10-34 为实物图。联轴器 1 与主轴锻成一体，联轴器 2 则用热套加双键套装在相对的轴端上。两对轮之间用一个波形半挠性套筒 3 连接起来，并配合螺栓 4 和 5 紧固。波形套筒在扭转方向是刚性的，在弯曲方向则是挠性的。

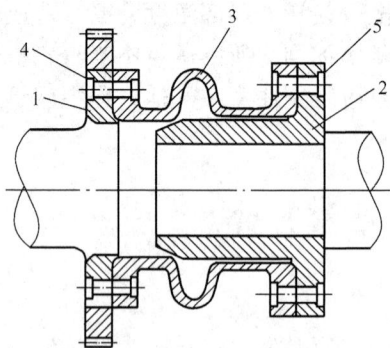

图 10-33　半挠性联轴器
1、2—联轴器；3—波形套筒；4、5—螺栓

图 10-34　半挠性联轴器实图

这种联轴器广泛用来连接汽轮机转子和发电机转子。因为波形套筒具有一定弹性，故可吸收部分振动，允许两转子中心有少许偏差和两轴间有少许轴向位移。国产 125MW、200MW 和 300MW 机组的汽轮机转子之间都采用了半挠性联轴器。

（三）挠性联轴器

挠性联轴器通常有两种型式：齿轮式和蛇形弹簧式。

齿轮式联轴器多用在小型汽轮机上以连接汽轮机转子与减速箱的主动轴，其结构如图 10-35 所示。两齿轮 1 和 2 用热套加键分别套装在相对的轴端上，并用大螺帽 3 和 4 防止其滑脱。套筒 5 两边的内齿分别与齿轮 1 和 2 啮合，从而使两个转子连接起来。挡环 6 和 7 用与旋转方向相反的螺纹旋在套筒上以限制套筒的轴向位置，螺钉 8 用来防止挡环松动。这种联轴器由于通过齿轮和齿套连接，有一定的活动性，可以消除或减弱振动的传递，转子对中的要求不如前两种联轴器高。它的缺点是必须有专门的润滑装置，而且检修工艺要求高，安装质量稍差就会产生很大的噪音并较快地磨损。很明显，齿轮式联轴器是不能传递轴向推力的。

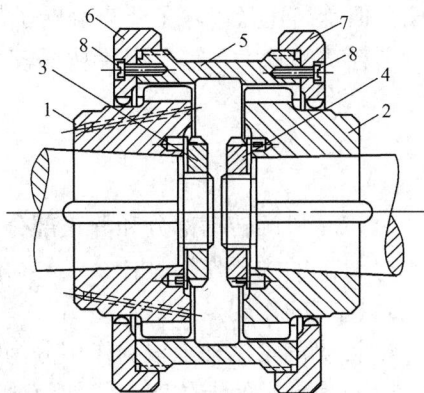

图 10-35　齿轮式联轴器
1、2—齿轮；3、4—螺帽；5—套筒；
6、7—挡环；8—螺钉

二、盘车装置

汽轮机停机后，由于汽缸的上部与下部存在温差，如果转子静止不动，便会因为自身的温差而向上弯曲。对于大型汽轮机，这种热弯曲可以达到很大的数值，并且需要经过几十个小时才能逐渐消失。在热弯曲减小到规定数值以前是不允许重新启动汽轮机的。另外，在汽轮机启动过程中，为了迅速提高真空，常常需要在冲动转子以前向轴封送汽。由于热蒸汽大部分滞留在缸内上部，将会造成转子的热弯曲，妨碍启动工作的正常进行，甚至引起动静部分的摩擦。

为了避免转子的热弯曲，就需要一种设备能够在汽轮机冲转前和停机后使转子以一定的转速连续地转动，以保证转子的均匀受热和冷却。这种在汽轮机不进汽时拖动汽轮机转动的机构叫做盘车装置。图 10-36 和图 10-37 为盘车装置实图。

图 10-36　盘车装置实图

图 10-37　盘车齿轮和电机

盘车不但能使机组随时可以启动，而且能用来检查汽轮机是否具备正常运行条件（如动静部分是否有摩擦、主轴弯曲度是否符合规定、润滑系统工作是否正常等）的一种重要方法。

中、小型汽轮机通常采用盘车转速为 3～4r/min 的低速盘车，而大型机组则多采用转速为 40～70r/min 的高速盘车。采用高速盘车的目的是加快汽缸热交换速度，减小上下缸温差，缩短机组的启动时间，并在支持轴承内建立起稳定的润滑油膜，从而保护轴瓦的乌金工作面。但是高速盘车除了要克服转子的静摩擦力矩外，还要克服静止汽（气）体对转子的阻力，消耗功率较大，需要配置功率较大的电动机。

思 考 题

1. 汽轮机的转动部分和静止部分分别由哪些部件组成？
2. 汽缸的主要作用是什么？
3. 汽封的作用是什么？
4. 说明汽轮机轴承根据作用分为哪两种，各有什么作用？
5. 推力轴承的液体摩擦是如何建立的？
6. 动叶片由哪几部分组成？常用的叶根型式有哪几种，各有什么特点？
7. 转子的结构形式有哪几种，各有何特点？适用于什么场合？
8. 什么是转子的临界转速？其值大小主要与哪些因素有关？
9. 联轴器的作用是什么？常用的型式有哪几种？各有什么特点？
10. 盘车装置有什么作用？

第十一章

汽 轮 机 的 调 节 系 统

第一节　汽轮机的调节方式简介

汽轮机运行时，其出力必须与外界负荷相互适应，即当外界负荷改变时，汽轮机输出的功率应相应地调节。由汽轮发电机组输出的功率方程为

$$P_{el} = \frac{D\Delta H_t \eta_i \eta_m \eta_g}{3600}$$

可以看出，为了调节汽轮机的功率，可以调节进入汽轮机的蒸汽流量 D 或改变蒸汽在汽轮机中的做功能力 ΔH_t（即水蒸气的参数）。常用的调节方式有定压调节和滑压调节。所谓定压调节，是指保持主汽阀前的蒸汽初参数不变，通过改变调节汽阀的开度来改变进汽量。所谓滑压调节，是指单元制运行的机组中，汽轮机的调节汽阀保持全开或基本全开的状态，通过锅炉调整新汽压力的方法（新汽温度保持不变）达到改变汽轮机负荷的要求。常用的定压调节方式有节流调节、喷嘴调节、节流—喷嘴联合调节。

一、节流调节

节流调节是指进入汽轮机的全部蒸汽都经过一个或几个同时启闭的调节汽门后流入汽轮机的第一级喷嘴，如图 11-1 所示。这种调节方式主要是通过改变调节汽门的开度来改变对蒸汽的节流程度，以改变进汽压力，使进入汽轮机的蒸汽流量和做功的焓降改变，从而调整汽轮机的功率。

节流调节汽轮机的优点是：结构简单，制造成本低；由于采用全周进汽，因而对汽缸加热均匀；在负荷变化时级前温度变化较小，对负荷变化的适应性较好等。其缺点是在部分负荷时，节流损失大，经济性较差。因此，节流调节的应用受到限制，一般用于如下机组：

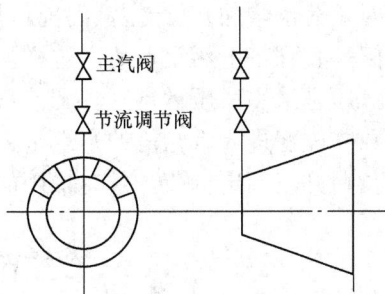

图 11-1　节流调节汽轮机示意图

（1）小功率机组，使调节系统简单。

（2）带基本负荷的机组，因为这种机组经常在满负荷下运行，调节汽门全开，不致引起额外的节流损失，同时也简化了调节系统。

（3）超高参数机组，为使进汽部分的温度均匀，在负荷突变时不致引起过大的热应力和热变形。

背压式汽轮机由于背压高，蒸汽在汽轮机中的理想焓降较小，如果采用节流调节，负荷突变时节流损失将占较大比例，使汽轮机相对内效率显著下降，所以背压式汽轮机不宜采用节流调节方式。

二、喷嘴调节

喷嘴调节是指新蒸汽经过自动主汽门后，再经过几个依次启闭的调节汽门流向汽轮机的第一级（调节级）的调节方式。喷嘴调节汽轮机的第一级称为调节级。每个调节汽门控制一

组调节级的喷嘴，调节级都是做成部分进汽的，一般进汽度 $e<0.8$。每一个调节汽门控制的流量不一定相同，一般是第一调节汽门所控制的流量要比其余的汽门大些，最后开启的调节汽门通常是在超负荷时使用。

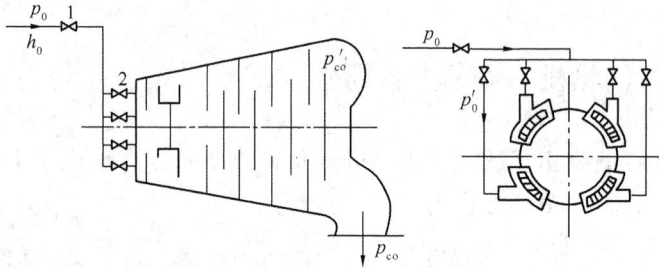

图 11-2　喷嘴调节示意图

图 11-2 所示为具有 4 个调节汽门的喷嘴调节汽轮机示意图，运行时调节汽门是随负荷的增减依次开启或关闭的，即在增加负荷时调节汽门逐一开启，前一个调节汽门接近全开时，下一个调节汽门开始开启。反之，在减少负荷时，各调节汽门依次关闭，阀门的关闭顺序与开启顺序相反。

在设计工况下，除超负荷汽门而外，所有调节汽门均处于全开状态，无节流损失。

三、节流—喷嘴联合调节

为了同时发挥节流调节和喷嘴调节的优点，在一些带基本负荷的大容量机组上采用节流—喷嘴联合调节，即在高负荷时采用喷嘴调节，低负荷时转为节流调节。例如，N300-16.7/537/537 型汽轮机就采用了这种调节方式，它是在低负荷区域以 2～4 个调节汽门同时开启（该进汽弧段已能保证机组头部受热均匀），这时采用的是节流调节法。在几个调节汽门开足后（对当时的汽压已无节流），在调节汽门不动的情况下，提升主汽门前压力（与此同时负荷也增加），当主汽门前汽压达到额定值后，转为喷嘴调节，依次开启其他各个调节汽门，直到带上额定负荷。这样，5%额定负荷以下采用的是节流调节，从低汽压上升到额定汽压是采用滑压运行（各调节汽门全部开启或开启在某一固定位置，然后依靠改变主蒸汽参数来改变进入汽轮机的蒸汽量，以改变汽轮机的功率），最后在主汽压力保持为额定值下将负荷升至额定负荷，这时采用的是喷嘴调节。

第二节　汽轮机调节的任务与型式

一、汽轮机调节系统的任务

由于电力用户的耗电量是随时变化的，而电能又不能大规模储存。因此，电站汽轮机的功率只能随外界用户用电量的多少而定，即汽轮发电机组应能及时地调整它所发出的功率，以适应用户耗电量的变化。电力生产除应保证供电的数量外，还应保证供电的质量。供电的质量指标主要有两个：一是频率；二是电压。这两者都与汽轮机转速有一定的关系。发电电压除了与汽轮机转速有关外，还可以通过对励磁机的调整来进行调节，而发电频率则直接取决于汽轮机的转速，转速越高，发电频率就越高，反之则越低。对于具有一对磁极、工作转速为 3000r/min 的发电机组，其发电频率为

$$f=\frac{\text{发电机每分钟转数}}{60}$$

显然，在额定转速下运行时，发电频率是 50Hz。通常要求电网周波的变动小于 ±0.5Hz，亦即转速的波动不允许超过 ±30r/min。供电频率的过高或过低，不仅影响用户的

生产，而且也影响电厂本身的安全和经济运行。

所以汽轮机调节系统的任务，一方面是供应用户足够的电量，及时调节汽轮机的功率以满足外界用户的需要；另一方面又要使汽轮机的转速始终保持在规定范围内，从而把发电频率维持在规定的范围内。以上两项任务不是孤立的而是有机地联系在一起，这可以由以下叙述来说明。汽轮发电机组在运行中其转子上受到的力矩有汽轮机的主力矩 M_e、发电机的电磁阻力矩 M_1、摩擦力矩 M_f 三种。由于摩擦力矩与汽轮机的蒸汽主力矩、发电机的电磁阻力矩相比非常小，常常可以忽略不计，所以转子的运动方程可以写为

$$I \frac{d\omega}{dt} = M_e - M_1$$

式中：I 为汽轮发电机转子的转动惯量。当功率平衡（外界用电量保持不变）时，$M_e = M_1$。因为 $I \neq 0$，所以 $d\omega/dt = 0$，即角速度 $\omega =$ 常数，转速维持恒定。当用户耗电量减少时，反力矩 M_1 相应减少，如果主力矩 M_e 仍保持不变，则 $M_e - M_1 > 0$，$d\omega/dt > 0$，即转子的角速度 ω 增加（汽轮机转速升高），发电频率也随之增加；反之，当用户耗电量增加时，转子的角速度将减小（汽轮机转速降低），电频率降低。由此可见，汽轮机转速的变化与汽轮机的输入、输出功率不平衡有着极其密切的关系，只要维持汽轮机输入、输出功率平衡，就能保持其转速的稳定。汽轮机的调节系统就是根据这个基本原理设计而成的，它能够感受汽轮机转速的变化，并根据这个转速变化来控制调节阀的开度，使汽轮机的输入和输出功率重新平衡，并使转速保持在规定的范围内，从而使汽轮发电机组的发电频率保持在规定的范围内。

二、汽轮机调节系统的型式

汽轮机调节系统按其结构特点可划分为两种型式。

1. 液压调节系统

早期的汽轮机调节系统主要由机械部件和液压部件组成，主要依靠液体作工作介质来传递信息，因而被称为液压调节系统。又由于是根据机组转速的变化来进行调节，所以又称为液压调速系统。这种调节系统的调节精度低，反应速度慢（反应迟缓），运行时工作特性是固定的，不能根据转速以外的信号进行调节，而且调节功能少，但是由于它的工作可靠性好，并且能够满足机组运行调节的基本要求，所以至今仍具有应用价值（现阶段电网中12000kW 以下机组仍采用液压调节系统）。本章第三节将介绍小机组采用的液压调节系统。

2. 电液调节系统

随着单机容量的不断增大、蒸汽参数的逐步提高、中间再热循环的广泛采用以及机组运行方式的多样化，对机组运行的安全性、经济性、自动化程度以及多功能调节提出了更高的要求，仅靠原有的液压调节技术已不能完全适应。于是，电液调节系统便应运而生了。该系统主要由电气部件、液压部件组成。电气部件测量与传输信号方便，并且信号的综合处理能力强，控制精度高，操作、调整与调节参数的修改方便。液压部件用作执行器（调节阀的驱动装置）时充分显示出响应速度快、输出功率大的优越性，是其他执行器所无法替代的。

目前，绝大多数数字电液调节系统是由汽轮机制造厂设计与制造的专用装置，他是分散控制系统的重要组成部分，其优点是：设备硬件通用，软件透明，便于掌握、维护和改进；数字电液调节系统通过分散控制系统的高速通信网络同机组其他控制系统交换信息，便于协调，减少设备的重复设置，提高了系统的可靠性，简化了运行人员的操作步骤。随着分散控制系统技术水平的不断提高，一个电厂由单一类型的分散控制系统来完成所有控制任务将是

未来的发展趋势。

第三节　液压调节系统

一、典型机组的液压调节系统

目前，山东电网中新投入运行的机组一般只有 12000kW 及以下机组采用液压调节系统，并且大都由青岛汽轮机厂和南京汽轮机厂生产，这两个汽轮机厂生产汽轮机的调节系统极为相似，其调节系统示意图如图 11-3 所示。下面仅以该调节系统为例讲述液压调节系统的调节原理。

该系统由 3 大机构组成：径向钻孔调速油泵 1 作为转速感受机构；传动放大机构由压力变换器 2、错油门 3、油动机 4 组成；配汽机构由调节阀 5 及调节阀与油动机之间的传动杠杆 7 组成。

径向钻孔调速油泵（兼作主油泵）出口有一路压力油通到压力变换器活塞的下部腔室，作为反映转速变化的脉冲信号，

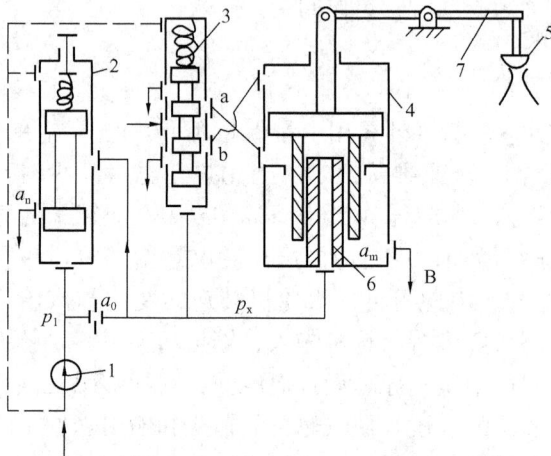

图 11-3　径向泵液压调节系统

而压力变换器上部腔室与径向泵进口相通，因此，径向泵进出口压差作用在压力变换器活塞上，稳定状态下，这个油压差对压力变换器活塞产生的向上作用力与弹簧对活塞的向下作用力相平衡。

当外界用电负荷减小时，汽轮机转速升高，径向泵出口油压 p_1 升高，克服压力变换器顶部弹簧的压力，使压力变换器活塞向上移动，使泄油口 a_n 关小，脉冲油压 p_x 升高，使错油门活塞克服顶部弹簧的压力向上移动，打开通向油动机的油路 a 和 b，压力油进入油动机活塞下部腔室，油动机上部腔室接通排油，引起油动机活塞上移，关小调节阀，导致汽轮机进汽量减少，从而使汽轮机功率减小，与外界用电负荷减小相一致。

在油动机活塞上移的同时，带动活塞下部套筒上移，使这个套筒所控制的反馈泄油口 6 开大，泄油量增加，引起脉冲油压 p_x 下降，使错油门活塞下移恢复到原来的中间位置，重新遮断通向油动机的油口 a 和 b，使油动机活塞停止移动。

当外界用电负荷增加时，调节系统的调节过程与上述过程相反。

综上所述，汽轮机的液压调节系统由三大机构组成：

（1）转速感受机构（又叫调速器）：径向泵，它的作用是感受汽轮机的转速变化，并将汽轮机的转速变化信号转换为油压信号。其输入信号是汽轮机的转速变化，输出信号是油压信号。

（2）传动放大机构：压力变换器、错油门、油动机等，它的作用是对转速感受机构输出的油压信号进行转换、放大，最后去控制调节阀的开度。其输入信号是油压信号，输出信号是油动机活塞的位移。

（3）配汽机构：调节阀及其与油动机之间的连接装置。它的作用是调整进入汽轮机的进

汽量，以适应外界负荷的变化需要，其输入信号是油动机活塞的位移，输出信号是调节阀的开度。

液压调节系统由于只有一个自动调节主回路，并且只以转速作为感受信号，所以液压调节系统又称为液压调速系统。

二、液压调节系统的静态特性

（一）液压调节系统的静态特性曲线

汽轮机的调节系统虽形式多样，但都有一个共同的特性，就是当汽轮机负荷增加转速降低时，由于调节系统作用的结果，增加了汽轮机的进汽量，使汽轮机的输入和输出功率重新平衡，并使汽轮机在新的稳定转速下旋转，但此时的新稳定转速比负荷增加以前的稳定转速要低。反之，如果汽轮机负荷降低，调节系统调节后新的稳定转速要比负荷降低前的稳定转速高。也就是说，汽轮机的负荷不同对应的稳定转速就不同。我们把稳定状态下，整个调节系统的输入信号汽轮机的转速 n 与输出信号汽轮机的功率 P（或流量 G）的关系称为调节系统的静态特性，其关系曲线称为调节系统的静态特性曲线。

在调速系统中，每一个机构都有一个输入信号和一个输出信号，当输入信号变化时，输出信号也相应地作有规律的变化，并且最终达到一个新的稳定状态。如果抛开由一个稳定状态变化到另一个稳定状态的中间过程，只考虑各个稳定状态下输入信号和输出信号之间的关系，则此关系称为该机构的静态特性，而这个输入信号与输出信号之间的关系曲线则称为该机构的静态特性曲线。

调节系统的静态特性可以表示为

$$\frac{\Delta P}{\Delta n} = \frac{\Delta p_1}{\Delta n} \cdot \frac{\Delta m}{\Delta p_1} \cdot \frac{\Delta P}{\Delta m}$$

上式说明调节系统的静态特性 $\Delta P/\Delta n$ 取决于转速感受机构的静态特性 $\Delta p_1/\Delta n$，传动放大机构的静态特性 $\Delta m/\Delta p_1$ 和执行机构的静态特性 $\Delta P/\Delta m$。可以证明，$\Delta p_1/\Delta n$、$\Delta m/\Delta p_1$、$\Delta P/\Delta m$ 都近似地等于常数，所以 $\Delta P/\Delta n \approx$ 常数，即调节系统的静态特性曲线可以近似地看成直线。

因为并列在电网中的机组转速决定于电网的频率而不能随意改变，因而调节系统的静态特性曲线一般是通过试验方法求得，不能直接获得。通过试验分别测出转速感受机构、传动放大机构和执行机构的静态特性曲线后，即可通过四象限图（或称调节系统四方图）间接得出调节系统的静态特性曲线。

按照习惯，在绘制调节系统静态特性曲线时，通常是把转速感受机构、传动放大机构和执行机构的静态特性曲线分别绘制在第二、三、四象限内，再用投影作图的方法把整个调节系统的静态特性曲线画在第一象限内，如图11-4所示。

绘制四方图时应注意以下问题：

（1）四方图中的 4 个坐标的方向：一般规定以中心向外放射的方向为正方向。

（2）油动机活塞 m 的方向：一般规定油动机活塞的位移 m 以负荷增加时的移动方向为正。

（3）在绘制四方图时，有些坐标参数是固定的，如转速、功率和油动机活塞的位移。有些则应该根据具体的调节系统来

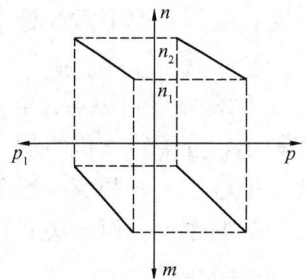

图 11-4 调节系统四方图

确定。例如，在具有径向钻孔泵的调节系统中，其第二、三象限间的横坐标既可以用径向钻孔泵出口油压作为坐标参数，也可以用压力变换器的活塞位移作坐标参数，但由于油压比位移容易测得，所以一般用前者。

（二）速度变动率

1. 速度变动率的定义

由图 11-4 可以看出，在稳定状态下，不同的负荷对应着不同的稳定转速，当汽轮机的功率从额定功率突然甩至零功率时，其稳定转速从 n_1 升至 n_2，转速差（$\Delta n = n_2 - n_1$）与汽轮机的额定转速 n_0 之比的百分数称为调节系统的速度变动率 δ，即

$$\delta = \frac{n_2 - n_1}{n_0} \times 100\% \qquad (11-1)$$

速度变动率 δ 是衡量调节系统静态品质的一个重要指标，它反映了汽轮机由于负荷变化所引起转速变化的大小。速度变动率越大说明在一定负荷变化下转速变化越大，反映在静态特性曲线上，曲线越陡；反之静态特性曲线越平。速度变动率的大小对并列运行机组的负荷分配、甩负荷时转速的最大飞升值以及调节系统的稳定性等都有影响。一般要求调节系统的速度变动率在 3%～6% 的范围内。

2. 速度变动率对一次调频的影响

汽轮发电机组在电网中并列运行，当外界负荷发生变化时，将使电网频率发生波动，从而引起电网中各机组均自动地按其静态特性承担一定的负荷变化，以减少电网频率改变的过程，称为一次调频。在一次调频过程中，各台机组所自动承担的变化负荷的相对值（即占电网总容量的百分数）与该机的额定功率和速度变动率有关，现以两台机组并列运行为例加以说明。

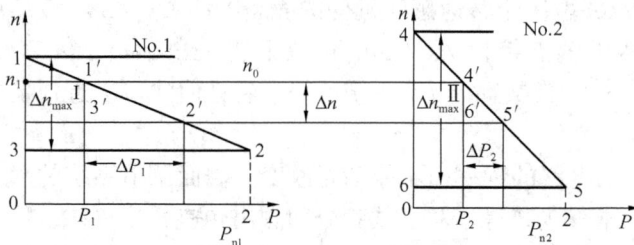

图 11-5　并列运行机组的负荷分配

如图 11-5 所示，有两台机组并列运行，1 号和 2 号机的额定功率分别为 P_{n1} 和 P_{n2}；按静态特性曲线的要求，空负荷和满负荷时所对应的转速差分别为 Δn_{max}^{I} 和 Δn_{max}^{II}（δ_1、δ_2 分别为 1 号机和 2 号机的速度变动率），当电网频率为额定频率（对应的机组转速为 n_1）时，它们所带的负荷分别为 P_1 和 P_2。由图 11-5 可见，当外界负荷增加 ΔP 时，电网频率降低，使并列运行各机组的转速降低 Δn，致使 1 号机的负荷自发增大 ΔP_1，2 号机的负荷自发增大 ΔP_2，电网在新的工况下重新处于平衡状态。显然

$$\Delta P = \Delta P_1 + \Delta P_2$$

由图 11-5 可以看出：并列运行机组当外界负荷变化时，速度变动率越大，机组额定功率越小，分配给该机组的变化负荷量就越小；反之则越大。因此带基本负荷的机组，其速度变动率应选大一些（一般取 4%～6%），使电网频率变化时负荷变化较小，即减小其参加一次调频的作用；而带尖峰负荷的调频机组，速度变动率应选小一些（一般取 3%～4%）。

（三）迟缓率

从前述的静态特性的内容可知：一个转速应该只对应着一个稳定功率，或者说一定的功

率应该只对应着一个稳定转速，但在实际运行中并不是这样，在单机运行时，机组功率取决于外界负荷而保持不变时对应的转速发生摆动；在并网运行时，转速取决于电网频率而保持不变时对应的功率发生摆动，这就是调节系统的迟缓现象。由于迟缓现象的存在，使调节系统在转速上升和转速下降时的静态特性曲线不再是同一条，而是近于平行的两条曲线，如图 11-6 所示。

由于迟缓现象的存在，转速上升过程的特性曲线 dd 与转速下降过程的特性曲线 $d'd'$，在同一功率下的转速差 Δn 与额定转速 n_0 之比的百分数称为调节系统的迟缓率或称不灵敏度，用 ε 表示，即

图 11-6 考虑迟缓现象后的静态特性

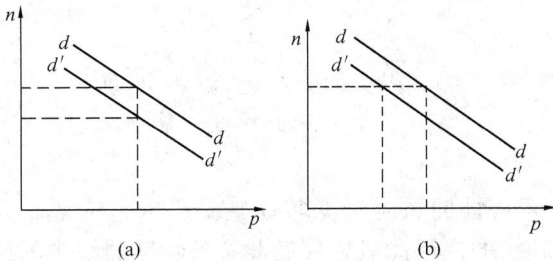

$$\varepsilon = \frac{\Delta n}{n_0} \times 100\% \tag{11-2}$$

迟缓率对汽轮机的正常运行是十分不利的，因为它延长了汽轮机从负荷发生变化到调节阀开始动作的时间，造成汽轮机不能及时适应外界负荷改变的不良现象。如果迟缓率过大，还会使汽轮机在突然甩负荷后，转速上升过高，从而引起超速保护装置动作，这也是汽轮机正常运行所不允许的。

由汽轮机调节系统的静态特性曲线可以看出，汽轮机的功率和转速本来是单值对应的关系，但由于调节系统存在迟缓现象，就使调节系统存在一个不灵敏区，在这个不灵敏区内调节系统没有调节作用，上述功率和转速的单值对应关系就遭到了破坏，它所产生的后果随机组的运行方式不同而不同。当机组孤立运行时，由于汽轮机的功率只取决于外界负荷，不能任意变动，则单值对应关系的破坏反映在转速上，即机组的转速在不灵敏区内任意摆动，如图 11-7（a）所示。其自发摆动的范围（相对值）即为 ε。当机组并列在电网中运行时，由于转速决定于电网频率，不能随意变动，这种单值对应关系的破坏则反映在功率上，造成功率可在一定范围内自发摆动，如图 11-7（b）所示。其自发摆动范围与迟缓率和速度变动率的大小有关。如图 11-8 所示，当机组转速变化 δn_0 时，对应的功率变化为额定功率 P_n，当转速变化 εn_0 时，对应的功率变化为 ΔP，则

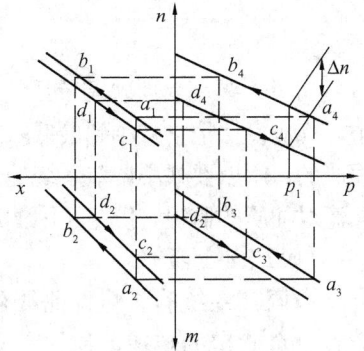

图 11-7 迟缓率对运行机组的影响
(a) 变转速；(b) 变功率

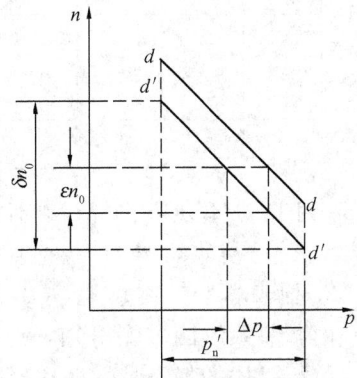

图 11-8 速度变动率和迟缓率对功率自发变化的影响

$$\Delta P = \frac{\varepsilon}{\delta} P_{\mathrm{n}} \qquad\qquad (11\text{-}3)$$

可见迟缓率是反映调节系统静态特性品质的又一重要指标。无论在设计、运行还是检修工作中，都应设法把它减小到最低限度。由于整个调节系统的迟缓率是由各个组成元件的迟缓率积累而成的，所以要减小调节系统的迟缓率就应该尽量设法提高每个元件的灵敏度。在运行中，还要注意对油质的监视，以防止因油质恶化而引起的卡涩。一般要求调节系统的迟缓率不大于0.5%。

（四）同步器

由调节系统静态特性曲线可以看出，当不考虑迟缓率影响时，汽轮机的每一个负荷都对应着一个确定的转速。这样，对孤立运行机组，它的转速就随负荷的变化而变化，也就是说发电频率将随负荷变化而变化，使供电质量无法保证。对并列运行的机组，它的转速取决于电网频率，当电网频率不变时，机组只能接带一个与该转速相对应的固定负荷，而不能随用户用电量的变化而变化。显然，这样的调节系统是不能满足要求的。因此，调节系统中都设有专门的机构——同步器，它既能在转速不变的情况下改变机组的负荷，又能在负荷不变的情况下改变机组的转速。

1. 同步器的作用

从调节系统的特性曲线上看，只要能将特性曲线平行移动，就能解决上述问题。例如，当机组孤立运行时，其转速是由外界负荷决定的，如图11-9（a）所示，在负荷P_1下汽轮机的转速为n_0，当负荷改变至P_2时，汽轮机的转速就变为了n_1。如果需要在负荷P_2下运行，而转速仍维持n_0，则只需将静态特性曲线向下平移即可。对并列运行机组，如图11-9（b）所示，转速由电网频率决定基本保持不变，如果将静态特性曲线向上平移则可以增大汽轮机所带的负荷。利用同步器平移调节系统的静态特性曲线，可以人为改变孤立运行机组的转速；而机组在并网运行时，则可以人为地改变其负荷。

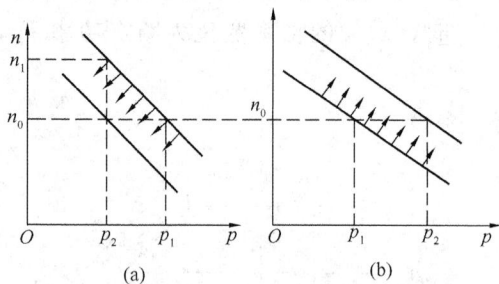

图 11-9　同步器平移静态特性曲线的作用
（a）机组孤立运行；（b）并行运行机组

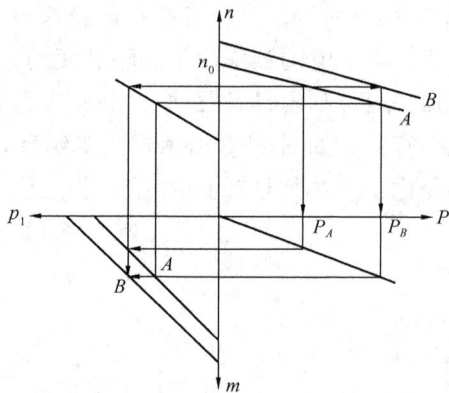

图 11-10　改变弹簧紧力时静态
特性曲线的平移

2. 同步器的工作原理

由调节系统四方图得知，调节系统的静态特性曲线是根据转速感受机构、传动放大机构、执行机构的静态特性曲线经过投影作图获得的。因此只要移动此3条特性曲线中的任一条曲线，都可达到移动调节系统静态特性曲线的目的。

图11-3所示的调节系统采用了改变弹簧紧力的同步器，这种同步器能在转速不变的情

况下改变输出的脉冲油压的大小，使第二象限的特性曲线平移，从而平移了调节系统的静态特性曲线，其投影关系如图11-10所示。

改变弹簧紧力的同步器能够在转速不变的条件下改变输出油压大小的原理如下：当减小同步器的弹簧紧力时，因转速不变，油泵出口的油压 p_0 未变，压力变换器活塞向上移动关小了脉冲油的泄油口，使脉冲油压 P_x 升高，使错油门活塞克服顶部弹簧的压力向上移动，打开通向油动机的油路 a 和 b，压力油进入油动机活塞下部腔室，油动机上部腔室接通排油，引起油动机活塞上移，关小调节阀，导致汽轮机进汽量减少，从而使汽轮机功率减小。当增大同步器的弹簧紧力时，动作过程与上相反。

3. 同步器对电网进行二次调频

必须指出上述的一次调频只能缓和电网频率的改变程度，不能维持电网频率不变，这时就需要用同步器增、减某些机组的功率，以恢复电网频率，这一过程称为二次调频。只有经过二次调频后，才能精确地使电网频率保持恒定值。显然，由于有了一次调频的存在，二次调频的负担就大大减轻了。

利用同步器能平移调节系统静态特性曲线的作用，可以顺利实现二次调频。图11-11所示为并网运行的两台机组，在额定转速下根据静态特性曲线的分配，1号机的负荷为 P_1，2号机的负荷为 P_2，假定某一瞬间电网负荷增加 ΔP，使电网周波下降，机组转速同时下降 Δn，两台机组各自按照自己的静态特性曲线自动承担一部分变化负荷，1号机负荷增加 ΔP_1，2号机负荷增加 ΔP_2，其总和等于电网负荷

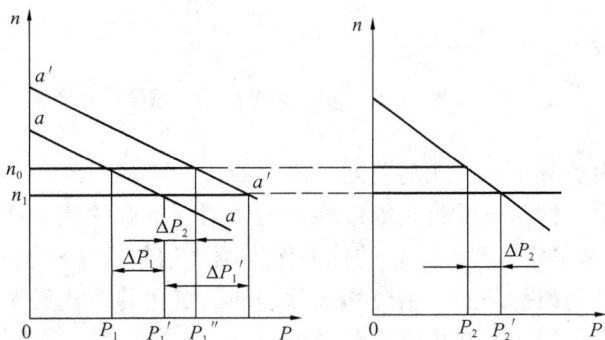

图 11-11 同步器平移调节系统
静态特性曲线实现二次调频

的增加量 ΔP，即 $\Delta P = \Delta P_1 + \Delta P_2$，达到负荷平衡后，电网周波也就稳定下来，这是一次调频的过程。这时如果操作1号机的同步器，使1号机的静态特性曲线由 aa 上移到 $a'a'$，则在转速 n_1 下，1号机增发了功率 $\Delta P_1'$，使总功率 $(P_1 + \Delta P_1 + \Delta P_1' + P_2 + \Delta P_2)$ 大于总负荷 $(P_1 + P_2 + \Delta P_1 + \Delta P_2)$，于是电网周波升高。随着电网周波升高，1号机按 $a'a'$ 静态特性曲线减负荷，2号机按其自身静态特性曲线减负荷。当转速升高到 n_0 时，2号机负荷恢复到一次调频前的数值 P_2，1号机则承担了全部的变化负荷 $\Delta P = \Delta P_1 + \Delta P_2$，总功率与外界负荷重新平衡，电网周波稳定在转速 n_0 所对应的数值上，这是二次调频。二次调频就是在电网周波不符合要求时，操作电网中某些机组的同步器，增加或减少它们的功率，使电网周波恢复正常的过程。

第四节 汽轮机数字电液调节系统（DEH）

一、功—频电液调节的基本原理及特点

传统的机械、液压式调速系统是一种速度调节系统，它在并网的情况下能起频率调节作用（即一次调频）。改变同步器的位置，可以改变调节阀门的开度，因而改变了汽轮机所带

的负荷。但用这种方法给定机组的功率是有条件的，任何条件的变化（如蒸汽初参数和凝汽器真空的变化等干扰）都会引起机组所带功率的变化。因此，速度调节系统是没有抗内扰能力的。它在并网运行时，即使外界负荷和同步器的位置不变，由于内扰的原因也会使机组的负荷发生变化，这就不利于电网中各机组的安全经济运行。

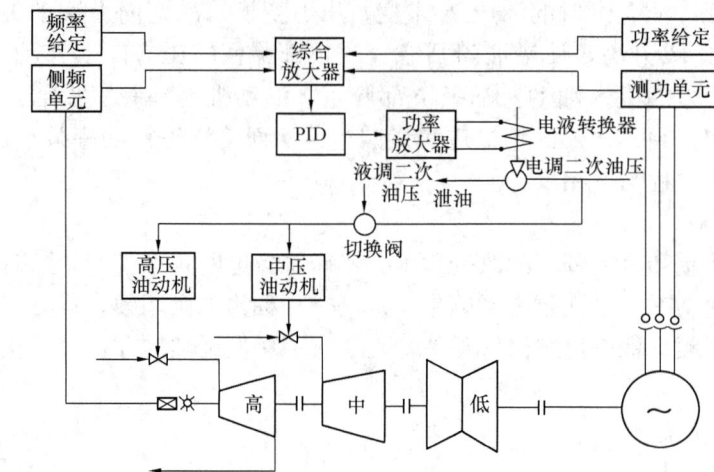

图 11-12 功—频电液调节系统原理图

在大型汽轮发电机组的调速控制系统中，为了提高机组功率动态响应特性和抗干扰能力，采用功率和频率两种信号同时作用，以便将机组的功率自动地维持在给定值上，这种调节称为功率—频率调节，简称功—频调节，一般采用电液调节系统来实现。

功—频电液调节原理的方框图如图 11-12 所示。

功—频电液调节系统一般由测频单元、测功单元、放大器、PID 校正单元、电液转换器以及液压执行机构所组成。其中，测频单元与其给定装置的作用与液调的调速器和同步器相当，它"感受"转速与给定值（由给定单元给定）的偏差作为调节信号。在机械式或液压调节中，调速器所感受的转速偏差是以滑环的机械位移或脉动油压变化的形式反映出来的，而这里的测频单元则是以电压变化的形式反映出来。测功单元及给定装置是功—频调节系统所特有的，它感受功率与给定值（由功率给定装置给定）的偏差发出功率调节的信号。放大器则相当于液调中的液压放大元件。因为从测频及测功单元输出的电压信号的和功率都很小，不足以推动执行元件，故放大器的作用是将测频单元和测功单元来的信号综合放大后，去推动电液转换器。PID 是一个具有比例（P）积分（I）和微分（D）作用的调节器，它在系统中的作用是将综合放大器来的综合信号进行微分、积分运算，同时加以放大，然后输入功率放大器加以功率放大。微分作用相当于液调中校正器的作用，使调节阀产生动态过开来增加机组的负荷适应性；积分作用与油动机的特性相同，即当无输入时，输出保持不变（而不是输出为零），当有恒定输入时，则输出随时间线性增加；比例作用产生与偏差大小成比例的信号。电液转换器则是将电调来的电信号转变成油压变化信号去操作油动机，是电调和液压控制之间的联络部件。切换阀是电液并存调节系统所保留下来的电调系统和原液压系统的切换阀门。在纯电调控制系统中已取消了切换阀（及相应的液调二次油压系统）。

功—频电液调节系统能自动调节和控制汽轮发电机的功率与频率，以适应各种运行工况的要求。

二、数字电液调节系统（DEH）

随着计算技术的发展、微型计算机的广泛应用及其性能价格比的不断提高，一种新型的、功能更强、调节精度更高的数字式电液调节系统很快取代了模拟调节系统，并广泛地应用于各种大型汽轮机的控制。

图 11-13 为数字式电液调节系统的方框图，它也是一种功率—频率调节系统。与模拟电调相比，其给定、综合比较部分和 PID（或 PI）的运算部分都是在数字计算机内进行。由于计算机控制系统是在一定的采样时刻进行控制的，所以，两者的控制方式完全不同，模拟电调属于连续控制，而数字式电调则属于离散控制，也称采样控制。

图 11-13 中的调节对象考虑了调节

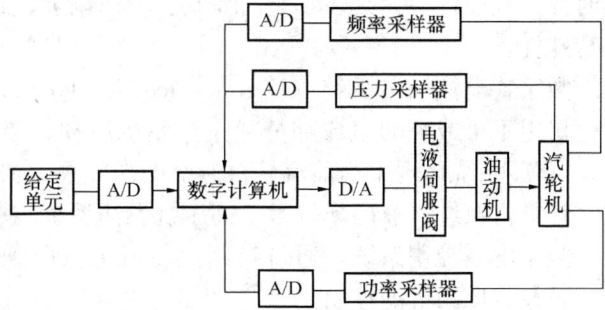

图 11-13 数字式电液调节系统方框图

级汽室压力特性、发电机功率特性和电网特性，而计算机的综合、判断和逻辑处理能力又强，因此，它是一种更为完善的调节系统。整个系统由内回路和外回路组成，内回路增强了调节过程的快速性，外回路则保证了输出严格等于给定值。该调节既保证了对系统信息的运算处理和放大，又可以保证消除静态偏差，实现无差调节。

从发展的观点看，再热机组调节系统从液压调节系统、功频模拟电液系统到数字式电液调节系统，是从低一级向高一级调节系统发展，后一种系统优于前一级系统。无论是模拟电液调节或数字电液调节系统，目前都还没有一种电气元件能取代推力大、动作迅速的液压执行机构，因而都有把电信号转换成液压信号的电液转换装置，所不同的是对液压的机构进行了许多改进。例如，采用高压抗燃油的液压伺服机构，把油压从过去的 0.98～1.96MPa 提高到 12.42～14.49MPa，提高了 10 倍之多，使结构紧凑，推力大，动作更加迅速。

数字电调和模拟电液调节比较，增加了许多新的特点：

（1）用计算机取代了模拟电液调节中的电子硬件，特别是采用微处理机和功能分散到各处理单元后，显著提高了可靠性。

（2）计算机的运算、逻辑判断与处理功能特别强，除控制手段外，在数据处理、系统监控、可靠性分析、性能诊断和运行管理（参数与指示显示、制表打印、报警、事故追忆和人机对话）等方面都可以得到充分的发挥。

（3）调节品质高，系统的静态和动态特性良好。例如，在蒸汽参数稳定的条件下，300MW 机组数字电调的精度：对功率调节在 ±2MW，对转速调节在 2r/min 以内。此外，由于硬件采用积木式结构，系统扩展灵活，维修测试方便；在冗余控制手段下，保护措施严密等方面均比模拟电液调节有明显的优势。

（4）利用计算机有利于实现机组协调控制、厂级控制以致优化控制，这是模拟电液调节无论如何也不能相比的。

由于大型机组转子超速的可能性大，对调节品质和安全措施方面都要求很高，液压或模拟电调系统都已很难适应。而且，随着计算机性能价格比的提高，运行经验的积累，特别是自控部分在大型电厂中应受重视已为人们所共识，因此，现在国内外 300MW 以上的大型机组都普遍地采用了数字电液调节系统。

（一）数字电液调节系统的组成

汽轮机是高温、高压、高速旋转的大型动力设备，汽轮发电机转子的时间常数小，自平衡能力很弱，转子、汽缸等部件厚度大，温度变化剧烈。因此要求汽轮机控制系统必须具有实时性、快速性，尤其在其阀门控制、转速调节、超速保护、应力计算和寿命管理等方面有其特殊性。

数字式电液调节系统（Digital Electric Hydraulic Control System，DEH）是电站汽轮发电机组不可或缺的组成部分，是汽轮机启动、停止、正常运行和事故工况下的调节控制器。DEH 系统体现了当前汽轮机调节的新发展，集中了两大新成果：固体电子学新技术—数字计算机系统；液压新技术—高压抗燃油系统。成为尺寸小、结构紧凑、高质量的调节系统。数字电液控制系统，通过控制汽轮机主汽门和调门的开度，实现对汽轮发电机组的转速、负荷、压力等的控制。

图 11-14 为 300MW 机组的 DEH 系统图，主要包括汽轮发电机组及测量部分、数字控制部分和电液转换及液压部分：

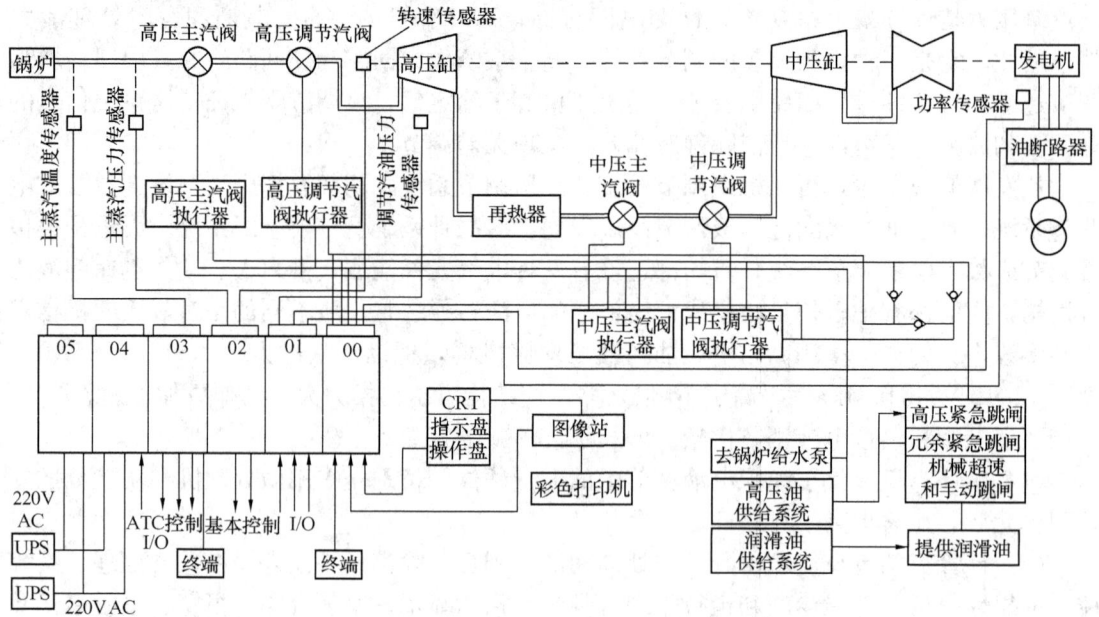

图 11-14   300MW 机组 DEH 系统图

（1）汽轮发电机组的测量。这是 DEH 控制系统中的控制对象和测量执行器件部分。功率测量和转速测量都采用 3 组独立的传感系统。电液伺服回路接受给定值和阀门位置信号，由电液伺服阀和油动机组成的执行器控制各阀门的开度，以实现汽轮机组转速、功率的连续自动调节。

（2）数字控制器。数字控制器接受机组的转速、调节级压力和发电机功率等变送器输出的信号，以及远方计算机的自动控制，自动调度系统、锅炉控制、自动同期、RB 及运行人员操作指令等信号，经计算机综合处理后，输出对应阀门的位置给定值信号。

（3）液压部分。液压系统包括高压抗燃油调节系统和低压润滑油系统两部分。这两个系统是完全独立的，中间通过隔膜阀使这两个系统的跳闸母管相连。EH 油系统提供高压油源。它包括不锈钢油箱、两台由电动机驱动的高压油泵、油管路系统、蓄压器、高压油动机及附属的控制设备、保护装置及指示仪表。EH 工作液一般为"EYRQUEL220"磷酸酯抗燃油。

（4）电液转换器。计算机运算处理后输出的电气信号经过伺服放大器放大后，在电液转换器（伺服阀）中将电信号转换成液压信号，使伺服阀中的滑阀移动，并将液压信号放大后去控制高压油系统。当高压油进入油动机活塞下腔，使油缸活塞向上移动，经杠杆带动蒸汽阀门开启；反之，使压力油自活塞下腔排出，借助蒸汽阀门上的弹簧作用力使活塞下移，关闭蒸汽阀门。

油缸活塞移动的同时，带动两个线性差动变送器，将活塞的机械位移转换成电气信号，作为伺服系统的反馈信号，输入电气控制部分。

当紧急事故（如真空低、轴承油压低、推力轴承磨损、电调油压低、超速、操作跳闸信号等）发生时，由自动保护系统动作电磁阀，快速泄放高压抗燃油，使阀门执行器迅速关闭，达到自动保护汽轮机组的目的。

（二）DEH 的基本功能

DEH 装置可根据需要进行手动运行方式、操作员自动方式和汽轮机自动控制（ATC）3 种运行方式的切换。其中，ATC 运行方式是最高级运行方式，即 DEH 根据汽轮机高、中压转子热应力、胀差、轴向位移、振动等情况自动控制汽轮机组的升速、暖机、并列、升负荷及跳闸等，并将有关数据、图表通过打印机和 CRT 告诉运行人员。其次为操作员自动方式，即 DEH 装置在 CRT 上为操作员提供操作面板，目标转速及升速率、目标负荷及升负荷率均由运行人员在控制面板上输入 DEH，一般在新机组第一次启动时都采用这种运行方式。另一种为手动运行方式，即当控制器故障时，通过手动直接控制阀门开度，以维持汽轮机运行，因此它是一种备用方式。

DEH 一般具有以下基本功能：

（1）转速和功率控制。汽轮机组启动时，DEH 装置发出控制信号，依靠高压主汽门中的预启阀进行升速和暖机。当 DEH 装置处于 ATC 运行方式时，根据热应力控制汽轮机的升速率和暖机时间。当转速升到约 2900r/min 时，自动进行阀门切换，高压主汽门全开，由高压调门进行转速控制，控制机组同期并网。通过热应力计算控制升负荷率。按一次调频和二次调频的要求，对机组进行功率和转速的闭环调节。

（2）阀门试验和阀门管理。所有汽门应定期作关闭、再启动的活动试验，可以通过 DEH 作阀门试验。另外，阀门管理也是 DEH 的一个重要功能，它可以进行以下控制：①机组启动或工况变化过程中采用单阀（节流调节，全周进汽），稳定工况下采用多阀顺序控制（喷嘴调节，部分进汽）。这样，前者可以减少转动与静止部分的温差，后者可以减少阀门的节流损失，改善机组的运行性能。②从手动到自动控制提供无扰动切换。③控制阀门最佳工作区，使阀门的行程和通过的流成线性关系。

（3）运行参数监视。包括以下参数监视：①温度监视（包括汽室金属温度、缸壁温度、轴承温度、再热蒸汽温度等）；②转子偏心度和振动监视；③轴向位移和差胀监视；④其他如 EH 油系统、发电机氢气系统、励磁系统、汽轮机真空和密封系统、疏水系统等的状态及有关参数的监视。

（4）超速保护。超速保护控制器（Overspeed Protection Controller，OPC）的功能是当汽轮发电机组甩负荷时，将直接通过油动机上的油泄放掉，瞬时关闭高、中压调节门 GV、Ⅳ，防止汽轮发电机组超速，为汽轮机提供动态超速保护途径。

（5）手动控制。当自动控制器故障时，DEH 置于手动控方式，以维持机组运行。

三、数字电液调节系统（DEH）的运行操作

（一）转速控制

汽轮机在机组并网前，必须将转速由零提升到额定转速附近，为机组并网创造条件。为了提高升速过程的安全性、经济性，减少设备的寿命损耗，通常采用多阀组合式升速控制方案。汽轮机在采用高压缸启动方式时，冲转前将旁路系统切除（BYPASS OFF），通过高压主汽门与高压调节阀门的顺序开启组合来控制升速过程。

在启动的开始阶段（0～2900r/min），按高压主汽门控制（TV）按钮，此时高压调节阀门全开，中压调节阀门全开，由高压主汽门调节器控制高压主汽门的开度来调节机组的转速。当汽轮机转速达到2900r/min时，按高压调节阀门控制按钮（GV），自动切换到高压调节阀门控制回路（系统），此时高压主汽门全开，高压主汽门控制回路转为开环，高压调节阀门控制回路转为闭环，从而通过高压调节阀门去控制机组的转速。从以上可知，机组在不同的转速范围内，阀门的状态是不同的，但在每个阶段中，只有一个控制回路处在控制状态，各阶段阀门的状态如表11-1所示。

表 11-1　　　　　　　　冷态高压缸启动（BYPASS OFF）各阶段阀门状态

阶段 阀门	冲转前	0～2900r/min	阀切换 2900r/min	2900～3000r/min
TV	全关	控制	控制→全开	全开
GY	全关	全开	全开→控制	控制
IV	全关	全开	全开	全开

有些国外300MW机组不采用旁路系统，但我国的引进型机组仍保留有旁路系统，因此，在DEH调节系统中，还增加了中压调节阀门的控制功能。机组在启动过程中，旁路系统是否投入，其控制方式是不同的，在操作台上有一旁路系统投/切按钮，可供运行人员选择。

当机组处于热态中压缸启动，旁路系统投入状态时（BYPASS ON），在0～2600r/min区左右由中压调节阀门控制机组转速，此时高压主汽门、高压调节阀门和中压主汽门均处于全开状态。到2600r/min时，由中压调节阀门控制切换到高压主汽门控制；到2900r/min时，再切换为高压调节阀门控制，在此期间，中压调节阀门保持原开度，之后就与高压缸启动、旁路系统切除（BYPASS OFF）一样。并网后，由高压调节阀门和中压调节阀门同时承担负荷的控制，负荷的设定值乘上旁路流量百分比后作为中压调节阀门的负荷控制设定值，在负荷带到30%时，中压调节阀门达到全开状态，这相当于最大的旁路流量。

图11-15为DEH调节系统中的转速调节原理图。由图可见，此转速调节回路可接受两种转速控制信号扰动，一是自动控制方式下的转速给定值扰动；二是手动控制方式下的手动转速阀位指令扰动。

1. 转速给定值扰动下的转速调节

自动控制方式系统的转速调节主回路与两个阀位控制子回路均为闭环控制结构。

若系统处于稳定状态，则转速给定值 n^* 与转速反馈值 n 相平衡，转速偏差信号 $\Delta n=0$，阀位偏差信号函 $V_T=0$，$\Delta V_c=0$。

图 11-15 中各部件标注：

电子调节装置　　Δn_m^*　AST　阀位控制装置（电液伺服装置）　配汽机构　调节对象

转速调节器P_2I_2　ΔV_{Tn}　ΔV_T　伺服放大器　电液转换器　高压主汽阀油动机　传动杠杆　高压主汽阀

高压调节汽阀控制否？　N　Y　Δn^*　Δn　Δn_1

阀位反馈部件

Δn_m^*　OPC　AST

转速调节器P_3I_3　ΔV_{Gn}　ΔV_{G1}　ΔV_G　伺服放大器　电液转换器　高压调节汽阀油动机　传动杠杆　高压调节汽阀

阀位反馈部件

转速反馈部体

汽轮机　发电机

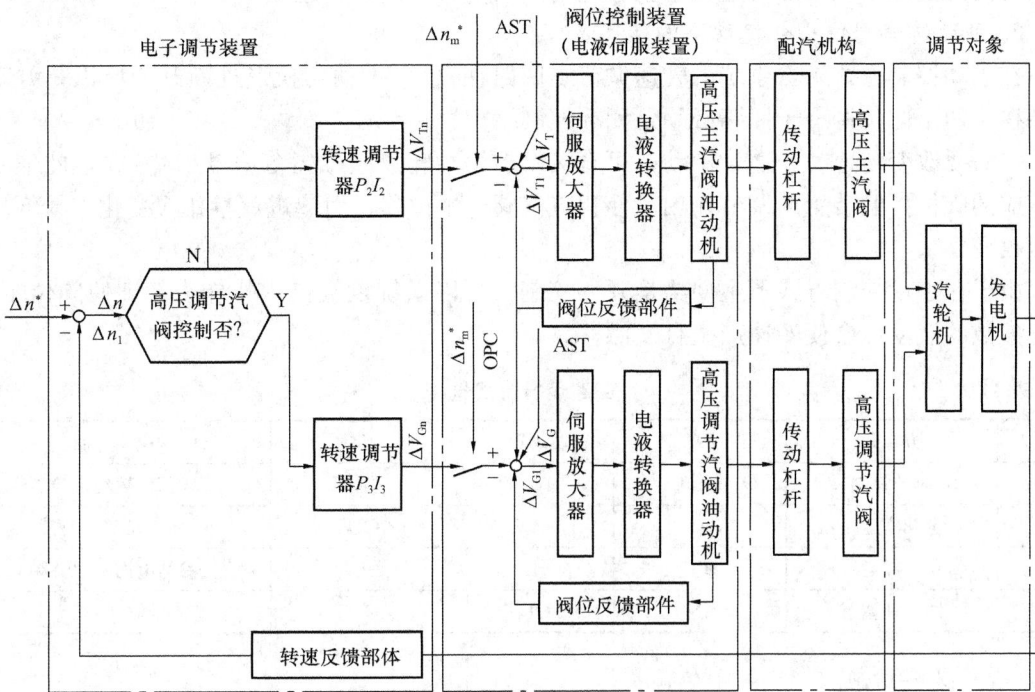

图 11-15　DEH 调节系统转速调节原理图

（1）高压主汽门的转速控制（$n<2900\text{r/min}$）。汽轮机在采用高压缸启动方式时，冲转前切除了旁路系统，中压主汽门、中压调节阀门、高压调节阀门均全开，由高压主汽门冲转并控制升速至 2900r/min。

当需要升速时，调整转速给定值 n^*，使之增大，产生转速给定值扰动信号 $\Delta n^*>0$，进而在转速调节器 P_2I_2 上输入产生转速偏差信号 $\Delta n>0$，有了偏差，转速调节器便按特定的调节规律进行工作，输出阀位调节指令信号 $\Delta V_{Tn}>0$，阀位控制子回路受 ΔV_{Tn} 的扰动后产生阀位偏差信号 $\Delta V_T>0$，此电信号放大后，通过电液转换器转换成调节油压信号去控制油动机，使其产生位移，从而驱动高压主汽门，使其开度增加，进汽量随之增大，实际转速相应升高。与此同时，取自油动机活塞位移的阀位反馈信号 ΔV_{T1} 在增加，转速反馈信号 Δn_1 也在增加。

在反馈作用下，当主回路、子回路的稳定条件同时得到满足时，系统便达到了新的稳定状态，新的实际转速与新的转速给定值相等。

（2）高压主汽门/高压调节阀门的阀切换控制。当机组转速按要求升速到 2900r/min 时，转速由高压主汽门切换到高压调节阀门控制。阀切换时，高压调节阀门从全开位置很快关下，当实际转速下降一定数值（30r/min）时，说明高压调节阀门已产生节流作用，接管了高压主汽门而进行转速控制。随后，在高压调节阀门控制转速为 2900r/min 左右的同时，高压主汽门逐渐开到全开位置，阀切换过程结束。

（3）高压调节阀门的转速控制（$n>2900\text{r/min}$）。当转速高于 2900r/min 时，转速处于高压调节阀门控制阶段，其转速调节原理与高压主汽门的转速调节原理基本相同。

无论是高压主汽门控制还是高压调节阀门控制，由于主回路和子回路均为闭环结构，所以具有抗内扰能力，实际转速完全受转速给定值精确控制，转速偏差小于 2r/min。

2. 手动转速阀位指令扰动下的转速调节

在手动控制方式下，系统的转速调节主回路在自动/手动切换点处断开，所以是开环控制结构。两个阀位调节子回路必须是闭环控制结构。

当需要改变转速时，通过手动，可直接发出手动转速阀位指令信号 $\Delta n_m^* \neq 0$，此信号通过相应的阀位控制装置的调节作用，使相应汽阀产生位移，引起进汽量相应变化，最终导致转速改变。

由于在手动控制方式下主回路是开环控制，所以系统没有抗内扰能力，即使阀位不变，蒸汽参数的波动也会使转速产生自发漂移。

表 11-2　　　　　　　　　　　　回路运行方式选择

	方　式	WS	MW	IMP	说　　明
1	阀位控制	OUT	OUT	OUT	阀门位置给定控制
2	定功率运行	OUT	IN	OUT	
3	功—频运行	IN	IN	IN	参与电网一次调频
4	纯转速调节	IN	OUT	OUT	

（二）功率控制

功率调节系统是由 3 个串级的回路构成，如图 11-16 所示，通过对高压调节阀门的控制来控制机组的功率。这 3 个回路分别是内环调节级压力（IMP）回路、中环功率（MW）调

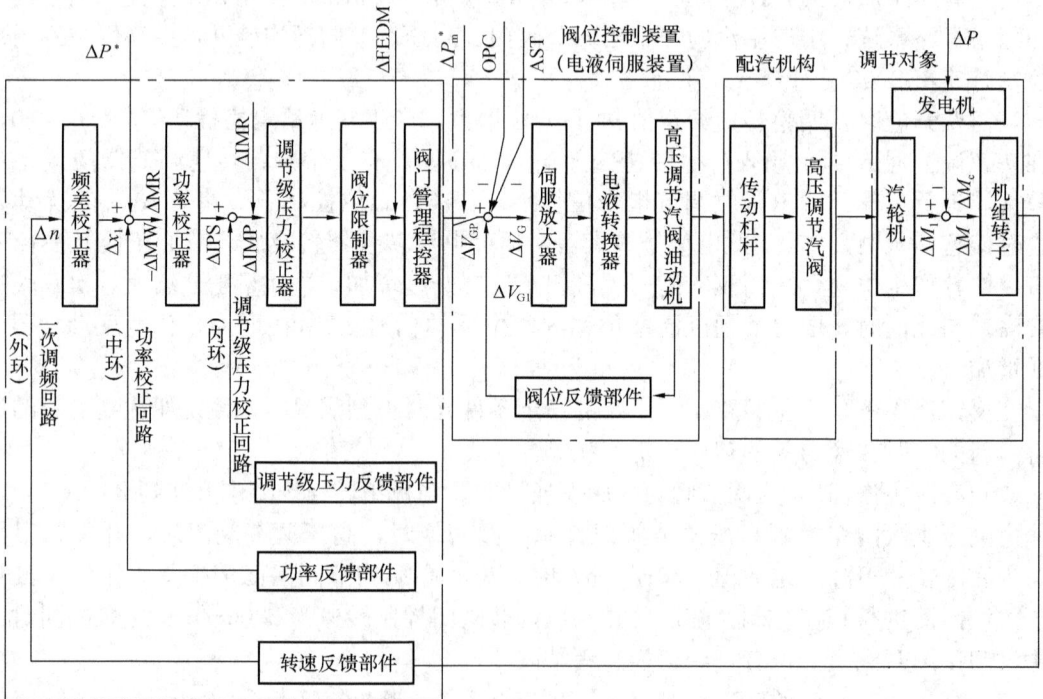

图 11-16　DEH 调节系统功率调节原理图

ΔP—外界负荷扰动信号；ΔP^*—功率给定值扰动信号；ΔP_m^*—手动功率阀位指令信号

节回路和外环转速（WS）一次调频回路。负荷给定值经一次调频修正后变为功率给定值，经功率校正器修正后，变为调节级压力给定值，最后经过阀门管理器转换为阀位指令信号。3 个回路可以有自动或手动两种运行方式的选择，为此可以构成以下各种运行方式。当 CCS 未设自动时，采用阀位控制。

1. 功率控制方式

（1）采用多回路综合控制。从液压调节系统控制策略及系统组成来看，造成负荷适应性差的主要原因是只采用了单一主回路——转速调节主回路，在并网运行时用作一次调频回路。在功率调节过程中，由于受中间再热体积以及蒸汽参数波动等因素影响，功率的动态偏差量与静态偏差量相差很大，反映出液压调节系统功率调节的动态特性较差。

为避免采用单一主回路所带来的问题，电液调节系统通常设置 2～3 个主回路，DEH 调节系统设置了 3 个主回路（即 3 个主环），即在外环一次调频回路基础上增设了中环功率校正回路与内环调节级压力校正回路。

增设中环功率校正回路的目的是：将实际的功率动态偏差值信号与来自外环一次调频回路的功率静态偏差请求值信号相比较，根据其差值进行校正，差值越大，调节幅度也越大，速度也越快，因此，可减小动态调节过程中的动静偏差量，从而改善了功率调节的动态特性。

根据汽轮机变工况理论可知，将定压运行的凝汽式汽轮机所有非调节级取作一个级组时，调节级后汽室压力的变化与主蒸汽流量的变化成正比，而流量变化又与汽轮机功率变化成正比，因此，可用调节级汽室压力的变化来加快反映由于调节汽阀开度的变化、蒸汽参数的变化等因素引起的功率变化，它比电功率信号及转速信号快得多。所以内环调节级压力校正回路是一快速内回路，不但能消除蒸汽参数波动引起的内扰，而且能起快速粗调机组功率的作用。功率的细调是通过中环功率校正回路的进一步调整来完成的。

（2）采用多信号综合控制。大机组的集中控制要求运行方式灵活、多样，电子技术的应用为其实现提供了有利条件。

通过改变汽轮机功率给定值信号来源，便能灵活地进行多种运行方式的综合控制（给定值信号综合控制）。

有时受机组运行条件改变的限制，达不到原运行要求，例如达不到原功率要求值，则将反映机组运行条件改变的限值信号送至某一中间环节进行低选限值处理（中间环节限值信号综合控制）。

当机组遇到异常情况时，有专用控制信号（如危急遮断信号或电超速保护信号）直接送至阀位控制装置，进行快速的阀位控制，以求阀门快速动作（直接阀位控制）。

此外，在自动装置失灵时，还可以直接进行手动阀位功率控制。

（3）采用调节阀门管理技术。阀门管理程序将流量调节信号转换成阀位控制信号，并根据运行需要选择阀门启闭控制方式：一是单阀控制。即采用单一信号控制，使所有高压调节阀门同步启闭，适用于节流调节；二是多阀控制，即采用多个不同信号分别控制若干个高压调节阀门，使它们按一定顺序启闭，适用于喷嘴调节。

节流调节能使汽轮机接近全周进汽，受热均匀，从而可以减小转速变动过程中和负荷变动过程中转子热应力，但会降低部分负荷下的运行经济性。一般情况下，在汽轮机升速过程、低负荷暖机过程、滑压运行过程、大幅度变负荷过程以及正常停机过程，采用节流调节。在定压运行过程中负荷稳定时，以及在高负荷（接近于 P_0）时，采用喷嘴调节。运行人员可以根据需要来选择最佳配汽方案。

单阀控制方式与多阀控制方式之间的相互切换是无扰切换。

2. 功率控制

如图 11-16 所示的系统可接受四种功率扰动信号：一是外界负荷扰动信号；二是自动控制方式下的功率给定值扰动信号；三是内部蒸汽参数扰动信号；四是手动控制方式下的手动功率阀位指令扰动信号。

（1）外界负荷扰动下的功率调节。若系统的 3 个主环（即 3 个主回路）及相应的子环（即阀位控制子回路）均为闭环控制结构，则系统处于功频调节方式。

设系统在原稳定状态下，$n=n_0$，$P=P^*$，当出现外界负荷扰动时，例如外界负荷增加时，发电机电磁反力矩将增大，引起 $\Delta M_e>0$，此时由于 $\Delta M_t=0$，所以 $\Delta M=\Delta M_t-\Delta M_e<0$，根据转子的运动特性，转速将下降，产生转速偏差信号 $\Delta n<0$，通过频差校正器（或称频差调节器）的调节作用，输出功率静态偏差校正量 Δx_1，由于此时 $P^*=0$，所以功率静态偏差请求值信号 $\Delta REF1>0$。

随后，中环功率校正回路受 $\Delta REF1$ 扰动后，产生功率静态偏差信号 $\Delta MR>0$，经过功率校正器 P_4I_4 的校正作用后，输出功率校正请求值信号 $\Delta REF2>0$，再经参数变换到调节级压力请求值信号 $\Delta IPS>0$，内环调节级压力校正回路 ΔIPS 扰动后，产生调节级压力偏差信号 $\Delta IMP>0$，经过调节级压力校正器 P_5I_5 的信号校正以及阀位限值处理后，生成主汽流量请求值信号 $\Delta FEDM>0$，再经过阀门管理程序处理后，变为阀位调节指令信号 $\Delta V_{GP}>0$，阀位控制子回路受 ΔV_{GP} 扰动后，产生阀位偏差信号 $\Delta V_G>0$，此信号通过电液转换器转换成调节油压信号，用以驱动油动机，进而驱动调节阀门开大，主汽流量随之增加，蒸汽动力矩、功率、调节级压力相应增大，与此同时，取自油动机活塞杆位移的阀位反馈信号函 ΔV_{GL}、调节级压力反馈信号 ΔIMP、功率反馈信号 ΔMW 与蒸汽动力矩反馈量 ΔM_t 也相应增大。

系统的稳定条件是

$$\begin{cases} \Delta V_G=\Delta V_{GP}-\Delta V_{GL}=0 \\ \Delta IMR=\Delta IPS-\Delta IMP=0 \\ \Delta M=\Delta M_t-\Delta M_e=0 \\ \Delta MR=\Delta REF1-\Delta MW=0 \end{cases}$$

上述 4 个条件同时满足时，系统便达到了新的稳定状态。

当外界负荷减小时，调节过程中各信号变化方向与上述相反。

（2）功率给定值扰动下的功率调节。在自动控制方式下，系统的 3 个主环及相应的子环均为闭环控制结构。

为了分析问题的方便，首先假设电网频率不变且为额定值，因此机组转速 n 也不变，此时转速偏差信号 $\Delta n=0$ 即 $n=n_0$，外环处于软阻断状态——相当于外环是开环结构，无校正作用，即 $\Delta x_1=0$。由图 11-16 可知，当出现功率给定值扰动时，将引起功率给定值 P^* 变化，例如 $\Delta P^*>0$，相应地引起功率偏差信号 $\Delta MR>0$，相继经过功率校正器、调节级压力校正器、阀位限制器、阀门管理程序以及阀位控制装置的作用后，使调节阀门开大，蒸汽量增大，功率增加，与此同时，阀位反馈信号、调节级压力反馈信号以及功率反馈信号随之增大，在同时达到子环、内环、中环的稳定性条件时，系统便达到新的稳定状态，此时机组实发功率与新的功率给定值相等。

在功率给定值扰动的同时出现外界负荷扰动时，则外环也参与调节，其总的调节效果可看成是由两种扰动单独作用后相叠加的结果。

当出现给定值扰动信号 $\Delta P^* < 0$ 时，调节过程中各信号变化方向相反，但稳定性条件不变。

（3）内部蒸汽参数扰动下的功率调节。液压调节系统不具备抗内扰能力，在蒸汽参数变化时，如主汽压力、主汽温度、排汽压力变化时，机组的功率就会自动漂移。在电液调节系统中，当内环、中环投入时，系统具有抗内扰能力，蒸汽参数的变化不会影响功率的稳定性。

例如，主汽压力在允许范围内降低时，则引起蒸汽流量减小，根据汽轮机变工况理论，当内环、中环均投入时，若出现幅度不大的蒸汽参数扰动且此时 $\Delta n = 0$，$\Delta P^* = 0$，当主汽压力在允许的范围内降低时，则将引起蒸汽流量减少。当将所有非调节级取作一个级组时，该级组前的压力—调节级压力（即调节级后汽室的压力）随着蒸汽流量的减小而减小，产生的调节级压力反馈信号 $\Delta IMP < 0$，内环调节级压力校正回路受 ΔIMP 扰动后，将产生调节级压力偏差信号 $\Delta IMP > 0$，经过调节级压力校正器的信号校正，再通过阀位限值处理以及随后的压力—流量数值转换作用，输出主汽流量（相对值）请求值信号 $\Delta FEDM > 0$，再经过阀门管理程序处理后变为阀位调节指令信号 $\Delta V_{GP} > 0$，阀位控制子回路受 ΔV_{GP} 扰动后产生阀位偏差信号 $\Delta V_G > 0$，此电信号通过电液转换器转换成调节油压信号，用以驱动油动机，进而驱动调节阀门开大。在主汽压力降低，引起蒸汽流量减小，以及整机理想焓降减小时，汽轮机功率将下降，产生滞后于调节级压力反馈信号的功率反馈信号 $\Delta MW < 0$，此信号作用于中环功率校正回路，产生功率静态偏差信号 $\Delta MR > 0$，经过功率校正器的校正作用后，输出功率校正请求值，随后通过功率—压力参数变换成调节级压力请求值信号 $\Delta IPS > 0$，此信号作用于调节级压力校正回路也产生调节级压力偏差信号 $\Delta IMR > 0$，通过随后各环节的调节作用，也会使得调节阀门开大。这就是说，主汽压力下降时，通过内环、中环两个反馈信号的作用是同向叠加的，均使得调节阀门开大，随着调节汽阀开大，蒸汽流量增加，调节级压力、汽轮机功率均相应回升，反馈信号 ΔV_{GL}、ΔIMP、ΔMW 也相应回升。

通过上述分析可知，系统的内环、中环通过改变调节阀门的开度来补偿内部蒸汽参数扰动对功率的影响，从而能维持功率不变。

（4）手动功率阀位指令扰动下的功率调节。在手动控制方式下，系统的 3 个主回路均在自动/手动切换点处断开，所以全是开环结构，阀位调节子回路必须是闭环控制结构。

当需要改变机组功率时，通过手动，直接发出功率阀位指令信号。由于机组处于并列运行方式，所以此时的阀位指令即为手动发出的功率给定值扰动信号。其调节过程与手动转速阀位指令扰动下的转速调节过程基本相同，不同的是调节结果改变了机组功率而不是转速。

（三）汽轮机自动控制（ATC）

汽轮机在启动或改变负荷时，由于汽轮机热惯性大，特别是转子，如果蒸汽温度变化快，则汽轮机内部温差就会较大，将产生过大的热应力，经多次升减负荷循环后，将产生热疲劳裂纹，引起机组疲劳损坏。

循环次数与应力大小关系很大，循环次数就相当于机组的寿命。例如，按寿命 10000 次进行设计，如果使用不当使热应力过大，实际寿命可能只有几千次，这就要求对机组进行自动控制，以保证机组寿命，ATC就是控制机组寿命的一种运行。

1. 控制手段

控制汽轮机第一级蒸汽变化速度，就能控制机组的热应力，这可通过控制负荷变化量和变化速率来达到。

2. 应力计算

汽轮机转子应力在机组启、停及负荷升、降时，应进行应力控制。目前应力测量尚不成熟，所以应力控制是以应力计算为基础的。

热应力的大小与直径、形状和主轴表面的温度变化率、温度的变化速度以及所用的材料都有关系，并随上述参数的变化而变化。

计算热应力的关键是求出有效温差 ΔT。主轴的表面温度和体积平均温度是通过转子温度场进行估算的。转子温度场是由汽室内蒸汽温度、转子表面初始温度和蒸汽至转子的传热系数等因素决定的。转子表面初始温度和采用汽室内壁温度代替。理论和试验结果证明，蒸汽与转子的传热系数在速度控制时是凝汽器压力和转速的函数，在负荷控制的最初 5min，它是时间的函数，5min 后，它是一个常数。

3. 控制回路方框图

通过 DEH 控制柜的 ATC-I/O 通道，检测机组的各点温度，计算高压和中压转子实际的应力，而后将它与许可应力进行比较，得其差值，再将它转化为转速或负荷的目标指令和变化率，通过 DEH 去控制机组升速和变负荷，在整个变化过程中，进行闭环的自动控制，使转子应力在允许的范围内。

ATC 中除了应力进行闭环控制外，对于盘车、暖机、阀切换、并网等有其他完善的逻辑控制和闭锁回路。汽轮机的偏心、胀差、振动、轴承金属温度、轴向位移、电动机冷却系统等各安全参数也自动控制。

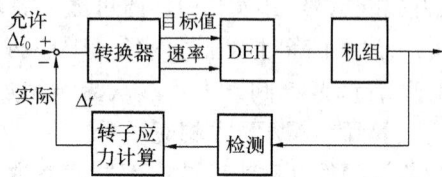

图 11-17 应力控制回路方框图

ATC 控制任务由一个调度程序和 16 个子程序组成，图 11-17 为应力控制回路方框图。

引进型 300MW 机组的升速率在 50～500r/min 分为 10 级，每级为 50r/min，应力可以用温差 Δt 表示，当实际温差小于 72F 时，每 3min 可升一级速率，最大速率为 500r/min；当温差大于 72F 时，则每 3min 降低一级升速率，最小速率为 50r/min。温差在 70F 左右时，速率基本不变。升负荷率在 1.395～13.95MW/min 分为 10 级，每级为 1.395MW/min，升降规律与升速率一样。当温差大于 72F 时，每 3min 可增加一级升负荷率，最大升负荷率为 13.95MW/min。温差大于 72F 时，则每 3min 降低一级升负荷率，最小升负荷率为 1.395MW/min。温差在 70F 左右时，升负荷率基本不变。

（四）超速保护（OPC）

超速保护控制系统由 3 部分组成：快速关闭截止阀(Close Intercepter Valve，CIV)、失负荷预测(LDA)和超速控制。DEH 的可靠性要求 OPC 系统与负荷控制系统是完全独立的。

1. 快速阀门动作

它是为机组在部分失负荷时提供稳定性的手段。在正常运行情况下，中压调节阀门是不能关闭的。当汽轮机的机械功和发电机的电功率产生偏差且超过某一预定值时，保护逻辑就使 CIV 触发器翻转，实现关中压调节阀门的功能。

汽轮机机械功与发电机功率差值超过某一预定值，CIV 触发器就被置位，IV 阀在 0.15s 之内被关闭。若此时发电机的励磁电路是闭合的，表明机组只是部分甩负荷，因而 IV 阀在关闭一段时间（可在 0.3～1.0s 内调整）后，CIV 触发器被复位，IV 阀又重新被打开。快速关闭阀门功能只能自动执行一次。当动作一次，系统恢复正常，再热汽压力与电功率信号平衡后，"快速关闭阀门"功能才可重新被"使能"，以备出现下一次部分甩负荷时再动作。若中压调节阀门一次快关后再开启时，汽轮机机械功与发电机电功率的差值仍然超过某一数值。运行人员可以按操作盘上该功能的"使能"开关，使它再动作一次。中压调节阀暂时性地快速关闭，可减少中、低压缸的出力，迅速适应外界甩负荷的要求，从而对保证电力系统的稳定是有利的。

2. 失负荷预测-全部甩负荷

机组在运行过程中，如果出现下列条件中的任一条，就可判定机组是全部甩负荷：

(1) 汽轮机功率在额定功率的 30%以上，且发电机的励磁电路断开。

(2) 再热压力变送器出现低限故障，且发电机励磁电路断开。

当发电机励磁电路断开时，DEH 系统就将负荷设定值改为高于额定转速值的设定值。同时 LDA 触发器被置位，将高调门迅速关闭。例如，励磁电路断开后经过 5s，转速已下降到小于额定值的 103%，则被重新打开（这时高压调节阀门由于受转速控制系统控制，而转速仍大于额定值，故高压调节阀门仍处于关闭状态）。失负荷预测功能的这些动作可避免汽轮机因甩负荷引起超速跳闸而停机。保持空载运行，以便能很快实现同步并网。

3. 超速控制

当机组转速超过额定转速的 103%时，超速控制将高压调节阀门和 IV 阀关闭，如果这一超速是由于全部甩负荷引起的（励磁电路断开），则同时会引起失负荷预测功能动作。如果是部分负荷下跌，则同时会引起快速阀门功能动作。

OPC 系统可以通过操作盘上的 OPC 键开关进行测试。在机组升速带负荷之前（即励磁电路处于打开状态），键开关被转定"OPCTEST"位置，就能产生一个信号，使 OPC 系统如同出现超速条件那样关闭阀门，以检验其可靠性。

第五节　汽轮机的保护系统

为了确保汽轮机的运行安全，防止设备损坏事故的发生，除了要求调节系统动作可靠以外，还应具备必要的保护系统。

小型汽轮机的保护系统比较简单，主要有超速保护装置、轴向位移保护装置、低油压保护装置和低真空保护装置等组成，它们的执行元件都是自动主汽阀。

一、自动主汽阀

自动主汽阀装在调节阀之前，在机组正常运行时保持全开状态，不参加蒸汽流量和功率的调节。任何一个保护装置动作时，主汽阀都能迅速关闭，切断汽轮机进汽，紧急停机。因此，自动主汽阀是保护装置的执行元件。通常要求在正常的进、排汽参数情况下，主汽阀关闭后（调节阀全开），汽轮机转速应该能降到 3000r/min 以下，而从保护装置动作到主汽阀

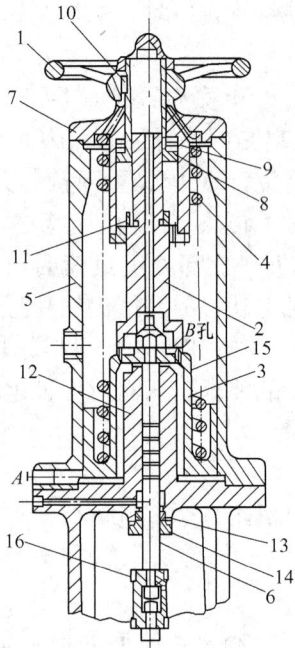

图 11-18 主汽阀操纵座

1—手轮；2—阀杆；3—油动活塞；4—弹簧；5—外壳；6—活塞杆；7—上盖；8—推力盘；9—推力轴承；10—平键；11—调整垫圈；12—油动机机座；13—填料；14—压盖；15—罩盖；16—活接头

全关的时间不应大于 0.5～0.8s。

自动主汽阀由两部分组成：主汽阀和操纵座，操纵座是控制自动主汽阀开启和关闭的机构。下面以青岛和南京产的中小型汽轮机的自动主汽阀操纵座为例来介绍主汽阀和操纵座的结构。

1. 主汽阀操纵座

操纵座是控制自动主汽阀开启和关闭的机构，电厂中习惯称之为主汽阀油动机。它主要由手轮 1、阀杆 2、活塞 3、弹簧 4、外客 5、活塞杆 6 等几部分组成，如图 11-18 所示。要开启主汽阀时，可先使安全油从 A 孔进入油动机活塞下部，再旋转手轮使阀杆 2 缓慢拉起，活塞 3 便在安全油压的作用下缓慢升起从而带动着下面的主汽阀缓慢打开。也可以先旋转手轮，使阀杆 2 先拉起，再通安全油使主汽阀打开。当汽轮机的任何一个保护装置动作时，都能泄掉油动机活塞下部的安全油，活塞 3 便在上部弹簧力的作用下被迫关闭。

2. 主汽阀

中小型汽轮机的主汽阀的构造如图 11-19 所示。它主要由大阀碟 1、小阀碟（又叫预起阀）2、阀座 3、阀杆 4、阀壳 5 等几部分组成，当主汽阀开启时，预起阀先开，蒸汽便从大阀碟的孔眼 A 通过小阀碟四周的环形汽室及大阀碟上的孔眼 B，进入汽轮机中，减小了大阀前后的压差，这样再开大阀时就比较省力了。小阀碟的口径一般都不大，设计时，一般只考虑其通汽量可使汽轮机达到超速试验的转速。

二、超速保护装置

汽轮机转子在运行中所受的离心力很大，离心力的大小与转子转速的平方成正比，考虑到各种运行条件下转子所需的转速正常变化范围，规定驱动发电机的汽轮机转子转速按 $120\%n_0$ 进行强度校核。若运行转速过高，则可能发生破坏性事故，例如叶片断裂、机组振动等，严重时甚至会发生飞车事故。因此，一般规定转子的转速不超过（110%～112%）n_0，当汽轮机的转速超过（110%～112%）n_0 时，超速保护装置动作，迅速切断汽轮机进汽，使汽轮机停止运转。

1. 危急保安器

超速保护装置由危急保安器和危急遮断油阀组成，危急保安器是超速保护装置的转速感受机构，有飞锤式和飞环式两类，但它们的工作原理完全相同。

图 11-20 是飞锤式危急保安器的结构图，它装在主轴前端，主要由飞锤、压弹簧、调整螺帽等组成。飞锤的重心与汽轮机转子旋转轴中心偏离一定的距离，所以又称作偏心飞锤。在转速低于飞锤的动作转速时，压弹簧 3 对飞锤 2 的作用力大于飞锤 2 所受的离心力，飞锤处于图示位置，不动作；当转速升高到略大于飞锤 2 的动作转速时，飞锤 2 所受的离心力增大到略超过压弹簧的作用力，飞锤动作，迅速向外飞出。随着飞锤向外飞出，飞锤的偏心距增大，离心力相应不断增大，一直到飞锤走完全程，到达极限位置时为止。飞锤飞出后撞击

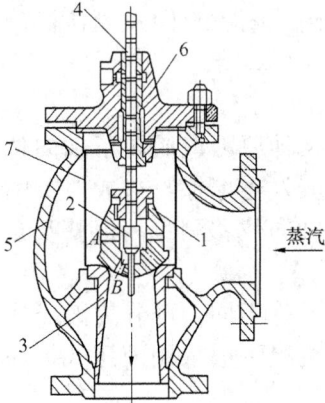

图 11-19 主汽阀

1—大阀碟；2—小阀碟；3—阀座；
4—阀杆；5—阀壳；6—阀盖；
7—蒸汽滤网

蒸汽

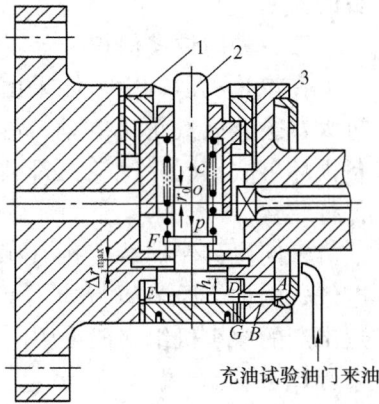

充油试验油门来油

图 11-20 飞锤式危机保安器

1—调整螺帽；2—偏心飞锤；3—压弹簧

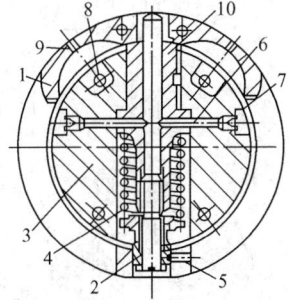

图 11-21 飞环式危机保安器

1—飞环；2—调整螺帽；3—主
轴；4—弹簧；5—螺钉；6—圆柱
销；7—螺钉；8—油孔；9—排油
孔；10—套筒

危急遮断油阀，使危急遮断油阀动作，泄掉安全油，关闭主汽阀、调节汽阀及抽汽逆止阀，实现紧急停机。

随着汽轮机转速因汽源切断而降低，飞锤离心力减小，当转速降低到飞锤的复位转速时，离心力将小于弹簧作用力，飞锤在弹簧力作用下回复到原来位置。复位转速一般略高于 3000r/min。飞锤的动作转速可以通过旋转调整螺帽 1，改变弹簧紧力来调整。

图 11-21 是飞环式危急保安器的结构图。偏心式飞环套在短轴上，当汽轮机转速升高到略大于动作转速时，偏心飞环因所受的离心力大于弹簧力，飞环即向外飞出。

2. 危急遮断油阀

危急遮断油阀是接受危急保安器的动作，关闭主汽阀、调节汽阀的机构。中小型汽轮机危急遮断油阀构造基本相同，如图 11-22 所示，它主要由套筒 7、芯杆 8、挂钩 12、大弹簧 4 和大弹簧罩 5 等组成。在壳体上有 A、B、C 这 3 个油口，正常状态下，A、C 油口相通，由轴向位移保护装置（或主油泵）来的高压油从 C 油口经磁力断路油阀去主汽阀操纵座。当危急保安器动作时，飞锤飞出后撞击危急遮断油阀下部的挂钩 12，使挂钩与套筒 7 之间的拉钩脱开，在大弹簧的作用下套筒向上跳起，此时来自轴向位移保护装置（或主油泵）的高压油经过油口 B，通往脉冲油路，使脉冲油压升高，将调速汽阀迅速关闭，而主汽阀油动机活塞下压力油则经磁力断路油阀，再经油口 C、D 排出，主汽阀便关闭。

芯杆 8 是用来手打危急遮断油阀时使用的。芯杆的上方与小弹簧罩 1 相连。芯杆及小弹簧罩的重力被小弹簧 2 支持着。当需要手打危急遮断器时，可往下按小弹簧罩，芯杆便会击脱挂钩

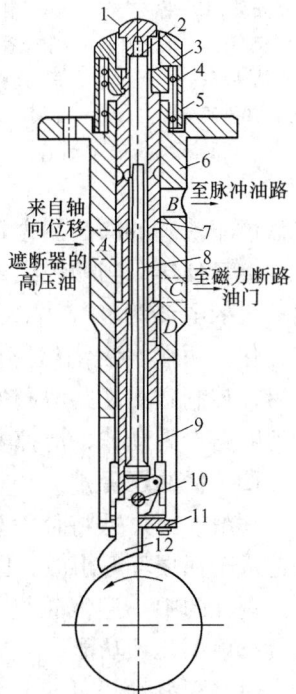

来自轴向位移遮断器的高压油

至脉冲油路
至磁力断路油门

图 11-22 中小型汽轮机危急遮断油阀

1—小弹簧罩；2—小弹簧；3—紧定螺钉；4—大弹簧；5—大弹簧罩；6—壳体；7—套筒；8—芯杆；9—拉力弹簧；10—销轴；11—盖板；12—挂钩

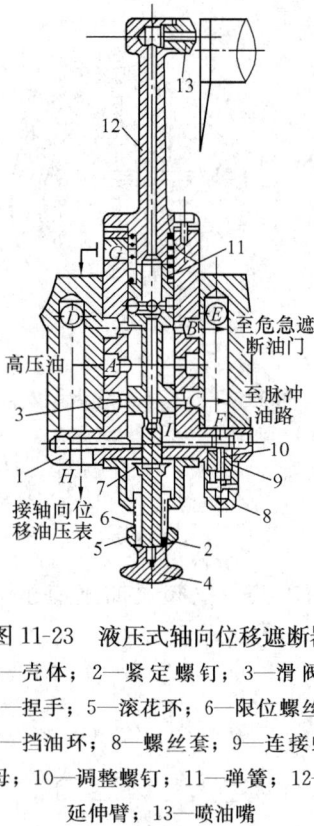

图 11-23　液压式轴向位移遮断器
1—壳体；2—紧定螺钉；3—滑阀；
4—捏手；5—滚花环；6—限位螺丝；
7—挡油环；8—螺丝套；9—连接螺
母；10—调整螺钉；11—弹簧；12—
延伸臂；13—喷油嘴

12，使套筒 7 上跳，同样可以达到关闭主汽阀及调速汽阀的目的。

三、轴向位移保护

在汽轮机运行中，如果由于某种原因造成转子轴向位移过大，会造成汽轮机的动、静部分发生摩擦，造成严重的设备损坏事故。因此汽轮机都装有轴向位移测量、报警及自动保护装置。

轴向位移保护装置按其感受元件不同，可分为液压式和电气式两种。原来运行的小型老机组一般采用液压式，而新近出产的中小机组一般采用电气式。

1. 液压式

图 11-23 是一种液压式轴向位移保护装置，当转子处于正常位置时，控制滑阀下部油压克服弹簧力将滑阀顶起，使压力油经滑阀通往主汽阀油动机活塞下部，主汽阀处于全开状态。当轴向位移超过某一数值时，喷油间隙增大，控制滑阀下部的油压下降，滑阀在弹簧力的作用下向下移动，切断通往主汽阀油动机活塞下部压力油，同时将其与排油接通，迫使自动主汽阀关闭。

2. 电气式

电气式轴向位移发讯器由一个山形铁芯和线圈组成，通常布置于前轴承箱的一侧，如图 11-24 所示。汽轮机主轴的转盘位于铁芯的两凸片之间，铁芯中枢柱上布置初级绕组，次级绕组对称布置在铁芯的两个侧柱上且反接。当初级绕组通入交流电时，次级绕组的两端就感应出电势，但因极性相反，故输出的电势为零。当转子产生轴向位移时，转盘两侧的间隙发生变化，两端次级绕组感应出的电势不同，输出的电势经过放大以后，控制磁力断路滑阀的电磁铁。当轴向位移超过一定数值后，磁力断路滑阀动作，泄掉安全油，关闭主汽阀和调节汽阀停机。

四、低油压保护

润滑油压过低将使汽轮机轴承不能正常工作，情况严重时还会造成轴瓦损坏等事故，因此汽轮机都设有低油压保护装置。

现在的中小型汽轮机大都采用继电器式低油压保护装置，一般具有以下几项功能。

（1）润滑油压低于正常值时，发出声光信号，提醒运行人员注意并及时采取措施。

（2）润滑油压继续降低，低于某一值时自动投入辅助油泵以提高油压。

（3）投入辅助油泵以后，润滑油压再降低，低于某一值时自动接通磁力断路滑阀电源实施停机。

（4）停机以后，要立即投入盘车装置，盘车时如果润滑油压再降低低于某一值时，应自

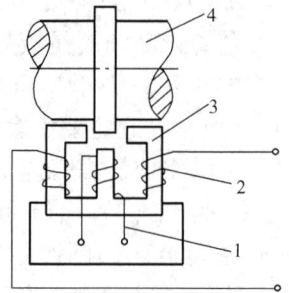

图 11-24　电气式轴向位
移发讯器
1—一次线圈；2—二次线圈；
3—山形铁芯；4—主轴

动停盘车。

五、低真空保护

凝汽器的真空过低会影响汽轮机的安全运行，所以汽轮机都设有低真空保护装置。与低油压保护装置类似，低真空保护装置一般也采用继电器式。当凝汽器的真空过低时首先发出声光信号，提醒运行人员注意并及时采取措施；如果真空再降低低于某一值时，会自动接通磁力断路滑阀电源而停机。

第六节　供　油　系　统

供油系统的主要作用如下：

（1）供给轴承润滑系统用油。在轴承的轴瓦与转子的轴颈之间形成油膜，起润滑作用，并通过油流带走由摩擦产生的热量和由高温转子传来的热量。

（2）供给调节系统与危急遮断保护系统用油。

供油系统的可靠工作对汽轮机的安全运行具有十分重要的意义。一旦供油中断，就会引起轴颈烧毁重大事故。

供油系统按工作介质可分为采用汽轮机油的供油系统和采用抗燃油的供油系统。

一、采用汽轮机油的供油系统

目前运行的仍然采用液压调节系统的小型机组，它的系统一般采用如图 11-25 所示的具有离心式主油泵的供油系统。离心式主油泵由汽轮机主轴直接驱动，简单可靠。它的压力—流量特性线较平坦，在油动机快速动作需要大量用油时不致于引起供油压力及润滑油量变动太大。离心泵工作缺点主要是泵的进口自吸能力差。进口侧受空气影响大。为避免进口侧吸入空气，离心式主油泵进口采用注油器 1 正压供油。为了减轻油动机快速动作需大量供油时注油器 1 的负担，在系统中将油动机的排油引至主油泵进口。此外，为了保证润滑油供应正常，还单独设置了注油器 2，由它来供应润滑油，注油器 2 与注油器 1 并联运行（有的小机组润滑油由主油泵直接供，油箱中只有一个注油器）。注油器将主油泵来的高压油经过喷嘴进行加速，流速增加，压力减低，将油箱内的净油吸入，再经扩压管后，动能转化为压力势能，压力升高后供油。

系统中的高压交流油泵的出口压力与主油泵出口压力相近（略低些），容量小些。高压交流油泵在启动时使用，因为此时主油泵因转速低而不能正常供油。当汽轮机升速至接近于额定转速时，主油泵出口压力略大于系统中的油压，由逆止阀自动内切换，使系统由高压交流油泵供油自动转换到主油泵供油，这时可将高压交流油泵停下。

大型汽轮机油管路体积很大，进油前存有不少空气，所以在启动高压交流油泵前一定要先启动交流低压润滑油泵，以便在较低油压下将油管中的空气赶尽。否则，高压油突然进入管道会引起油击现象。

图 11-25 中的交直流润滑油泵是一个低压油泵，可分别由两侧的交流电动机、直流电动机驱动。当系统中的润滑油压下降到某一限定值时，低油压发信器将发出信号，自启动交流电动机；在系统润滑油压低于另一更低的限定值时自启动直流电动机。例如，在系统润滑油压因故下降而交流电源又失去的情况下，会在油压跌到对应的限定值时直流电动机自启动，从而保障润滑油系统不断油。

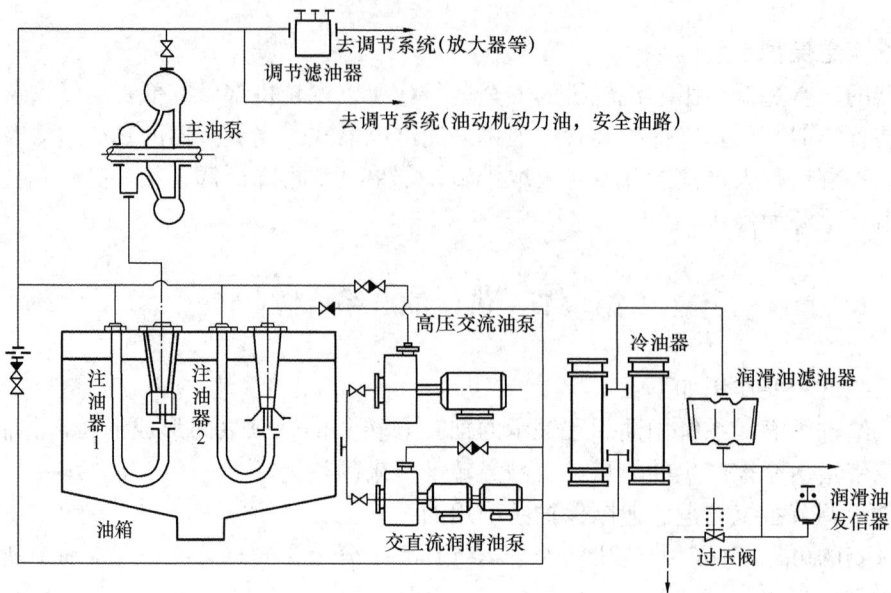

图 11-25　典型的离心泵供油系统

　　为了过滤油中的杂质,在油箱中设有滤网,油管上设有滤油器。有的供油系统还外设有净油装置。

　　油温不能太高或太低。油温太高,使油的粘性过小,轴承中油膜的承载能力下降,易产生干摩擦而损坏设备,同时油温高还会加速油的劣化;油温太低,使油的粘性过大,油膜的摩擦耗功增加,还会引起机组振动。正常运行时由系统管路中的冷油器来调整油温。机组启动前若油温过低,则可使用油箱中的电加热器来升温(小机组油箱中如果没有电加热器,可以先开启润滑油泵,利用油的循环来提高油温)。

　　随着机组参数的提高以及容量的增大,阀门所需的提升力加大,同时为了减小油动机尺寸以及时间常数,改善调节系统动态特性,必然要提高调节、保护系统油压,而润滑油压变化不大。所以调节、保护系统的油压与润滑系统的油压差在增大,这样若仍采用同一个供油系统,必然按高油压值进行设计,为满足润滑油压低值的要求,系统中不得不设置节流元件,导致能耗增加。为避免此问题,现在的大中型机组一般设置两个供油系统,分别向调节系统与润滑油系统供油,其中的润滑油和隔膜阀前的事故油仍采用汽轮机油,系统和设备与图 11-25 类似;而控制油动机的调节油采用的是抗燃油。

　　二、采用抗燃油的供油系统

　　1. 抗燃油

　　提高调节油压有利于减小油动机时间常数,改善大机组调节系统的动态特性,同时有利于减小油动机尺寸。而油压提高容易使管路漏油和爆管,汽轮机油的燃点低,易引起火灾,所以大中型机组的调节油一般不再采用汽轮机油,而采用燃点高、不易引起火灾的抗燃油。目前使用较广的是磷酸脂类抗燃油,它有轻微毒性。

　　2. 供油系统

　　目前采用磷酸脂型抗燃油的供油系统,其组成一般如图 11-26 所示。由交流电动机驱动的高压离心泵将油箱中的抗燃油吸入，油泵出口的油经滤油器、逆止阀后流入蓄能器。与蓄能器相连的高压供油母管将高压抗燃油送至调节、保护系统。

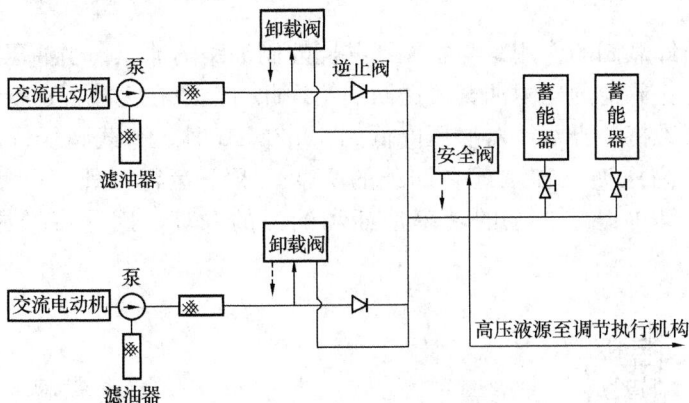

图 11-26　采用抗燃油的供油系统

当高压供油系统的压力达到上限值 14.8MPa 时，卸载阀动作，使油泵至逆止阀之间的压力油经卸载阀流回油箱，油泵处在无载运行状态；当高压供油母管降到下限值 12.2MPa 时，卸载阀复位，从而使油泵再次向蓄能器充油。高压离心泵在承载和卸载的交互方式下运行，可减少能量损失和油温的升高，保证了泵有较长的寿命及较高的工作效率。溢流阀事实上是一个安全阀，当高压供油母管压力上升到 16.8～17.2MPa 时打开通向油箱的回路，起到过油压保护作用。

为了提高供油系统的可靠性，采用了双泵系统，一台泵运行，另一台泵备用。两泵可交替使用。

3. 系统主要设备

(1) 油箱。EH 油箱的容积为 757L（200 加仑），用不锈钢制成，油箱中装有四个磁性过滤器，用来吸附油中的导磁性杂质。油箱上装有指示式油位计，还设有高低压油位报警装置。由于抗燃油不能在低温下长期运行，故在油箱内装有三个电加热器，在油温低时进行预热。

(2) 油泵。本系统装有两台高压叶片式泵，流量为 75L/min，油压为 17.24MPa，由交流电动机带动，正常运行时一台运行，另一台备用，当运行泵油压低至 10.2～10.9MPa 时，通过压力开关启动备用泵。两台泵并联在油箱下方，位置低于油箱液面，因此油泵入口能保证正压供油。两台油泵的入口

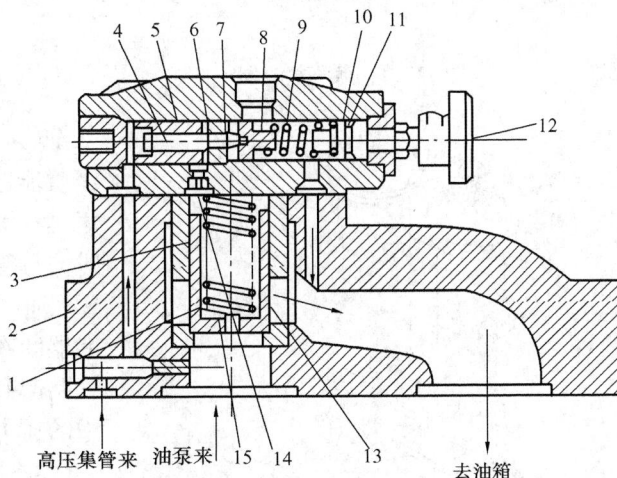

图 11-27　卸载阀

1—滑阀弹簧；2—阀体；3—套筒；4—控制柱塞；
5—控制滑块；6—控制座；7—钢球；8—球座；
9—锥形弹簧；10—密封活塞；11—O 型密封圈；
12—调整旋钮；13—控制滑阀；14、15—节流孔

共用一个安装在油箱内部的滤网，每台油泵出口装有两个箱筒式金属网过滤器，在过滤器进出口两侧连接一压差继电器，当压差达 0.68MPa 时，继电器接通发出报警信号，表明滤网已变脏而需要清洗。

（3）卸载阀。卸载阀的作用是与蓄能器共同控制油路的油压。当油压达到 14.7MPa 时，卸载阀动作，将逆止阀前的压力油直接送回油箱。此时油泵在无载下运行，而高压油母管内的油压则有蓄能器维持。当蓄能器油压降低到 12.2MPa 时，卸载阀复位，此时油泵再次向系统供油。因此，高压油泵在承载和卸载的交变工况下运行，既可以使系统油压保持在 12.2～14.7MPa，又可以减少泵的功率消耗和油温的升高，因此可增加泵的寿命及工作效率。

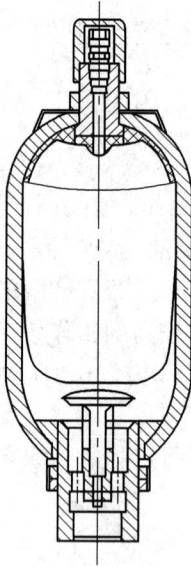

图 11-28　高压蓄能器

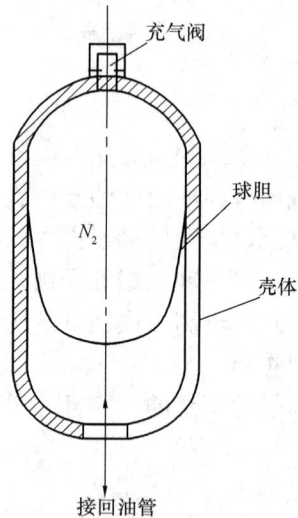

图 11-29　低压蓄能器

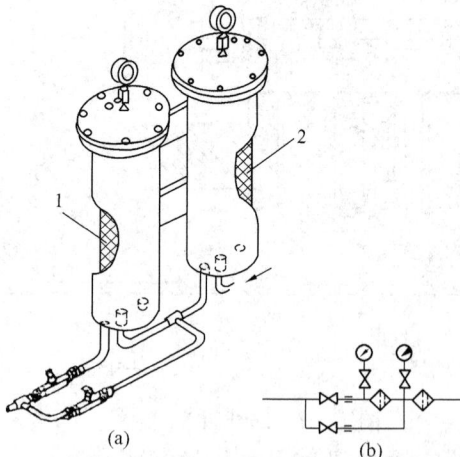

图 11-30　精滤组件

（a）结构图；（b）连接原理图

1—硅藻土滤器；2—波纹纤维滤器

（4）蓄能器。EH 油系统共有 5 个活塞式高压蓄能器，高压蓄能器装在高压油母管上，其作用是在油泵向系统供油时进行储油，在油泵卸载时向母管供油，以维持高压油母管中的油压稳定。EH 油系统中还装有球胆式低压蓄能器，低压蓄能器装在有压力的回油管路上，其作用是对回油管路起到一个调压室的缓冲作用，减少回油管路中的压力波动。

4. 抗燃油再生装置

抗燃油价格较高，使抗燃油再生使用很有必要。一般在再生装置中使用吸附剂来使抗燃油获得再生。再生的目标是使油酸碱度保持中性，并去除油中水分。通常采用的吸附剂是硅藻土和波纹纤维。

思 考 题

1. 汽轮机调节系统的任务是什么？
2. 何谓调节系统的速度变动率？迟缓率？
3. 何谓一次调频、二次调频？
4. 汽轮机的电液调节系统有哪些主要装置？简述各主要装置的作用。
5. 汽轮机的供油系统有何作用？

第十二章

发电厂热力系统及其辅助设备

第一节　发电厂原则性热力系统

原则性热力系统是把主要热力设备按工质热力循环顺序连接起来构成的系统。同类型、同参数的设备在图上只用一台表示，备用设备和管路、附属机构都不画出，一般附件都不画出。

原则性热力系统概括了发电厂工质的流程与热力设备之间的有机联系，表明了能量转换过程的完善性和经济性。通过对原则性热力系统的定性分析，可了解电厂循环的形式（如回热循环、再热循环及供热循环等），蒸汽的初、终参数，以及废热回收利用对电厂经济性的影响。

原则性热力系统主要由下列各局部热力系统组成：主蒸汽及再热蒸汽系统、再热机组的旁路系统、主凝结水系统、除氧给水系统、回热抽汽系统、疏水系统、补充水系统、锅炉排污利用系统等，对于供热机组还包括对外供热系统。下面介绍几个典型的原则性热力系统。

一、CC25-8.83/0.98/0.11 型供热机组的原则性热力系统

图 12-1 所示为 CC25-8.83/0.98/0.11 型供热机组的原则性热力系统。该机组共有六级抽汽，分别供两台高压加热器、一台高压除氧器、三台低压加热器。高压加热器的疏水逐级自流入除氧器，低压加热器的疏水逐级自流入 H6 后，用疏水泵送入该加热器出口的主凝结水管道。为提高系统的热经济性，在低压加热器 H4 后设置了一台疏水冷却器。该机组的回热系统还接有一台轴封加热器和一台射汽式抽气冷却器，分别用于冷却汽轮机轴封漏汽和射

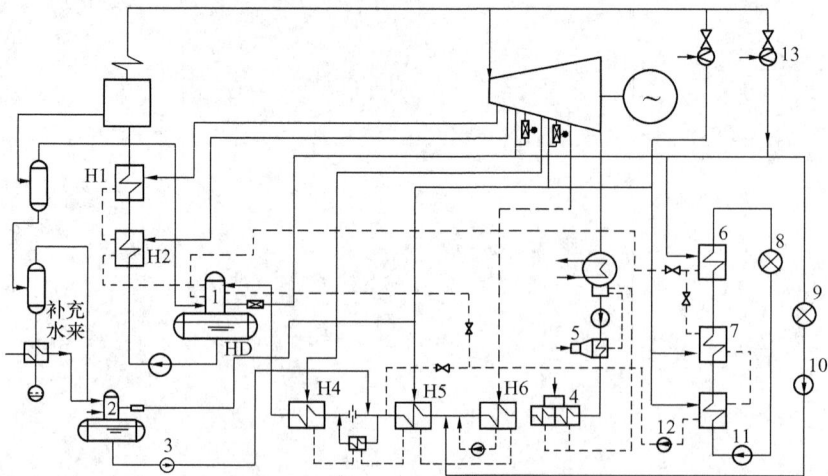

图 12-1　CC25-8.83/0.98/0.11 型供热机组的原则性热力系统

1—高压除氧器；2—大气式除氧器；3—补充水泵；4—轴封加热器；5—射汽抽汽冷却器；
6—高峰热网加热器；7—基本热网加热器；8—采暖热用户；9—生产热用户；10—回水泵；

11—热网水泵；12—基本热网加热器疏水泵；13—减温减压器

汽式抽气器射出的蒸汽，以回收工质和热量，它们的凝结水各自流入凝汽器。该机组的第三、第五级抽汽是可调整抽汽，它们分别供生产热用户和采暖热用户，其调整抽汽压力分别为 0.8～1.3MPa 和 0.0～0.25MPa。生产热用户的回水由回水泵送入低压加热器 H6 出口的主凝结水管道。采暖供热由两个基本热网加热器和一个高峰热网加热器组成。经常性采暖季节只运行基本热网加热器，使用第五级抽汽。冬季最冷时，投入高峰热网加热器，使用第三级调整抽汽。热网水自形成单独系统，由热网水泵维持其循环。基本热网加热器的疏水流入基本热网加热器或除氧器。热用户的备用汽源是主蒸汽经减温、减压装置调整后的合格蒸汽。

为保证给水质量，采用二级除氧系统，设有高压除氧器和大气式除氧器，它们分别用第三级和第五级抽汽作为加热汽源。补充水经排污冷却器加热后送入大气式除氧器除氧，之后用补充水泵送入低压加热器 H5 出口的主凝结水管道。

锅炉设有两级连续排污利用系统，高压扩容蒸汽送入高压除氧器，低压扩容蒸汽送入大气式除氧器，浓缩后的排污水经排污水冷却器冷却后排入地沟。

二、N300-16.7/537/537 型机组原则性热力系统

图 12-2 所示为引进美国西屋公司技术，上海汽轮机厂制造的 N300-16.7/537/537 型机组，配置 SG1025/17.65 型强制循环汽包炉的原则性热力系统图。该机组有 8 级不调整抽汽，回热系统由 3 台高压加热器、1 台滑压运行的高压除氧器和 4 台低压加热器组成。各高低压加热器均设有疏水冷却段，3 台高压加热器及低压加热器 H5 内设有蒸汽冷却段。加热器的疏水采用逐级自流方式，不设输水泵，高压加热器的疏水逐级自流进入除氧器，低压加热器的疏水逐级自流进入凝汽器。该系统简单、运行可靠，热经济性较好。

系统设有汽动给水泵，其汽源取自第四级抽汽，小汽轮机的排汽进入主凝汽器终。为防止给水泵汽蚀，在每台泵入口前还设有前置泵。为保证系统亚临界锅炉的汽水品质，在凝结水泵出口设有凝结水除盐设备，其后设有凝结水升压泵。

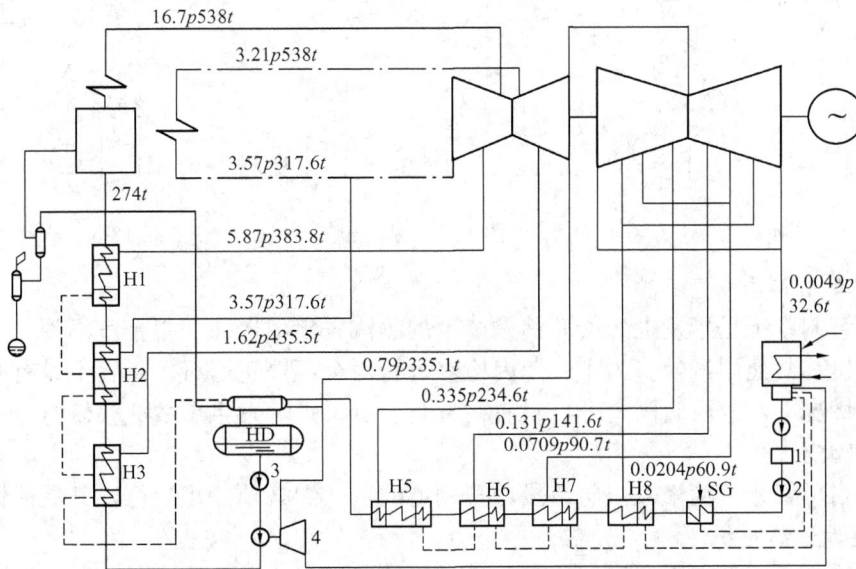

图 12-2　N300-16.7/537/537 型机组原则性热力系统
1—除盐装置；2—凝结水升压泵；3—给水泵的前置泵；4—小汽轮机

锅炉采用一级连续排污利用系统，不设排污水冷却器，其浓缩排污水送入定期排污扩容器中，经定期排污扩容器扩容降压后排出。

第二节 全面性热力系统

发电厂的全面性热力系统是指全厂的所有热力设备（包括运行和备用的）以及连接这些设备的管道和附件的总系统，它考虑了各种工况及事故的运行方式。电厂的全面性热力系统是发电厂设计、施工及运行工作中的指导性系统。为了深入地认识发电厂的全面性热力系统，下面首先对全厂同类型设备的各种平行连接形式及其设备进行叙述，然后介绍全面性热力系统图。

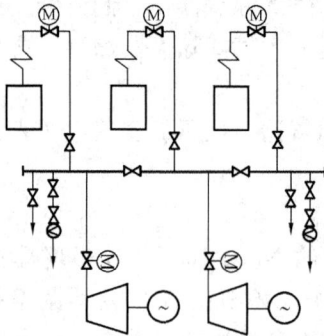

图 12-3 集中母管制

一、主蒸汽管路系统

发电厂的主蒸汽管路系统主要是指锅炉与汽轮机之间的连接管路。发电厂主蒸汽管路所输送的工质流量大、参数高，因此对发电厂运行的安全性和经济性影响大。对其要求是：系统简单；工作安全、可靠；运行调度灵活，便于切换；便于检修、扩建；投资和运行费用最省。发电厂常用的主蒸汽管路系统有以下 4 种形式，分别如图 12-3～图 12-6 所示。

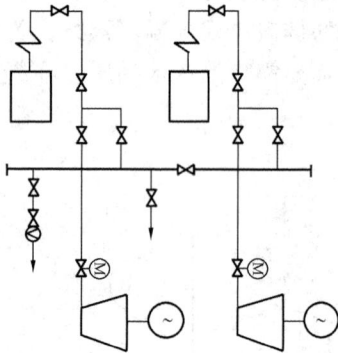

图 12-4 切换母管制

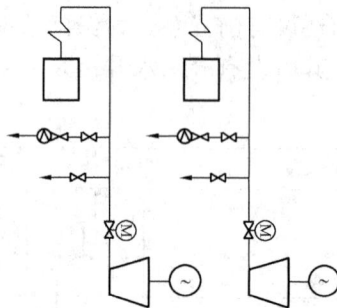

图 12-5 单元制

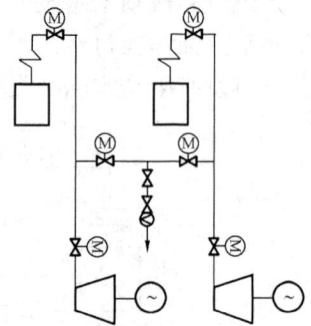

图 12-6 扩大单元制

1. 集中母管制系统

集中母管制系统是指发电厂所有锅炉产生的蒸汽先集中送往一根蒸汽母管，再由母管引至每台汽轮机和其他用汽处。为了避免因检修母管而全厂停止运行，母管上设有几个分段阀门，在正常情况下，分段阀门全开，只有在母管、机、炉等发生事故或检修时，才关闭某个有关的分段阀门。

显然，当母管分段检修时，与该段母管相连的机、炉必须停止运行，其灵活性较差。

2. 切换母管制系统

切换母管制系统是指每台锅炉与其对应的汽轮机组成一个单元，各单元之间设有联络母管，每一单元与母管相连处加装一段联络管和 3 个切换阀门，单元之间可以交叉运行。

切换母管制系统的优点是：调度灵活，尤其是对机、炉台数多的电厂更为突出，为充分利用锅炉的富裕容量创造了良好的条件，但由此亦引出了阀门多、管路长而复杂、压力损失和散热损失增加、阀门事故可能性增大，投资增加等缺点。因此，这种管路系统适用于工质参数不太高，机炉流量不完全配合，或装有备用锅炉的发电厂。

3. 单元制系统

单元制系统是指一机一炉相配合的连接系统，汽轮机和供它蒸汽的锅炉组成独立的单元，与其他单元之间无任何蒸汽管道相连接。

单元制主蒸汽管道系统的优点是：系统简单，管道短，投资省，便于机炉集中控制，同时检修工作量也小，事故的可能性减少，事故的范围只限于一个的单元，不影响其他机组的正常运行。其缺点是：相邻单元互相不能切换，单元中任何一个主要设备发生故障，整个单元都被迫停止运行。

现代大容量电厂的机炉容量相匹配，参数较高，必须采用高级合金钢，采用单元制管道短、附件少的优点显得更为突出，而且便于机、炉、电的高度自动化集中控制。因此几乎都采用单元制系统。由于再热式机组之间的再热蒸汽很难实现切换运行，所以再热机组的主蒸汽系统必须采用单元制。

4. 扩大单元制

扩大单元制是指将单元制系统用一根母管和隔离阀门相互连接起来的主蒸汽系统。这种系统的特点介于单元制和切换母管制之间，与单元制相比，机炉可交叉运行，运行灵活。与切换母管制相比，高压阀门少。我国一些高压凝汽式发电厂也有采用这种形式的。

二、中间再热机组的旁路系统

（一）旁路系统及其作用

大功率机组为提高循环效率以及降低排汽湿度，均采用了中间再热。由于再热机组的再热蒸汽压力随机组功率变化而变化，并且再热蒸汽流量与新蒸汽流量要保持一定的比例关系，所以再热机组必须采用机、炉对应的单元制系统。采用单元制系统给低负荷或空负荷时机炉配合带来问题：首先，汽轮机空负荷运行时所需要的蒸汽量是额定蒸发量的 6％ 左右，而维护锅炉稳定燃烧所需要的最小蒸发量为额定蒸发量的 30％～50％；其次，布置在较高烟温区的再热器为避免超温烧坏所需要的最小冷却流量至少为 15％ 左右，这与汽轮机空负荷的流量也不配合。

为了改善启动条件，加快启动速度，解决机、炉蒸汽流量的平衡和保护再热器的问题，中间再热机组一般均设置旁路系统。所谓旁路系统，是指与汽轮机通流部分相并联的蒸汽管路。通常将与高压缸并联的管路称为 I 级旁路，与中、低压缸并联的管路称为 II 级旁路，与整台机组相并联的管路称为 III 级大旁路（整机大旁路）。任何再热机组的旁路系统均是上述三种形式中的一种、二种或三种形式的组合。

（二）旁路系统的形式

1. 两级串联旁路系统

图 12-7 所示为两级串联旁路系统。在机组启动或空、低负荷运行时，多余的蒸汽经 I 级旁路减温减压后，与高压缸排汽回合进入再热器。从再热器出来的蒸汽一部分进入中、低压缸做功后排入凝汽器，另一部分经 II 级旁路直接进入凝汽器，从而解决了机、炉、再热器的蒸汽流量匹配问题，并且回收了工质，消除了噪声。

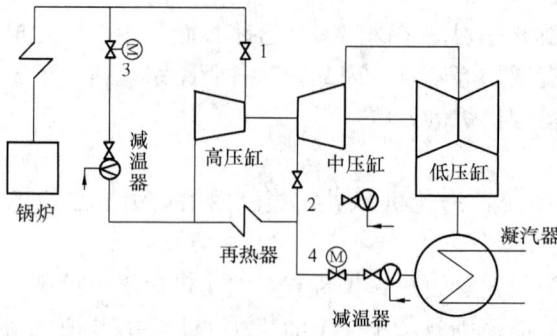

图 12-7　两级串联旁路系统
1—高压调节汽阀；2—中压调节汽阀；3、4—截止阀

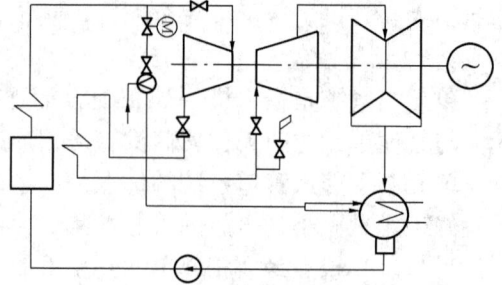

图 12-8　整机大旁路系统

该旁路系统由于阀门少，系统简单，功能齐全，被广泛应用于再热机组上。

2. 整机大旁路（Ⅲ级大旁路）

整机大旁路如图 12-8 所示，由锅炉来的新蒸汽绕过全部汽轮机，经整机大旁路减压减温后排入凝汽器。

整机大旁路应用于再热器不需要保护的机组上。例如，国产 HG-670t/h 锅炉在额定负荷时，再热器区域的烟温约为 685℃，在 50%额定负荷以下时，再热器的烟温一般不超过 580℃，当再热器材料用 12Cr1MoV 或 12CrMoVSiB 时，其允许温度分别为 590℃ 和 620℃。因此，当锅炉运行负荷在 50%额定负荷以下时，再热器可以不通蒸汽冷却，允许短时间干烧。

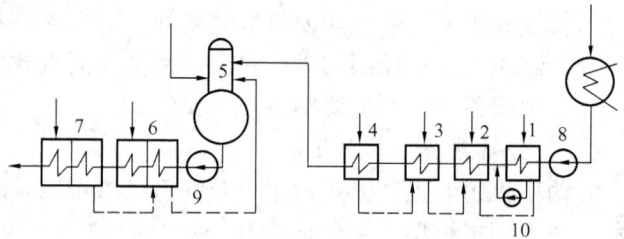

图 12-9　N50-8.83/535 型机组回热抽汽系统
1、2、3、4—低压加热器；5—高压除氧器；6、7—高压加热器；8—凝结泵；9—给水泵；10—疏水泵

采用整机大旁路，可以提高机组运行的可靠性，但在低负荷运行时，再热汽温的调节比较困难。因此在中压联合汽阀前装有对空排汽阀，在必要时用于提高再热蒸汽的汽温。

三、给水回热抽汽系统

采用回热循环可以提高给水温度，从而提高循环的热效率。因此，发电厂毫无例外地都采用给水回热加热系统。回热加热系统是指高、低压加热器与加热蒸汽、疏水、主凝结水、给水，以及切换管道等的连接系统。

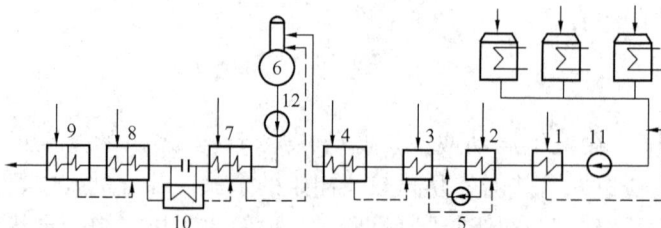

图 12-10　N200-12.75/535/535 型机组回热抽汽系统
1、2、3、4—低压加热器；5—疏水泵；6—高压加热器；7、8、9—高压加热器；10—疏水冷却器；11—凝结泵；12—给水泵

图 12-9 所示为 N50-8.83/535 型机组的回热抽汽系统，共有七级回热加热器，4 台低压加热器及两台带蒸汽冷却点的高压加热器、一台除氧器。高压加热器的疏水逐级自流入除氧器；低压加热器的疏水逐级自流入一号低压加热器中，再用疏水泵送入该加热器

的出口凝结水管中。

图 12-10 所示为国产 200MW 机组的回热抽汽系统，该系统共有三台高压加热器、一台高压加热器、四台低压加热器。高压加热器采用疏水逐级自流入除氧器，并在两台高压加热器之间配置了一台疏水冷却器，以避免高压加热器疏水对第三段抽汽的排挤。低压加热器的疏水采用疏水逐级自流和疏水泵混合使用方式，各高压加热器和 4 号低压加热器均配有蒸汽冷却器。

四、连续排污利用系统

为保证锅炉的炉水品质，在汽包锅炉的炉水中要加入某些化学药品，使随给水进入锅炉的结垢物质生成水渣或呈溶解状态，或生成悬浮细粒呈分散状态，这些杂质留在炉水中，随着运行时间的增长，炉水中含盐量超过允许值，这不仅使蒸汽带盐，影响蒸汽品质，还可能造成炉管堵塞，影响锅炉的安全运行。因此锅炉在运行过程中，需要连续不停地排污，才能保证管道和设备的安全运行。

锅炉连续排污不仅造成工质损失，而且还伴有热量损失。锅炉的连续排污损失几乎占全厂汽水损失的一半，而且随着机组容量的不断增加，排污水量越来越大。为了回收这部分工质，利用其热量，发电厂设置了连续排污利用系统。连续排污利用系统一般由排污扩容器、排污水冷却器以及相应的汽水连接管道组成。

1. 单级排污利用系统

图 12-11 (a) 所示为单级排污利用系统。锅炉的连续排污水送至扩容器后，由于压力降低，部分排污水被蒸发为蒸汽分离出来，这部分蒸汽的含盐量大为减少，一般情况下均引入相应压力的除氧器中。未被蒸发的排污水温度较高，为避免热污染，要送至表面式的排污冷却器中使其温度降至 50℃ 以下才放入地沟中。利用来冷却这部分排污水的往往是由化学车间送来的补充水，补充水在排污冷却器中吸收热量，温度提高后再进入热力系统中。

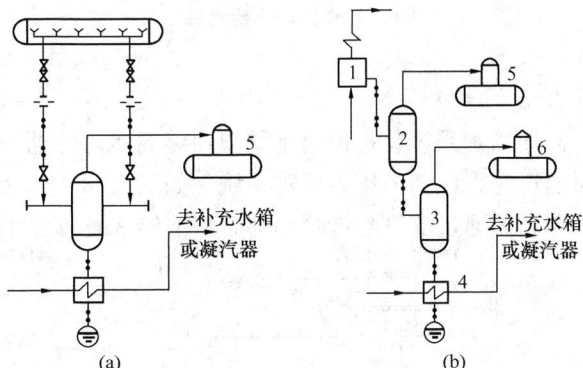

图 12-11 连续排污利用系统
(a) 单级排污利用系统；(b) 两级串联排污利用系统
1—锅炉；2—Ⅰ级连续排污扩容器；3—Ⅱ级连续排污扩容器；
4—排污冷却器；5—高压除氧器；6—低压除氧器

2. 两级排污利用系统

有些高参数电厂为了提高排污利用系统的回收效果，采用两级排污利用系统，如图 12-11 (b) 所示。利用两个串联的排污扩容器（一般是 0.7MPa 及 0.15MPa）进行两次分离。分离出来的蒸汽分别送入相应压力的除氧器或加热器中，浓缩后的排污水在排污冷却器中降低温度后排入地沟中。

五、给水系统

发电厂的给水系统是指从除氧器给水箱经前置泵、给水泵、高压加热器到锅炉省煤器前的全部给水管道，还包括给水泵的再循环管道、各种用途的减温水管道，以及管道附件等。

给水系统的主要作用是把除氧水升压后，通过高压加热器加热供给锅炉，提高循环的热效率，同时提供高压旁路减温水、过热器减温水及再热器减温水等。

因给水泵前后的给水压力相差很大，对管道、阀门和附件的金属材料要求也不同，所以分为低压和高压给水系统。

1. 低压给水系统

低压给水系统是指由除氧器水箱到给水泵进口之间的管路。由于给水压力低，发生事故的可能性小，大多数电厂采用单母管制系统，如图 12-12 所示。

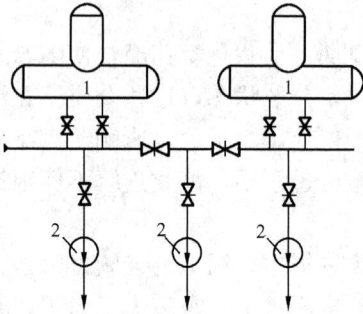

图 12-12 低压给水系统
1—除氧器水箱；2—给水泵

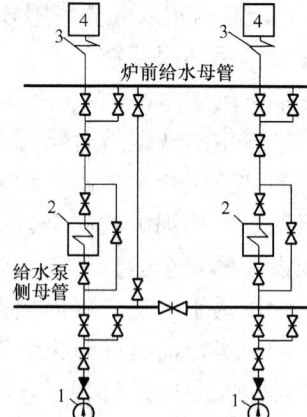

图 12-13 高压给水系统
1—给水泵；2—高压加热器；
3—省煤器；4—锅炉

2. 高压给水系统

高压给水系统是指由给水泵出口经高压加热器到省煤器的这段管路系统。目前，电厂在给水泵出口侧采用切换压力母管系统，如图 12-13 所示。给水泵出口高压给水管路可直接到高压加热器，或通过支管与母管相连。炉前给水母管亦采用切换母管制系统，机炉可以交叉运行。

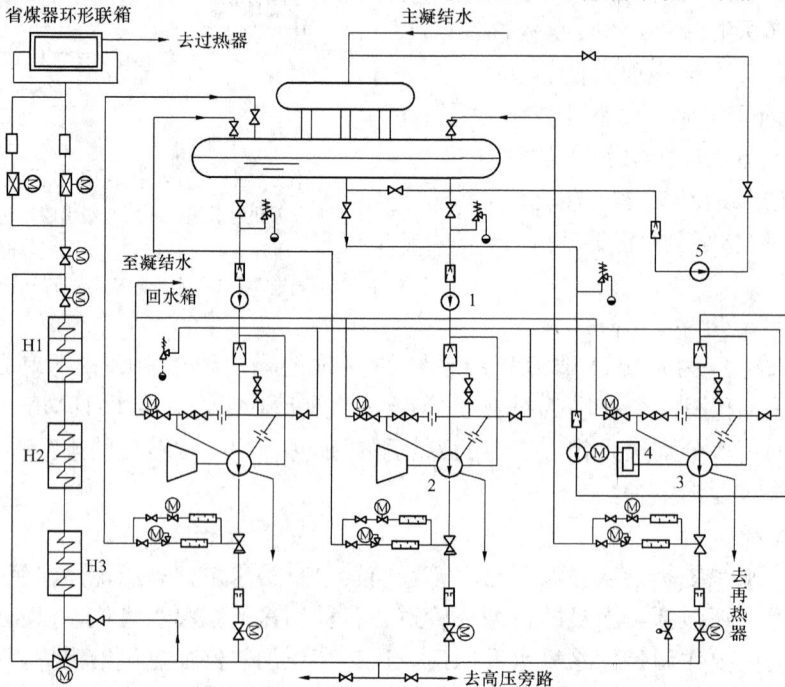

图 12-14 N300 型机组单元制给水系统
1—前置泵；2—汽动泵；3—电动泵；4—液力联轴器；5—除氧循环泵

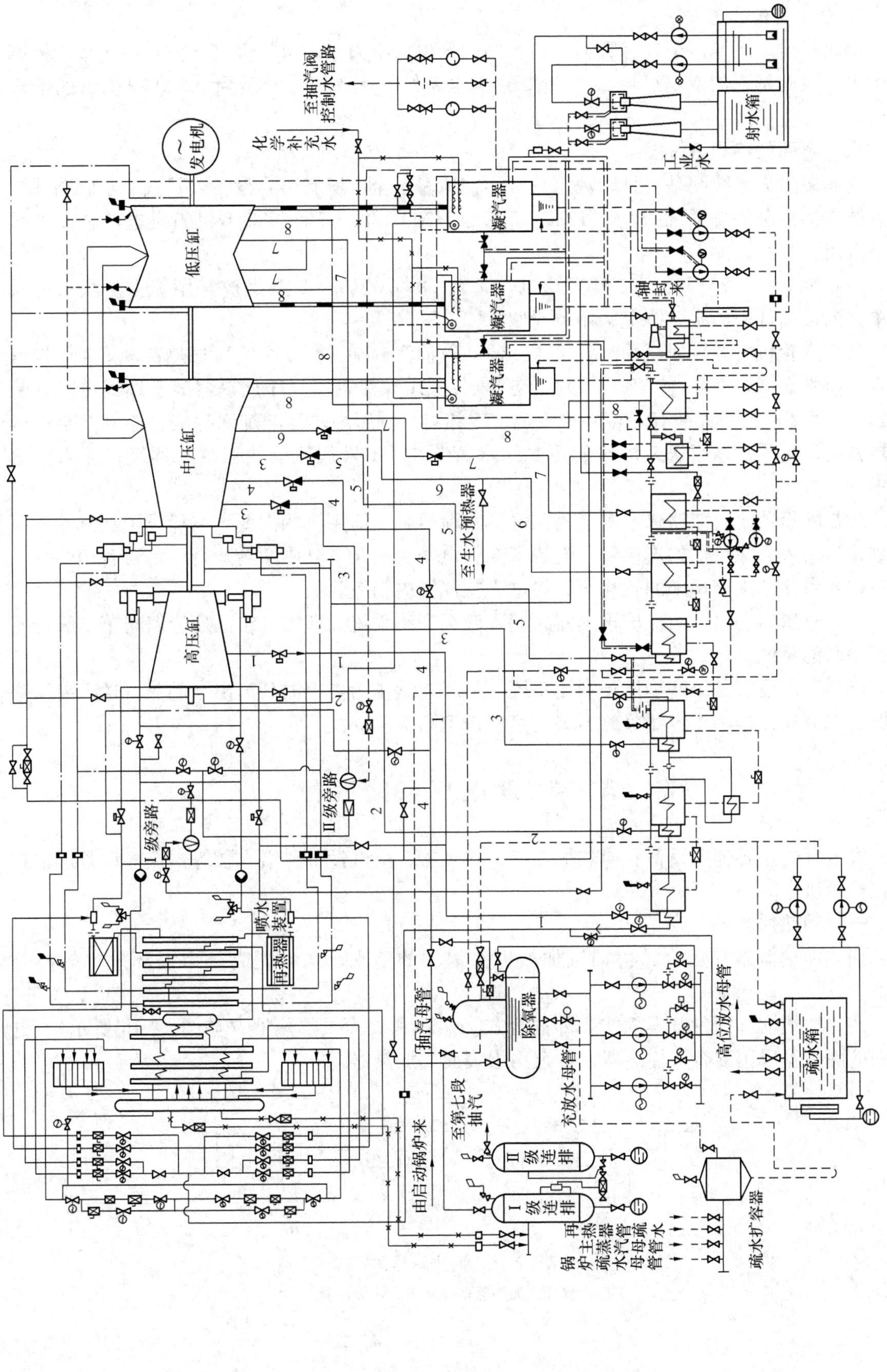

图 12-15　N200-12.7/535/535 型机组发电厂全面性热力系统

3. 单元制给水系统

单元制给水系统由于具有管道最短、阀门最少、阻力小、可靠性高、非常便于集中控制等优点，因此是现代发电厂中最为理想的给水系统。图 12-14 所示为 N300 型机组的给水系统。

六、全面性热力系统图

全面性热力系统图是一张以规定符号详细地表示全厂所有热力设备以及汽、水管路和附件具体连接情况的总系统图。图 12-15 所示为 N200-12.75/535/535 型机组发电厂全面性热力系统图。其特点如下：

（1）N200-12.75/535/535 型汽轮机与一台 DG670/13.7-2 型锅炉配用，主蒸汽系统采用单元制，高低压给水系统也采用单元制。

（2）汽轮机有 8 段回热抽汽，第 1、2、3 段抽汽分别送到 3 个高压加热器，第 4 段抽汽引入高压除氧器，第 5、6、7、8 段抽汽送入各低压加热器。高压加热器疏水逐级自流到除氧器。6 号高压加热器装有一台外置式疏水冷却器。低压加热器的疏水逐级自流到 2 号低压加热器后，再用疏水泵送入该级的主凝结水管路中，1 号低压加热器疏水逐级自流入凝汽器中。

（3）除氧器设有双路降水管。为满足低负荷时除氧器用汽的需要，又增设了从汽轮机高压缸排汽引入到除氧器的连接管。设置了 3 台电动给水泵，其中两台运行，一台备用。

（4）由化学水处理来的软化水直接进入凝汽器内初级除氧。

（5）机组启动时，为保护再热器采用了两级旁路系统，即第一级高压旁路与第二级低压旁路串联的系统。

（6）锅炉设有二级连续排污利用系统，一级连续排污扩容器分离出来的蒸汽送入高压除氧器，二级连续排污扩容器分离出来的蒸汽送到第 7 段抽汽。

第三节　发电厂辅助设备

发电厂的主要辅助设备有回热加热器、除氧器、凝汽设备、给水泵等，这些设备通常布置在汽轮机车间内。

一、回热加热器

回热加热器是利用汽轮机抽汽加热进入锅炉的给水，从而提高热力循环效率的换热设备。

回热加热器有两种基本型式，即混合式加热器和表面式加热器（如图 12-16 所示），电厂中的除氧器采用混合式加热器，其余均为表面式加热器。

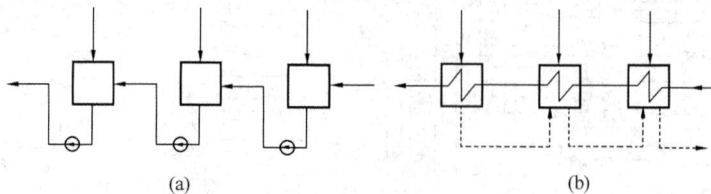

(a)　　　　　　　　　　(b)

图 12-16　回热加热器

（a）混合式加热器；（b）表面式加热器

表面式加热器在回热系统中的位置又分为低压加热器及高压加热器，在除氧器之前的称为低压加热器，处于凝汽器与给水泵之间，其水侧承受凝结水泵出口压力。而高压加热器在除氧器之后，处于给水泵和锅炉之间，水侧承受给水泵出口压力，可高达15～30MPa。

表面式加热器由于存在着热阻，所以被加热水不可能达到蒸汽压力下的饱和温度，存在的温度差称为端差。弥补的办法是加装蒸汽冷却器，充分地利用过热度，使出口水温升高，接近、等于甚至超过该级抽汽压力下的饱和温度。

1. 高压加热器

高压加热器水侧工作压力很高，所以结构比较复杂。目前，我国常用的主要是管板-U形管式。图12-17所示为管板-U形管式高压加热器结构图。该加热器由水室、壳体和U形管束组成。高压加热器的传热面一般设计成为3个区段：过热蒸汽冷却段、凝结段和疏水冷却段。

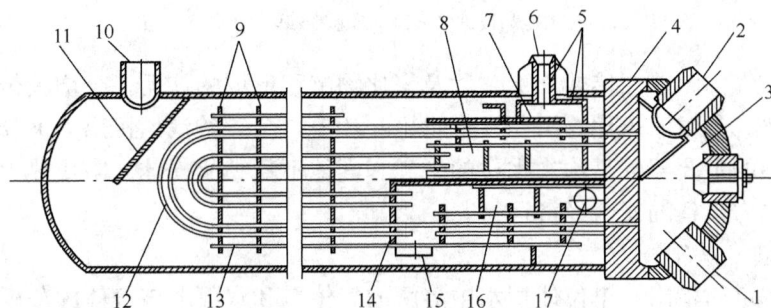

图12-17　卧式管板-U形管式高压加热器

1、2—给水进、出口；3—水室；4—管板；5—遮热板；6—蒸汽进口；7—防冲板；8—过热蒸汽冷却段；9—隔板；10—上级疏水进口；11—防冲板；12—U形管；13—拉杆和定距管；14—疏水冷却段端板；15—疏水冷却段进口；16—疏水冷却段；17—疏水出口

过热蒸汽冷却段布置在给水出口流程侧。它利用具有一定过热度的加热蒸汽所释放出的过热加热较高温度的给水，使给水的温度可升高到蒸汽压力下的饱和温度。凝结段是利用蒸汽凝结时放出的汽化潜热加热给水。疏水冷却段位于给水进口流程侧，在疏水自流入下一级加热器之前，用一部分主凝结水冷却疏水，使疏水的放热量减少，以减少由于排挤低压抽汽所引起的冷源热损失，还可防止疏水在疏水管道中汽化而发生汽阻影响正常疏水。

2. 低压加热器

低压加热器的结构和工作原理类似于高压加热器。由于低压加热器所承受的压力和温度远低于高压加热器，因此不仅所用材料次于高压加热器，而且结构上也简单一些。

卧式低压加热器主要由壳体、水室、U形管束、隔板、防冲板等组成，并设计呈可拆卸壳体结构，以便于检修时抽出管束，如图12-18所示。卧式低压加热器的传热面一般设计成两个区段：凝结段和疏水冷却段。在国产机组上，对应抽汽过热度较大的低压加热器，同样也设置蒸汽冷却段。

二、除氧器

1. 给水除氧的任务

在锅炉的给水中，一般都存在溶解空气，这将加速锅炉、汽轮机等热力设备的氧化腐

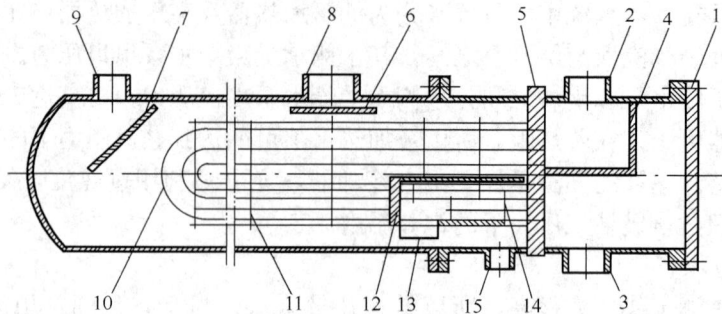

图 12-18 卧式低压加热器
1—端盖；2、3—给水进、出口；4—水室分割板；5—管板；6、7—防冲板；
8—蒸汽进口；9—上级疏水进口；10—U 形管；11—隔板；12—疏水冷却段端
板；13—疏水冷却段进口；14—疏水冷却段；15—疏水出口

蚀，而且不凝结气体附着在传热面上，以及氧化物沉积形成的盐垢，会增大传热热阻，使热力设备传热恶化。同时，氧化物沉积在汽轮机叶片上，会导致汽轮机出力下降和轴向推力增加。因此除氧器的主要任务是除去水中的氧气和其他不凝结的气体，防止热力设备腐蚀和传热恶化，保证热力设备的安全经济运行。

2. 热力除氧的原理

亨利的溶解定律指出：单位体积水中溶解的气体量和水面上该气体的分压力成正比。由此可知，要除去水中的溶解气体，只需设法使水面上该气体的分压力降至零。

道尔顿定律指出：混合气体的全压力等于各组成气体的分压力之和。

在除氧器中，除氧器水面上的全压力等于水中溶解的各种气体的分压力及水蒸气的分压力之和。当给水定压加热时，随着水蒸发过程的进行，水面上的蒸汽量不断增加，蒸汽的分压力逐渐升高，及时排除气体，相应地水面上各种气体的分压力不断降低。当水被加热到除氧器压力下的饱和温度时，水大量蒸发，水蒸气的分压力就会接近于水面上的全压力，随着气体的不断排出，水面上各种气体的分压力将趋近于零，于是溶解于水中的气体就会从水中逸出而被除去。

3. 除氧器的结构

(1) 高压喷雾填料式除氧器。国产机组上常配用高压喷雾填料式除氧器，其结构如图12-19 所示，主凝结水先进入中心管 4，再由中心管流入环形配水管 3，在环形配水管上装有若干个喷嘴 2，水经喷嘴喷成雾状，加热蒸汽由除氧塔顶的进汽管 1 进入喷雾层，蒸汽对水进行第一次加热。由于汽水间传热面积大，除氧水很快被加热到除氧器压力下的饱和温度，这时约有 80%～90%的溶解气体以小汽泡的形式从水中逸出，进行初期除氧。

在喷雾除氧层下部，装置一些填料 7，如 Ω 形不锈钢片、小瓷环、塑性波纹板、不锈钢车花等，作为深度除氧层。经过初期除氧的水在填料层上形成水膜，使水的表面张力减小，水中残留的气体与少量的蒸汽由塔顶排气管 12 排出。

(2) 喷雾淋水盘式除氧器。图 12-20 所示为 300MW 机组卧式喷雾淋水盘式除氧器的结构。它由除氧器本体、凝结水进水室、喷雾除氧段、深度除氧段及各种进汽、进水管等组成。

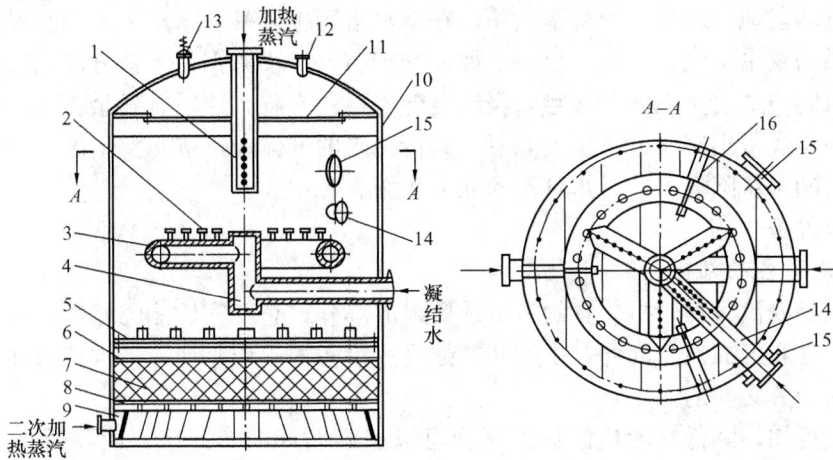

图 12-19　高压喷雾填料式除氧器

1——次蒸汽进汽管；2—喷嘴；3—环形配水管；4—中心管；5—淋水区；6—滤板；7—Ω
形填料；8—滤网；9—二次蒸汽进汽室；10—筒身；11—挡水板；12—排汽管；13—弹簧
安全阀；14—疏水进入管；15—人孔；16—吊攀

主凝结水由除氧器上部的进水管进入进水室，经恒速喷嘴雾化，进入喷雾除氧段。加热
蒸汽从除氧器两端的进汽管进入，经布汽孔板分配后均匀地从栅架底部进入深度除氧段，再
流入喷雾除氧段与圆锥形水膜充分接触，迅速把凝结水加热到除氧器压力下的饱和温度，绝
大部分的气体在该除氧段除去，完成初期除氧。穿过喷雾除氧段的凝结水喷洒在布水槽钢

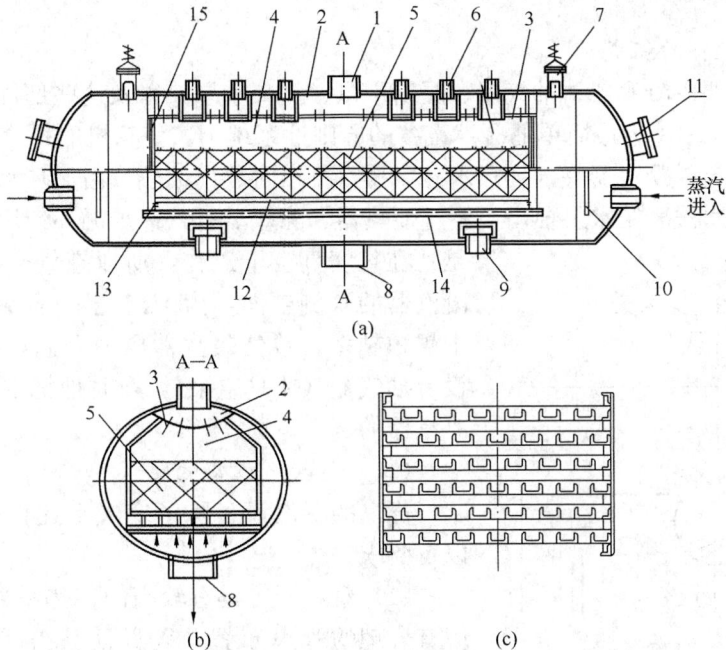

(a)

(b)　　　　　　　　(c)

图 12-20　卧式喷雾淋水盘式除氧器

（a）除氧器纵剖面图；（b）除氧器横剖面图；（c）淋水盘箱示意图

1—凝结水进水管；2—凝结水进水室；3—恒速喷嘴；4—喷雾除氧空间；5—淋
水盘箱；6—排气管；7—安全阀；8—除氧水出口；9—蒸汽连通管；10—布汽板；
11—搬物孔；12—栅架；13—工字钢；14—基面角铁；15—喷雾除氧段人孔门

中，布水槽钢均匀地将水分配给淋水盘箱。在淋水盘箱中，凝结水从上层的小槽钢两侧分别流入下层的小槽钢中，经过十几层上下个彼此交错布置的小槽钢后，被分成无数细流，使其具有足够的时间与加热蒸汽充分接触，凝结会随着不断沸腾，这时，残余在水中的气体在淋水盘箱中进一步离析出来，进行深度除氧。离析出来的气体通过进水室上的 6 只排气管排入大气。除氧后的水从除氧器的下水管流入除氧水箱。

三、凝汽设备

（一）凝汽设备的任务

凝汽设备是凝汽式汽轮机装置的一个重要组成部分，它工作性能的好坏直接影响到整个装置的热经济性和可靠性。因此，了解和掌握凝汽设备的工作原理、结构特点和工作特性以及运行知识是十分必要的。

由热工学可知，降低汽轮机的排汽压力可以提高循环的热效率，而降低排汽压力最简便、最有效的方法是使排汽冷却凝结成水。这是因为当排汽凝结成水后，体积大大缩小（压力为 0.004MPa 时，蒸汽凝结成水，其体积要缩小到 1/35000），原来由蒸汽充满的空间便会形成高度真空。此外，汽轮机的排汽在凝汽器中凝结成纯净的凝结水后，可重新送往锅炉，循环使用。

归纳来说，凝汽设备的任务如下：

（1）在汽轮机排汽口建立并保持规定的真空。

（2）将汽轮机排汽凝结成洁净的凝结水作为锅炉给水，重新送回锅炉。

此外，凝汽设备还可以起到除掉凝结水中氧气的作用，以减少氧气对主凝结水管路的腐蚀。

（二）凝汽设备的组成

凝汽设备主要由凝汽器、抽气器、凝结水泵、循环水泵，以及这些部件之间的连接管道和附件组成。图 12-21 为最简单的凝汽设备的原则性系统图。汽轮机的排汽进入凝汽器，在其中凝结成水并流入凝汽器底部的热水井。排汽凝结时放出的热量由循环水泵不断打入的冷却水带走。凝结水被凝结水泵抽出，经过加热器、除氧器打入锅炉循环使用。由于凝汽设备是处在高度真空下工作，所以空气会从不严密处漏入凝汽器的汽侧空间，为了避免不凝结的空气在凝汽器中越积越多，致使凝汽器压力升高，真空降低，所以设有抽气器（或真空泵），及时地把空气抽出，以维持凝汽器的真空。

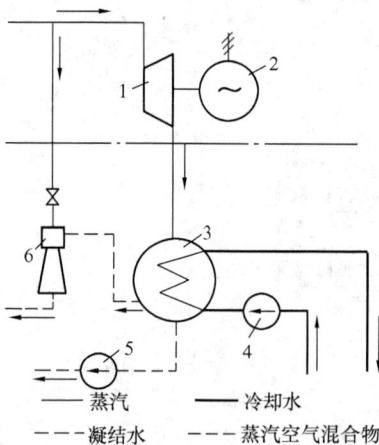

图 12-21 凝汽设备的原则性系统

1—汽轮机；2—发电机；3—凝汽器；4—循环水泵；5—凝结水泵；6—抽气器

（三）对凝汽设备的要求

优良的凝汽设备除了完成上述任务外，还应满足以下要求。

（1）凝汽器应具有较高的传热系数。从结构上讲，应有合理的管束布置，以保证获得较好的传热效果，使汽轮机在给定的工作条件下具有尽可能低的运行背压。

（2）凝汽器本体及真空系统要有高度的严密性，以防止空气漏入影响传热效果及凝汽器真空。另外，凝汽器水侧的密封性要好，以防止循环水渗透使凝结水水质变坏。

（3）凝结水过冷度。凝结水温度 t_c 比排汽压力下的饱和温度 t_s 低的数值称为凝结水的过冷度，用 δ 表示，即

$$\delta = t_s - t_c$$

具有过冷度的凝结水要使汽轮机消耗更多的回热抽汽，以使它加热到预定的锅炉给水温度，增大了汽耗率。同时，也会使凝结水的含氧量增大，从而加剧了对管道的腐蚀。因此，过冷度应尽可能小。现代汽轮机装置要求凝结水过冷度不超过 $0.5 \sim 1℃$。

（4）凝汽器的汽阻、水阻要小。蒸汽空气混合物在凝汽器内由排汽口流向抽气口时，由于流动阻力的绝对压力要降低，通常把这一压力降称为汽阻。汽阻的存在使凝汽器喉部压力升高，并使凝结水过冷度及含氧量增加，引起热经济性的降低和管子的腐蚀。因此，应力求减少凝汽器的汽阻。对于大型机组，汽阻一般不应超过为 $0.27 \sim 0.4kPa$。

凝汽器的水阻是指冷却水在凝汽器的循环通道中流动时受到的阻力。它由冷却水在凝汽器铜管中的流动阻力及进、出铜管和进、出水室时的阻力三部分组成。影响水阻的主要因素是凝汽器铜管管束的布置、管口的形状和内壁的清洁程度。水阻的大小对循环水泵的流量、压头和耗功有一定的影响。显然，水阻越小越好。大多数双流程凝汽器的水阻在 $0.049MPa$ 以下，单流程凝汽器的水阻不超过 $0.039MPa$。

（5）与空气一起被抽气器抽出的未凝结蒸汽量应尽可能少，以降低抽气器耗功。通常要求被抽出的蒸汽空气混合物中，蒸汽含量的重量比不大于 $2/3$。

（6）凝结水的含氧量要小。凝结水含氧量过大将会引起管道的腐蚀，并使凝结水中含有氧化铁离子，这些离子在锅炉受热面沉积后，会引起传热恶化，甚至产生爆管事故。一般要求高压机组凝结水含氧量要小于 $0.03mg/L$。因此，为了减少含氧量，除了在管束布置上尽量设法减少汽阻外，一般大型机组的凝汽器还专门设置凝结水的除氧装置。

（7）便于清洗冷却水管。机组容量越大，凝汽器的铜管越多，管子也越长。凝汽器铜管若采用人工清洗，不仅劳动强度大，而且检修工期也很长。因此，在设计时必须考虑能够在不停机的情况下进行水室和管束内壁清洗。

（8）凝汽器的总体结构及布置方式应便于制造、运输、安装及维修等。

（四）凝汽器

现代汽轮机的凝汽器都采用表面式凝汽器。根据所用的冷却工质不同，又分为空气冷却式和水冷却式两种，分别被称为空冷式凝汽器和水冷式凝汽器。水冷式凝汽器是最常用的一种，由于用水作冷却介质时，凝汽器的传热系数高，又能在保持洁净的和含氧量极小的凝结水的条件下获得和保持高真空，因此，它是现代电站汽轮机装置中采用的主要型式。

图 12-22 为表面式凝汽器的构造简图。它有一个圆筒形外壳 3，其两端连接着形成水室的端盖 5 和 6。在端盖与外壳间装有管板 3，冷却水管 4 装在管板上。为了避免管束的振动和减少管子的挠度，在两管板之间还设有若干块中间隔板，将管子紧固在中间隔板上（图中未画出中间隔板）。

冷却水从进水口 11 进入凝汽器，沿箭头所示方向流经管束 4 后从出水口 12 流出。汽轮机的排汽从进汽口 1 进入凝汽器，蒸汽和冷的管壁接触而凝结，所有的凝结水最后集聚在下部的热水井 16 中，最后由凝结水泵抽出。

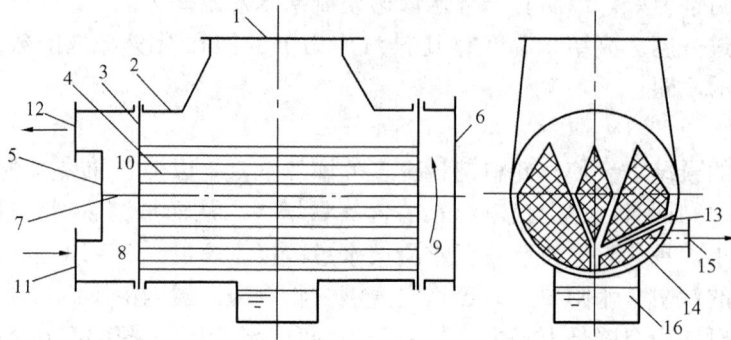

图 12-22 表面式凝汽器构造简图

1—排汽进口；2—凝汽器外壳；3—管板；4—冷却水管；5、6—水室的端盖；
7—水室隔板；8、9、10—水室；11—冷却水进口；12—冷却水出口；13—挡
板； 14—空气冷却区；15—空气抽出口；16—热水井

在凝汽器壳体右下侧有空气抽出口 15，凝汽器汽侧空间的空气即通过这个管口被抽气器抽出。

（五）凝汽器的热力特性

凝汽器压力 p_c 随 D_c、D_w 和 t_{w1} 变化而变化的规律称为凝汽器的热力特性，或称为它的变工况特性。

凝汽器内部处于汽水两相共存的饱和状态，因此在理想情况下，凝汽器内的压力应等于

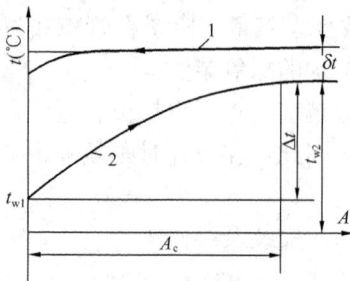

图 12-23 凝汽器中蒸汽和冷却水温度
沿冷却表面的分布

1—饱和蒸汽放热过程；2—冷却水的
温度升高过程

冷却水温度相对应的饱和蒸汽压力。但实际上，由于各种阻力的存在，凝汽器的压力总是大于这个理想压力。凝汽器中的压力需要根据凝汽器和冷却水的温度大小及其分布情况而定，当凝汽器中蒸汽和冷却水的流动近似于对流情况时，其温度沿冷却表面的分布如图 12-23 所示。由图 12-23 可见，蒸汽温度沿着冷却面积并不改变，只是到了空气冷却区，由于蒸汽已大量凝结，蒸汽中的空气相对含量增加，使蒸汽分压 p_s 显著低于凝汽器压力 p_c，这时 p_s 所对应的饱和蒸汽温度才会有明显下降。而冷却水吸热过程中，温度升高变化曲线在进水侧一端较陡，在出口一端较平缓。这是由于进水端的蒸汽和冷却水的平均温差较大，单位面积负荷较大所造成的。

与凝汽器压力 p_s 相对应的饱和蒸汽温度 t_s 为

$$t_s = t_{w1} + \Delta t + \delta t \tag{12-1}$$

式中：Δt 为冷却水温升，$\Delta t = t_{w2} - t_{w1}$，即冷却水出口温度与进口温度之差；$\delta t$ 为传热端差，$\delta t = t_s - t_{w2}$，即凝结水与冷却水出口温度之差。

由式可见，凝汽器中蒸汽的饱和温度 t_s 与 t_{w1}、Δt 和 δt 有关，即凝汽器中蒸汽压力与 t_{w1}、Δt 和 δt 有关。下面进一步分析 t_{w1}、Δt 和 δt 对凝汽器压力的影响。

1. 冷却水进口温度 t_{w1}

冷却水进口温度 t_{w1} 决定于地区的气温和供水方式，而与凝汽器的运行情况无关。在其他不变的情况下，t_{w1} 越低真空越高，因此，冬季比夏季水温低，真空也较高。

2. 冷却水温升 Δt

凝汽器的热平衡方程

$$D_c(h_c - h_c') = 4.18 D_w(t_{w2} - t_{w1})$$

$$\Delta t = \frac{h_c - h_c'}{4.18 \dfrac{D_w}{D_c}}$$

式中：D_c 为进入凝汽器的蒸汽量，kg/h；D_w 为进入凝汽器的冷却水量，kg/h；h_c、h_c' 分别为蒸汽和凝结水的焓，kJ/kg；t_{w1}、t_{w2} 分别为进、出口冷却水的温度，kJ/kg；$t_{w2} - t_{w1} = \Delta t$，称为冷却水温升，$h_c - h_c'$ 则是 1kg 蒸汽在凝汽器中凝结时放出的汽化潜热，变化很小，约为 2200kJ/kg；$\dfrac{D_w}{D_c} = m$，称为凝汽器的冷却倍率，表示 1kg 蒸汽凝结所需要的循环水量。

由此得到

$$\Delta t = \frac{h_c - h_c'}{4.18 \dfrac{D_w}{D_c}} = \frac{2200}{4.18 m} \tag{12-2}$$

可见，冷却水温升 Δt 与冷却倍率 m 成反比。m 值越大，Δt 值越小，凝汽器就可以达到较低的压力，但因此而消耗的冷却水量及循环水泵的耗功也较大。现代凝汽器的 m 值约在 $50 \sim 120$ 的范围内，最佳的 m 值应通过技术经济比较来确定。

3. 传热端差 δt

减小传热端差 δt 可使 t_s 降低，真空升高。传热端差 δt 与冷却水进出口温度、冷却水流速、蒸汽流速和流量、凝汽器结构、冷却表面清洁程度及空气含量等有关。但减小传热端差就要增大凝汽器的传热面积，使其造价提高。所以设计时，δt 不宜太小，常取 $\delta t = 3 \sim 10℃$。

四、抽气器

抽气器的任务是在机组启动时使凝汽器内建立真空；在正常运行时不断地抽出漏入凝汽器的空气及排汽中的不凝结气体，维持凝汽器的规定真空，以保证凝汽器的正常工作。

抽气器的种类很多，现代电厂中常用的抽气器有射汽抽气器、射水抽气器。

（一）射汽抽气器

1. 启动抽气器

启动抽气器的主要任务是在机组启动前使凝汽器迅速建立起必要的真空。通常的启动抽气器都是单级的。如图 12-24 所示，它由工作喷嘴 1、混合室 2 和扩压管 3 这三部分组成。由主蒸汽管道来的工作蒸汽节流至 $1.2 \sim 1.5$MPa 压力后，进入工作喷嘴。该喷嘴一般采用缩放喷嘴，它可使喷嘴出口汽流速度达到 1000m/s 以上，使混合室形成高度真空（混合室压力低于凝汽器压力 p_{c0}）。由凝汽器来的空气和蒸汽混合物不断地被吸进混合室，又陆续被高速汽流带进扩压管。在扩压管中，混合气体的动能逐渐变为压力能，最后在略高于大气压的情况下排入大气，由于混合物的工作蒸汽的热量和凝结水都不能回收，所以启动抽气器经常运行是不经济的。当真空达到要求以后，就将主抽气器投入，关闭启动抽气器。

2. 主抽气器

主抽气器的主要任务是在汽轮机正常运行期间把凝汽器中的空气抽出，以维持凝汽器的正常真空。

图 12-25 是两级主抽气器的工作原理。凝汽器的蒸汽、空气混合物由第一级抽气器抽出并经扩压管压缩到低于大气压力的某一中间压力，然后进入中间冷却器 2，使其中大部分蒸汽凝结成水，其余的蒸汽和空气混合物又被第二级抽气器抽走。混合物在第二级抽气器中被压缩到高于大气压，再经冷却器 4 将大部分蒸汽凝结成水，最后将空气及少量未凝结的蒸汽排入大气。

一般都采用从凝结泵打出来的主凝结水作为抽气冷却器的冷却水（如图 12-26 所示），而且主抽气器总是安装在抽汽压力最低的低压加热器前面（按主凝结水的流向），因为这里主凝结水的温度最低，被凝结的蒸

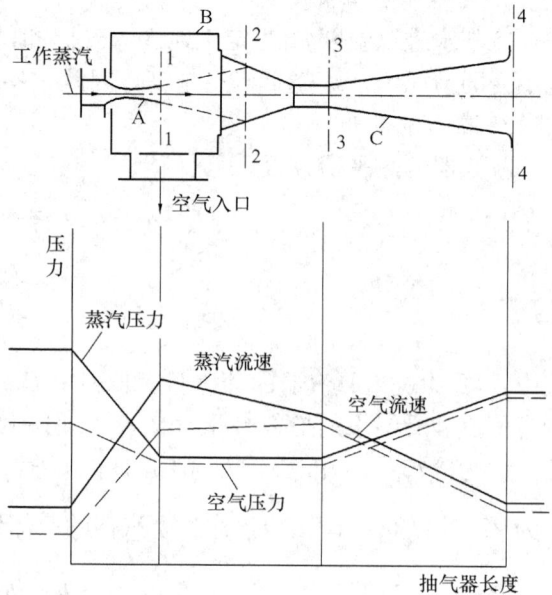

图 12-24　射汽抽气器示意图
A—工作喷嘴；B—混合室；C—扩散管

汽量最多。在主凝结水管路上设有再循环管道 6，以保证在机组启动或低负荷运行时，抽气冷却器有足够的冷却水。

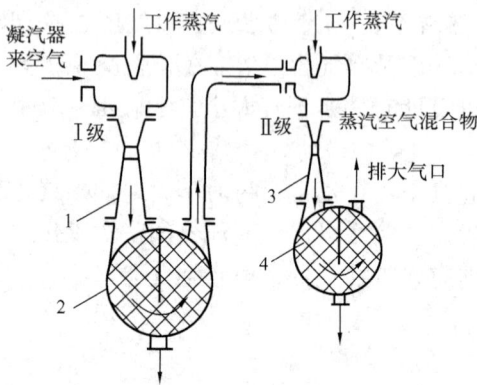

图 12-25　两级抽气器工作原理图
1—第一级抽气器；2—第一级冷却器；
3—第二级抽气器；4—第二级冷却器

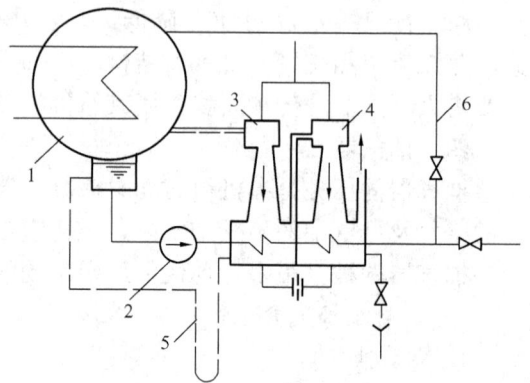

图 12-26　两级抽气器设备系统图
1—凝汽器；2—凝结水泵；3—第一级抽气器；
4—第二级抽气器；5—水封管；6—再循环管

（二）射水抽气器

射水抽气器的工作原理和射汽抽气器一样，只是工质用压力水而不用蒸汽。

图 12-27 为一个国产射水抽气器的结构。由射水泵来的压力水进入水室 1，经喷嘴 2 将压力能转为动能，使混合室 4 中形成高度真空，凝汽器中的蒸汽又被工作水带进扩压管 5，

扩压管的出口略高于大气压，汽水混合物随工作水一起排出。当水泵发生故障时，逆止门 3 自动关闭，以防止水和空气倒流入凝汽器。

射汽抽气器与射水抽气器相比，前者的工作蒸汽是从新蒸汽节流而来的，因此产生节流损失，从效率上考虑是不经济的。如果前者与单元制机组配套，当这种机组采用冷态滑参数启动方式时，还需要为射汽抽气器准备汽源。从这些角度考虑，采用后者较为有利，但射水抽气器需要设置专用的射水泵，投资较多；而且又不能回收被抽出蒸汽的凝结水及其热量，增加了凝结水的损耗。

五、电厂常用的水泵

电厂常用的水泵有给水泵、凝结水泵、循环水泵等。水泵是火力发电厂不可缺少的辅助设备，对于安全、经济发电起着极为重要的作用。目前，我国发电厂所使用的水泵大部分是离心式水泵，大型机组也有用轴流式水泵的。

（一）按工作原理分

1. 离心式水泵

图 12-28 所示为离心式水泵的结构简图。离心式水泵一般由吸入口、叶轮、泵外壳和排出口等组成。其工作原理是：高速旋转的叶轮带动水一起旋转，迫使水在离心力作用下甩向泵外壳的内壁，流过断面逐渐扩大的蜗形泵壳，速度降低而压力升高，最后从排出口向外排出。叶轮中心形成负压而产生一定的吸力，连续地把低压进水吸入泵内。离心式水泵具有流量大、压头高、效率高等特点，多用于电厂给水泵和凝结水泵。

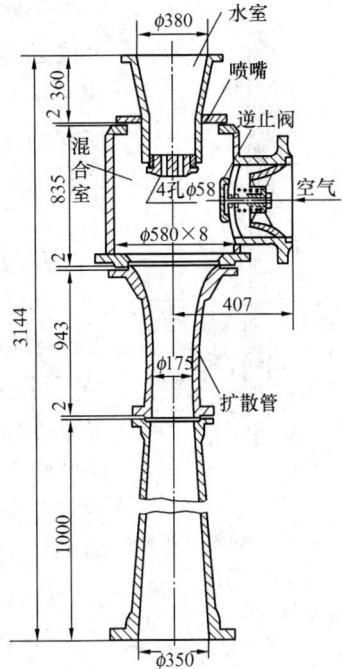

图 12-27　射水抽气器示意图

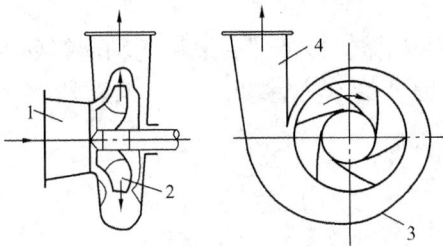

图 12-28　离心式水泵的结构简图

1—吸入口；2—叶轮；3—泵外壳；4—排出口

2. 轴流式水泵

图 12-29 所示是轴流式水泵装置简图。轴流式水泵由叶轮、进出口导流叶片、转轴及泵壳等组成。其工作原理是：利用叶轮旋转时叶片所产生的"推力"作用把水沿轴的方向扬到高处。叶轮快速旋转，叶片把水从下面推向上面，水流在叶道中获得能量。叶轮不断旋转，水不断地沿着泵轴经过导流叶片将动能转化为压力能，从出水管压出去。

轴流式泵与离心式泵相比，具有构造简单、占地面积小、输水量大、压头低和效率高等特点。目前多用于电厂的循环水泵。

（二）按用途分

1. 给水泵

连续不断地输送锅炉用水的泵称为给水泵。给水泵输送水的温度高，压力也很高，因此采用多级高压、高转速的离心式泵。

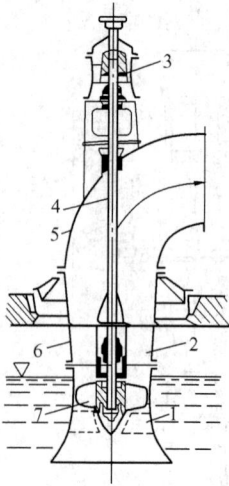

图 12-29 轴流式水泵
结构简图

1—进口导叶片；2—出口导
叶片；3—推力轴承；4—转
轴；5—压水管；6—泵壳；
7—叶轮

给水流量和压头的调节方法有两种：一种是改变水泵出口阀门的开度进行调节，这种调节方法适用于中、小容量的机组；另一种是改变给水泵的转速来控制给水的流量和压头，也就是采用小汽轮机直接驱动给水泵或者通过液力耦合器由电动机间接驱动给水泵来实现。目前我国生产的 300MW 机组采用 6000kW 的小汽轮机来驱动给水泵。

2. 凝结水泵

从凝汽器热井中吸取凝结水并输送到除氧器的水泵称为凝结水泵。由于凝结水泵的工作条件恶劣，是在高度真空下输送接近饱和温度的水和采用凝汽器低水位运行来调节流量，因此凝结水泵发生汽蚀是不可避免的。汽蚀就是水流在流动中，由于流速增加使压力下降，当某处压力下降到该水温下汽化压力时，水便开始汽化，形成汽泡，当此汽泡进入高压区后又会破裂，这种汽泡发生、发展以至破裂的过程就称为汽蚀。当汽泡破裂时对设备产生破坏作用。目前，抗汽蚀措施是采用抗汽蚀能力较好的材料和保证凝结水泵的转速不超过 1400 ～1800r/min。

3. 循环水泵

在发电厂中，向凝汽器、冷油器和发电机等设备供给冷却水的水泵称为循环水泵。循环水泵具有水量大、压头低的特点，常采用轴流式水泵。循环水主要用来将汽轮机排汽冷凝成水，并保持凝汽器的高度真空。一旦冷却水量不足或中断水，将导致汽轮机减负荷或停机。

六、发电厂的供水系统

发电厂供水系统的作用有三个：一是供给汽轮机的凝汽器、冷油器、风机的轴承等处冷却用水；二是供应补充水以补充全厂汽、水损失；三是供给水力除灰、厂用消防所需要的水。

常用的供水系统有开式供水和闭式供水两种。

（一）开式供水系统

图 12-30 所示为开式供水系统。在河流的上游取水，水经循环水泵排入发电厂的凝汽器使用。从凝汽器出来的温度较高的水经明渠排入河流的下游。

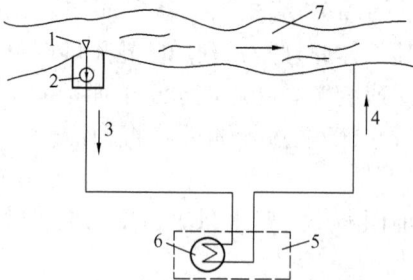

图 12-30 开式供水系统

1—取水口；2—循环水泵；3—进水；
4—排水；5—汽机房；6—凝汽器；7—河流

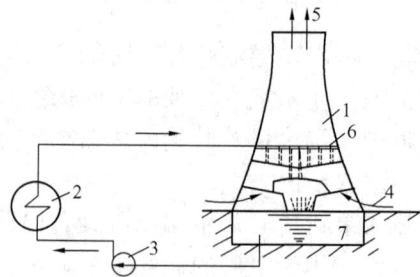

图 12-31 具有冷水塔的闭式供水系统

1—冷水塔；2—凝汽器；3—循环水泵；
4—冷空气入口；5—热空气出口；
6—淋水设备；7—贮水池

开式供水系统简单、投资费用较小，冷却水的进水温度较低，能使凝汽器内保持较高的真空，有利于机组经济运行。

（二）闭式供水系统

图 12-31 所示为具有冷水塔的闭式供水系统。如果电厂附近天然水源的水量不足，可以采用闭式供水系统。闭式供水系统是把由凝汽器出来的温度升高后的冷却水经冷水塔的配水装置，由上向下流动；冷空气由塔下部进入，水被冷却后送到贮水池，再用循环水泵送回凝汽器重复使用。

闭式供水系统占地少，冷却效果较好，受自然条件的影响比较小，运行较稳定。但是双曲线的冷水塔的造价昂贵。对于远离水源的发电厂来说，目前仍多采用这种闭式供水系统。

第四节　火力发电厂的主要经济技术指标

火力发电厂运行的技术经济指标的高低能说明电厂生产状况的优劣。分析研究各项技术经济指标，可以找到提高运行经济性的措施。运行时的技术经济指标也是衡量发电厂技术装备好坏以及管理水平高低的标志。下面只介绍几项主要指标。

一、汽轮发电机组的效率

汽轮发电机组是将蒸汽热能转换成电能的装置，汽轮发电机组的各种效率表明在蒸汽热能转换成电能的过程中各种设备或部件的工作完善程度。

如图 12-32 所示，在不考虑任何损失时，蒸汽在汽轮机中的理想焓降为 ΔH_t，其对应的汽轮机功率为理想功率 P_t；考虑了汽轮机的内部损失后，真正转换成机械功的焓降为汽轮机的有效焓降 ΔH_i，其对应的功率为内功率 P_i；从内功率中扣除机械损失后的功率才是拖动发电机的功率，称为有

图 12-32　汽轮发电机组的功率示意图

效功率 P_e；发电机在将机械能转换成电能的过程中也存在一些损失，扣除这部分损失之后的功率才是发电机输出的电功率 P_{el}。由此可见，$P_t > P_i > P_e > P_{el}$。

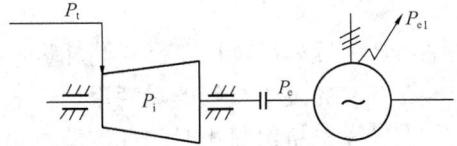

1. 汽轮机的相对内效率 η_i

汽轮机的有效焓降 ΔH_i（或内功率 P_i）与理想焓降 ΔH_t（或理想功率 P_t）之比称为汽轮机的相对内效率 η_i，即

$$\eta_i = \frac{\Delta H_i}{\Delta H_t} = \frac{P_i}{P_t} \tag{12-3}$$

由于汽轮机的相对内效率考虑了蒸汽在汽轮机中的所有内部损失，因此表明了汽轮机内部结构的完善程度，目前大功率汽轮机的相对内效率已达到 87％以上。

2. 汽轮机的相对有效效率 η_e

汽轮机有效功率与汽轮机内功率之比为机械效率 η_m，即

$$\eta_m = \frac{P_e}{P_i}$$

机械效率一般为（96～99）％左右。

汽轮机有效功率与汽轮机理想功率之比称为汽轮机相对有效效率 η_e，即

$$\eta_e = \frac{P_e}{P_{el}} = \frac{P_e}{P_i}\frac{P_i}{P_t} = \eta_i \eta_m \quad (12\text{-}4)$$

3. 汽轮发电机组的相对电效率 η_{el}

发电机输出的电功率 P_{el} 与汽轮机的有效功率之比为发电机效率 η_g，即

$$\eta_g = \frac{P_{el}}{P_e}$$

发电机的效率与发电机所采用的冷却方式及机组容量有关，中小型器具采用空气冷却，$\eta_g = 92\% \sim 98\%$；大功率的机组采用氢冷却或水冷却，η_g 在 98% 以上。

发电机输出的电功率与汽轮机理想功率之比称为汽轮发电机组的相对电效率，即

$$\eta_{el} = \frac{P_{el}}{P_t} = \frac{P_i}{P_t}\frac{P_e}{P_i}\frac{P_{el}}{P_e} = \eta_i \eta_m \eta_g \quad (12\text{-}5)$$

上式说明汽轮发电机组的相对电效率等于汽轮机的相对内效率、机械效率和发电机效率的乘积。不难看出，相对电效率的高低反映了整台汽轮发电机组的工作完善程度。

汽轮发电机组输出的电功率 P_{el} 为

$$P_{el} = \frac{D\Delta H_t \eta_i \eta_m \eta_g}{3600} \quad (12\text{-}6)$$

二、发电厂的总效率

发电厂的总效率 η_{pl} 是发电厂发出的电能与所消耗的燃料总能量之比，即

$$\eta_{pl} = \frac{3600 P_{el}}{B Q_{net,ar}} \quad (12\text{-}7)$$

式中：B 为发电厂全厂总燃料消耗量，kg/h；$Q_{net,ar}$ 为燃料的收到基低位发热量，kJ/kg。

三、汽轮发电机组的汽耗率

汽轮发电机组每小时消耗的蒸汽量为汽耗量 D，单位为 kg/h

$$D = \frac{3600 P_{el}}{\Delta H_t \eta_i \eta_m \eta_g} = \frac{3600 P_{el}}{\Delta H_i \eta_m \eta_g} \quad (12\text{-}8)$$

汽轮发电机组每发 $1kW \cdot h$ 电能所消耗的蒸汽量称为汽耗率 d，单位为 $kg/(kW \cdot h)$

$$d = \frac{D}{P_{el}} = \frac{3600}{\Delta H_t \eta_i \eta_m \eta_g} \quad (12\text{-}9)$$

汽轮发电机组的汽耗率 d 是一项反映汽轮机发电机组生产质量的综合性技术经济指标。在进行发电厂热力系统的汽、水平衡或进行相同型号机组间的经济性评价时，都必须列出此项指标。

四、汽轮发电机组的热耗率

汽轮发电机组每发 $1kW \cdot h$ 电能所消耗的热量称为热耗率 q，单位为 $kJ/(kW \cdot h)$。当汽耗率求出后，热耗率可表示为

$$q = d\,(h_0 - h_{fw}) \quad (12\text{-}10)$$

式中：h_0、h_{fw} 为新蒸汽的焓值和锅炉给水的焓值，kJ/kg。

汽轮发电机组的热耗率 q 是表示该机组总的生产质量的一项技术经济指标。它与锅炉给水温度有关，而给水温度又与给水回热加热系统的运行情况有关。所以，汽轮发电机组的热耗率可以用来衡量汽轮机、发电机，以及汽轮机所属热力系统和有关辅助设备的工作质量。

这里要指出的是当汽轮机的各级回热加热器投入运行时，汽耗率要比回热加热器解列时

的汽耗率大。第一，回热加热器投入运行，整个循环热效率提高而热耗率降低了。在进行热经济性分析时，因回热加热器投入运行，各级回热抽汽在汽轮机中仅做了一部分功就被抽出来，所以要增加进汽量。第二，回热加热器投入，使锅炉给水的温度却提高了很多，导致工质在锅炉里的吸热量相应地减少了，这个影响比汽轮机进汽量增大较为明显，所以，机组总的热耗率反而减小，热经济性提高。对于现代高参数、大容量的汽轮发电机组来说，热耗率比汽耗率更能确切地反映汽轮机的生产质量，是一项主要技术经济指标。

五、煤耗率

发电厂的发电煤耗率是发电厂每发 1kW·h 的电能所需的煤，单位为 kg/(kW·h)，即

$$b=\frac{B}{P_{el}}=\frac{3600}{\eta_{pl}Q_{net,ar}} \tag{12-11}$$

从式(12-11)可以看出，发电煤耗率与煤的收到基定压低位发热量 $Q_{net,ar}$ 有关。因为各火力发电厂所用煤的品种不同，煤的收到基定压低位发热量也不相同，因此，各电厂的发电煤耗的数值不可能用来正确地进行厂际经济性的比较。我国规定，各电厂都统一按照 29270kJ/kg 的"标准煤发热量"来计算各自的"发电标准煤耗"，单位为 g 标准煤/(kW·h)，即

$$b_b=b\frac{Q_{net,ar}}{29270}=\frac{3600}{29270P_{el}}=\frac{123}{P_{el}} \tag{12-12}$$

标准煤耗率是表征火力发电厂生产技术的完善程度及其经济效果最常用的一项技术经济指标。我国火力发电厂标准煤耗率逐年降低，目前，大约在 300～420g 标准煤/（kW·h）范围之内。降低发电标准煤耗率，节约能量消耗对发电厂来说特别重要。这就要求电厂工作人员努力钻研技术，提高管理水平，不断降低煤耗以提高经济效益。

六、厂用电率

发电厂的厂用电率是发电厂的厂用电量占该发电厂总发电量的百分比，即

$$k=\frac{W_{od}}{W_{el}}\times100\% \tag{12-13}$$

式中：W_{el} 为发电厂各运行机组所发出的发电量的总和，kW·h；W_{od} 为发电厂的厂用电量，kW·h。

所谓发电厂的厂用电量，是指各种辅助设备及其供应厂房照明所消耗的电能。发电厂的辅助设备是指燃料运输设备，磨煤机，送、引风机，排粉风机，给水泵，凝结水泵，循环水泵，灰渣泵等。

对于发电厂来说，其厂用电率 k 值大约在 5%～10% 范围之内。每个发电厂都应当尽力降低自己的厂用电率。厂用电率与发电厂的类型、机组承担负荷的形式、新蒸汽参数、单机容量、燃料种类、燃烧方式，以及各种负荷下各辅机的运行方式等许多因素有关。

七、供电标准煤耗率

火力发电厂在考核煤耗时，使用供电标准煤耗率这个重要的技术经济指标。供电标准煤耗率是一个全面性的指标。其计算公式为

$$b_g=\frac{b_b}{1-k/100} \tag{12-14}$$

从式（12-14）可以看出，供电标准煤耗率不仅随着厂用电率增大而增大，还随着发电厂标准煤耗率增大而增大。它既反映论额厂用电率，也反映了煤耗率，计算起来又很方便，

因此，供电标准煤耗率是考核火力发电厂技术经济指标状况的一个重要指标。

第五节　发电厂的生产管理

一、火力发电厂的生产管理方式

火力发电厂的生产管理方式有多种形式，目前主要是两种方式，即直线职能参谋制和生产部制。

1. 直线职能参谋制

图 12-33 为直线职能参谋制管理示意图。这是建国后一直被广泛采用的传统的管理方式，目前仍有许多电厂采用。这种方式的特点是，在厂长的直线指挥下，充分发挥总工程师和各职能部门的协调、控制作用。以生产设备为中心，按生产设备的特点分块，成立独立的车间进行管理和维修，各车间再细分为班组。这种传统的管理方式便于日常管理、维修，由于实行一元化领导，减少了检修与运行间的矛盾，对管理人员的素质要求比较低。

2. 生产部制

图 12-34 为生产部制管理方式示意图。这种管理方式是近 10 多年来电厂生产管理的一种改革。其思路是：根据电力生产的连续性、各环节的相关性和整个生产过程的整体性的规律特点，将电力生产分成日常生产运行的正常管理和生产设备的检修、维护管理两大块，即运行部和检修部，另外考虑电厂生产计划、安全监督、职工教育及其他公共和综合职能部门成立策划部。运行、检修及策划三部直属生产厂长和总工程师指挥。

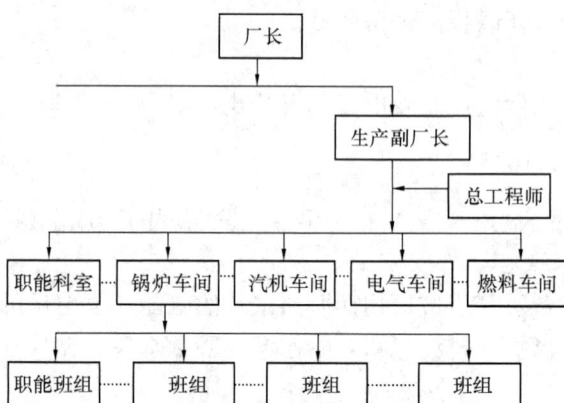

实线表示直接指挥，虚线表示参谋（协调、控制）

图 12-33　电厂直线职能参谋制管理示意图

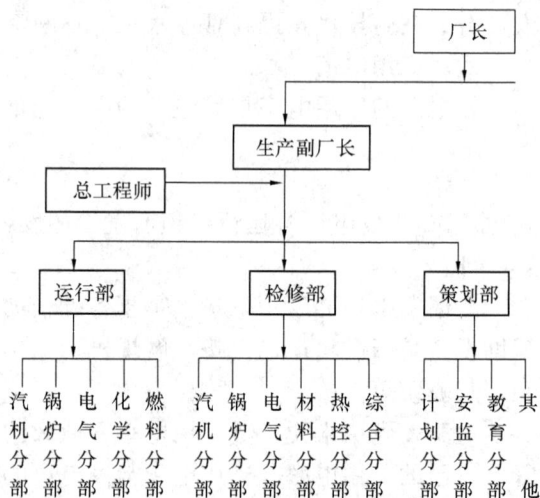

图 12-34　生产部制管理方式示意图

二、生产车间的设置

在火力发电厂中，生产车间是传统的直线参谋管理方式中的重要环节，也是电力生产过程中的几个独立部分，一般火电厂的车间设置为燃料车间、锅炉车间、汽机车间、热工车间、化学车间、电气车间及机修车间等。

1. 燃料车间

燃料车间包括车间的调运、卸车、储备等。由于燃煤电厂耗煤量很大，所以，火车、汽车、轮船等的运输贮煤场的一系列工程量是很大的，由于燃料必须连续、均衡地满足发电的需要，所以燃料车间是电厂生产的基础车间，十分重要。

2. 锅炉车间

锅炉车间包括锅炉本体、磨煤制粉设备、通风设备、除灰除尘设备等。设备复杂庞大，是煤和水的结合部，因此对于火电厂，特别是现代大型机组的电厂，锅炉的温度、压力参数都有较大提高，所以锅炉及附属设备的运行和检修任务是很重的。

3. 汽机车间

汽机车间装有汽轮发电机组、凝汽设备、回热设备、除氧设备和给水泵等，氢冷系统和水冷系统也在汽机车间内。所以，汽机车间负责汽轮发电机组及辅助设备的运行和检修维护管理工作。

4. 热工车间

热工车间负责电力生产过程中各种热工参数的测量、各种热工仪表的检修、维护，各种自动检测、调节、控制及保护装置的运行和检修维护工作。随着机组容量的增大、自动控制水平不断提高、计算机控制的深入，热工车间已成为全电厂自动化程度最高的部位，所以热工车间也显得更加重要。

5. 电气车间

电气车间负责发电机、变压器、开关设备、母线及电缆、电动机，以及主控制室的自动装置和继电保护等所有电厂电气设备的安全运行、设备检修维护管理，以保证安全地发电供电。

6. 化学车间

化学车间又叫化学水处理车间，主要是对水进行化学处理，以供给发电所需的合格的补充水以及补偿水汽的挥发损耗、维持热力系统的正常汽水循环。另外，对热力系统的汽水品质进行监督，负责对煤、油的化学分析和监督管理，还负责冷却用氢气的制取供应。

7. 机修车间

机修车间是电厂的后勤服务车间，负责对损坏的设备或零部件，以及备品、备件进行机械加工生产，供设备检修维护使用。

三、发电厂管理的主要职责

发电厂作为电力系统中的电源，由于处于不同的地位，所以其一般概念下的职责如下：

（1）完成发电（供热）任务。按电网调度要求，完成发电和调峰、调频任务；热电厂要保证完成供热任务。

（2）保证电能和热能的质量标准，确保电厂和电网的安全运行。

（3）搞好设备管理。按计划进行设备的定期检修和日常维修，提高设备完好率和健康水平，力争延长设备的使用寿命。对老设备进行更新改造，促进电厂技术进步。

（4）降耗增效。合理利用能源，降低发电成本，积极组织经济运行，加强生产管理和经营管理，提高劳动生产率。

（5）采取有效措施，满足环保要求。

（6）统筹兼顾，综合利用，搞好多种经营。

思 考 题

1. 什么是原则性热力系统，包括哪些热力系统？
2. 什么是全面性热力系统，有什么用途？
3. 旁路系统的主要作用是什么？
4. 热力除氧的工作原理是什么？
5. 凝汽设备的主要任务是什么？影响真空的主要因素有哪些？
6. 发电厂的主要经济技术指标有哪些？

参 考 文 献

［1］ 俞国泰，陆仕镇. 发电厂动力设备. 北京：水利电力出版社，1985.
［2］ 文峰，马振兴. 现代发电厂概论. 北京：中国电力出版社，1999.
［3］ 杨敏媛. 火电厂动力设备. 北京：水利水电出版社，1994.
［4］ 易大贤，史振声. 发电厂动力设备. 北京：中国电力出版社，1994.
［5］ 张燕侠. 热力发电厂. 北京：中国电力出版社，2001.
［6］ 程上琬. 热工学理论基础. 北京：水利电力出版社，1987.
［7］ 张立华. 电厂锅炉. 北京：中国电力出版社，1997.
［8］ 代云修. 汽轮机设备及运行. 北京：中国电力出版社，2005.